To. 아라
dong koong
2013.9.5 강동경

To. 아라
2017. 9.

2013. 9. 5
To. 아라

To. 아라

2013. 9. 8
조재호

2013. 9. 5
from. 허정한

To. 아라 님.
김리안
좋은책 잘 읽었습니다.
2013. 9. 5.

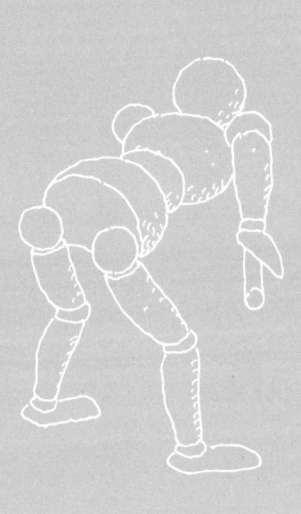

아라의 당구홀릭 5

아라의 당구홀릭 5

© 아라 & 폴, 2017

1판 1쇄 발행 _ 2017년 02월 20일
1판 2쇄 발행 _ 2018년 02월 25일

지은이 _ 아라 & 폴
펴낸이 _ 홍정표

펴낸곳 _ 글로벌콘텐츠
    등록 _ 제 25100-2008-24호

공급처 _ (주)글로벌콘텐츠출판그룹
    대표 _ 홍정표 이사 _ 양정섭 디자인 _ 김미미 기획·마케팅 _ 노경민 이종훈
    주소 _ 서울특별시 강동구 풍성로 87-6 전화 _ 02-488-3280 팩스 _ 02-488-3281
    홈페이지 _ www.gcbook.co.kr

값 14,000원
ISBN 979-11-5852-133-2 13690

·이 책은 본사와 저자의 허락 없이는 내용의 일부 또는 전체를 무단 전재나 복제, 광전자 매체 수록 등을 금합니다.
·잘못된 책은 구입처에서 바꾸어 드립니다.

옆돌리기 완전공략기!!
아라 & 폴 지음

추천의 글

"미치려면 미쳐라"는 말이 있다.

우리말 '미치다'는 두 가지 의미가 있는데 그 하나는 '어느 경지에 이르다 (이를 도 到)'와 또 다른 하나는 '정신이 미쳤다(미칠 광 狂)'가 있다.

요즘 "당신(撞神) = 당구의 神(신)"이라는 말이 유행이다. 당신이 "당신(撞神)"의 경지에 이르려거든 당구에 미쳐라. 물론 이 책을 손에 든 당신은 이미 어느 정도는 "당신(撞神)"의 경지를 향하여 첫 발을 내디딘 셈이고 당구에는 이미 어느 정도 미쳐 있는 사람일 것이다.

나는 다른 사람들보다 비교적 늦은 대학교 3학년 여름방학 때(20대 후반) 4구 100점짜리 친구에게 처음으로 당구를 배우기 시작했다. 얼마나 열심히 쳤는지 여름방학 끝 무렵에는 그 친구와 100점을 맞놓고 치는 실력이 되었다. 지금 생각해도 그 당시 나에게 당구는 첫사랑과의 첫경험(?)보다 더 짜릿하고 재미가 있었던 것 같다. 아마 이 부분은 공감하는 분들도 많으리라. 그런데 이렇게 대충 친구한테 배우기 시작한 당구 습관이 훗날 교정하는 데 얼마나 힘든 일이 될 줄은 당시에는 알 수 없었다.

지금의 기성세대들 대부분은 친구나 선배 등에게 당구를 처음 배웠다. 그래서 당구의 기본 자세, 원리, 매너 등을 모르거나 잘못된 습관으로 이미 굳어져 있다. 나 역시 잘못된 것들을 다시 고치기 위해 생활체육협회 당구아카데미에 가서 교육 받고, 생활체육지도자 3급 당구 자격증을 취득하고, 프로 선수들에게 레슨 받고, 좋은 책을 사 보기도 하는 등 엄청난 노력을 해야만

했다. 그럼에도 불구하고 초기에 잘못 길들여진 악습은 아직도 나를 붙들고 얽매고 있다. 오늘도 내일도 노력할 뿐 정말 어렵다. 결론적으로 당구를 시작하는 모든 초보자는 반드시 좋은 스승에게서 전문 레슨을 받거나 좋은 책을 사서 보고 기초부터 충실히 배워 나가기를 권하는 바이다.

  이러한 내게 가장 많은 도움을 준 책은 바로 요즘 나의 "당구의 경전 = 당전(撞典)"이 된 『아라의 당구홀릭』이다. 2013년 1권과 2014년 2권은 이미 내게 훌륭한 "당전(撞典)"으로서 손색이 없다. 당구를 안 친 지 20년 만인 5년 전 상봉동 구슬모아 당구클럽에서 3구 핸디 14점으로 다시 당구를 시작했다. 기초부터 다시 시작한 지 5년 만에 나는 현재 핸디 22점이 되었고 클럽 동호인 대회에서 준우승이라는 작은 영광도 차지했다. 그리고 금년 2016년에 나의 "당전(撞典)"이 될 『아라의 당구홀릭』 4권이 출판되었다. 4권은 1, 2, 3권을 통하여 익힌 당구의 기초 기술을 바탕으로 3쿠션에서 가장 기본적인 두께 조절, 회전, 키스 피하기 등 꼭 필요한 내용을 다루고 있다.

  초보자에게는 기본원리를 중급자에게는 심도 있는 테크닉을, 고급자에게도 또 다른 깨달음을 주리라고 확신하는 바이다. 당구에 해박한 이론과 지식을 겸비한 만화가 폴드랑과 따님 만화가 아라, 두 부녀 작가의 역량을 믿기에 4권에 대한 기대 또한 크다.

2016년 6월 어느 비오는 월요일 구리 사무실에서
이 영 기

닉네임: 신의손
동국대학교 윤리문화학과 졸업
윤리과목 2급 정교사
경기대학교 역학전문가 과정 수료
방송통신대학교 경영학과 수료
한국성명학회 경기지회장 역임
1991년 명문당 창립
2000년 3월 귀화 골키퍼 사리체프 한국명 신의손 작명
동국대학교 윤리문화학과 총동문회장
동국대학교 총동창회 이사
신의손작명원 원장

2009년 생활체육지도자 2급 당구 자격증 취득
구슬모아 당구클럽 동호인대회 준우승
핸디: 22점

어느 날 오후에 만화가 폴드랑 님의 전화가 왔다.

폴드랑　신의손 님께서 『아라의 당구홀릭』 3권 추천서를 좀 써 주셨으면 합니다.
신의손　네? 나처럼 평범한 하수 동호인에게 그 귀한 책 추천서라니요?
폴드랑　지난 번 구슬모아 당구클럽 동호인 대회 준우승자시잖아요?
　　　　그리고 사무실에서 '스트록연습기' 만들어서 연습하실 때 『아라의 당구홀릭』 1권 2권
　　　　보시면서 연습하시던데 그걸로 자격 충분합니다.
신의손　네, 맞아요. 사실 그 책 효과 덕분에 잘못된 당구습관도 거의 다 잡히고 실력도 많이
　　　　늘었다고 생각합니다. 정말 고맙게 생각하고 있어요.
폴드랑　그래서 이렇게 부탁하는 겁니다. 부디 신의손 님의 그 진솔한 경험담으로 이번에
　　　　나오는 『아라의 당구홀릭』 3권 좀 추천해 주세요.

언제인가 구슬모아 당구클럽 휴게실에서 대화가 있었다.

회원 A1	신의손 님이 요즘 갑자기 실력이 많이 느신 것 같아요.
회원 A2	맞아. 요즘 새로 나온 책 『아라의 당구홀릭』 보시면서 많이 달라지신 거 같아.
회원 A1	그래요? 그 책이 그렇게 좋아요?
회원 A2	그래. 만화로 설명이 되어 있어서 초보자도 좋고 중급자도 배울 게 많다고 하시더라구.
회원 A1	그렇군요. 그럼 나도 그 책 좀 사 봐야겠는데요?
회원 A2	그래. 사서 보고 나 좀 빌려주라. ㅎㅎ
회원 A1	이런 책은 사서 보고 또 봐야 실력이 늘지요. 한 10년 기다리시든가...ㅎㅎ

차례

추천의 글 ··· 04

긴 각 뒤돌리기와 짧은 각 뒤돌리기 ··· 11

폴드랑의 "심플 짧은 각 뒤돌리기 시스템" ··· 33

코너(corner)의 특이성과 미친 반사각 ··· 55

제1목적구의 위치값이 17이하일 때 ··· 67

스핀 샷과 두께, 그리고 스트로크 ··· 95

그런데 만약 두께가 불편하다면? ··· 109

제1목적구의 위치가 달라졌다?? ··· 127

제1목적구가 쿠션에 가깝게 위치할 때 ··· 143

옆돌리기, 이상하게 그게 그렇지가 않다 ··· 161

폴드랑의 심플 옆돌리기
　　(Side Angle Shot) 시스템!! ··· 177

긴 각 옆돌리기 공략방법!! ··· 197

옆돌리기 볼 시스템(Ball System)··· 207

이것은 옆돌리기? 세워치기?? ··· 223

그 밖의 위치별 다양한 공략방법!! ··· 231

스페셜 보너스, 짧은 각 뱅크샷!! ··· 249

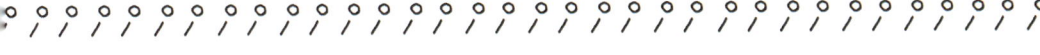

긴 각 뒤돌리기와 짧은 각 뒤돌리기

득점진로를 그려보자.

오옷~~
이것은 뒤돌리기!!!

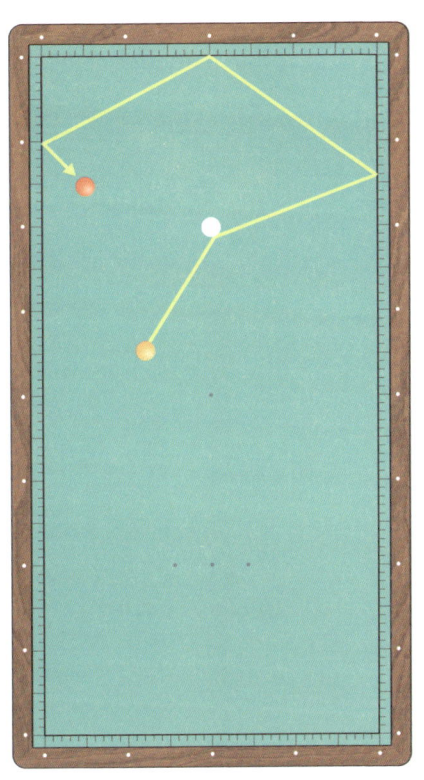

그런데 이전 뒤돌리기와는
뭔가 비슷한 것 같으면서도
어딘가 달라 보인다?

어딘가 달라보여...

달라 보이는 정도가 아니라니까!!!

그래!!! 나 혼자 맛난 거 쳐묵쳐묵해서 디룩디룩 쪘다!!! 됐냐!!!!

당구상식

<긴 각 뒤돌리기와 짧은 각 뒤돌리기 구분법>

아래의 전개도는 파이브 앤 하프 시스템에서 코너 50값에서 만들어지는 앵글라인이다. 또한 이 라인은 길지도 짧지도 않은, 즉 앵글라인을 지칭할 때 가장 표준이되는 앵글라인이다.

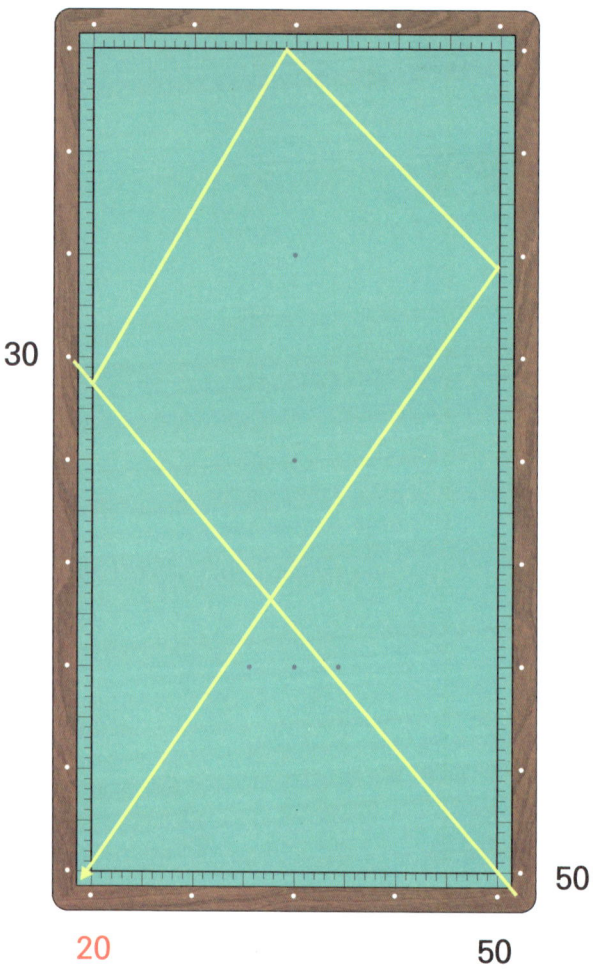

<긴 각이란?>

다음의 앵글라인은 60에서 동일한 30으로 출발하였지만 도착지점은 표준각보다 오른편으로 치우쳐 도착했다. 코너지점 50값을 기준으로 앵글라인의 출발점값이 기준값 50보다 클 때 이를 긴 각이라고 한다.

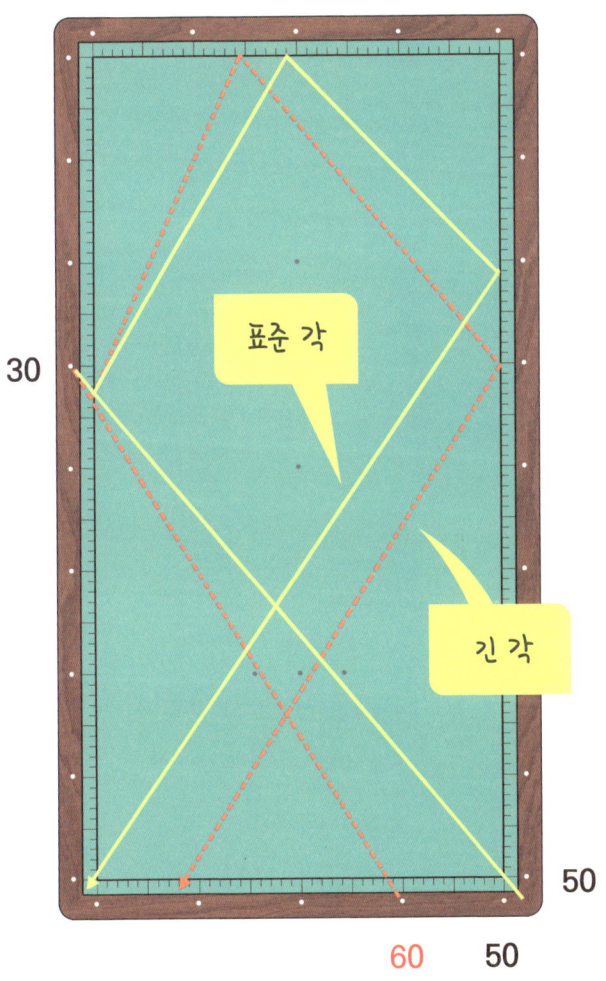

<짧은 각이란?>

다음의 앵글라인은 40에서 동일한 30으로 출발하였지만 도착지점은 표준각보다 장축 위쪽으로 치우쳐 도착했다. 코너지점 50값을 기준으로 앵글라인의 출발점값이 기준값 50보다 작을 때 이를 짧은 각이라고 한다.

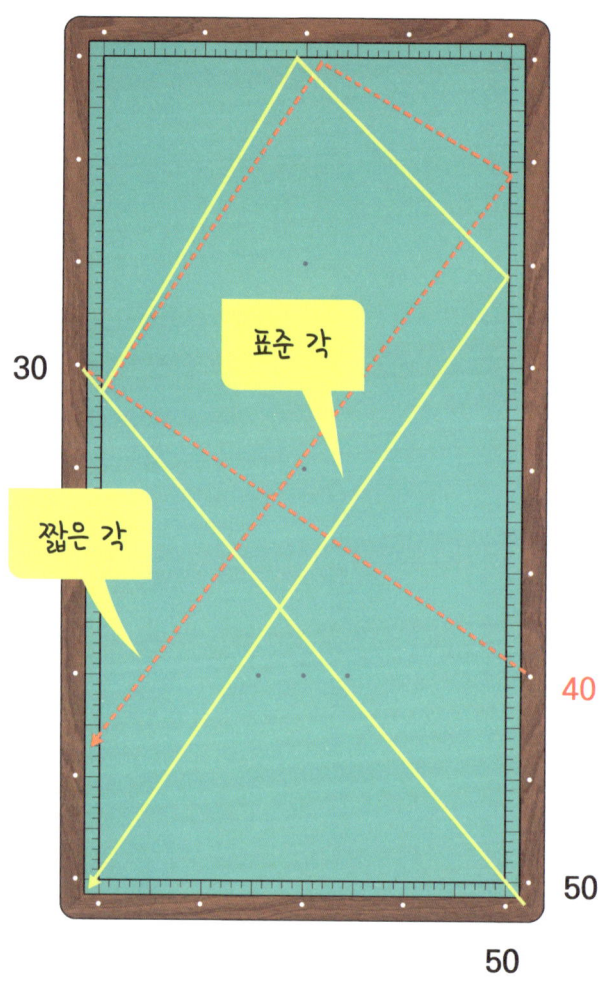

<앵글라인의 출발점 값이란?>

큐볼이 제1쿠션으로 향할 때 그리는 라인의 근원점을 뜻한다.

뱅크샷의 경우 큐볼이 제1목적구를 맞추지 않고 직접 제1쿠션으로 향하므로 큐볼의 중심점과 제1쿠션지점을 연결하는 것 만으로 앵글라인의 출발점값을 쉽게 찾을 수 있다. (파이브 앤 하프 시스템에서 큐볼값을 찾는 방법이기도 하다.) 때문에 뱅크샷에서는 큐볼값이 곧 앵글라인의 출발점값이 된다.

하지만, 뒤돌리기와 같은 큐볼이
제1목적구를 거친 후
제1쿠션으로 향할 때는
문제가 복잡해진다.
아래와 같이 말이다.

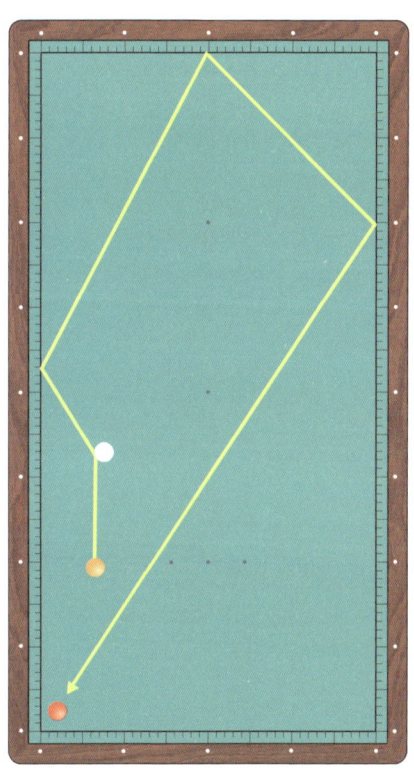

50. 긴 각 뒤돌리기와 짧은 각 뒤돌리기

이와 같은 볼 퍼스트(ball first) 상황에서는 제1목적구로 향하는 큐볼의 진행선은 과감히 무시해버리고 오직 제1쿠션으로 향하는 선만 찾자. 그 선이 곧 앵글라인의 출발선이며 그 근원점이 앵글라인의 출발점값이다. 그러므로 아래의 전개도는 큐볼 출발점값 62이며 긴 각 뒤돌리기이다.

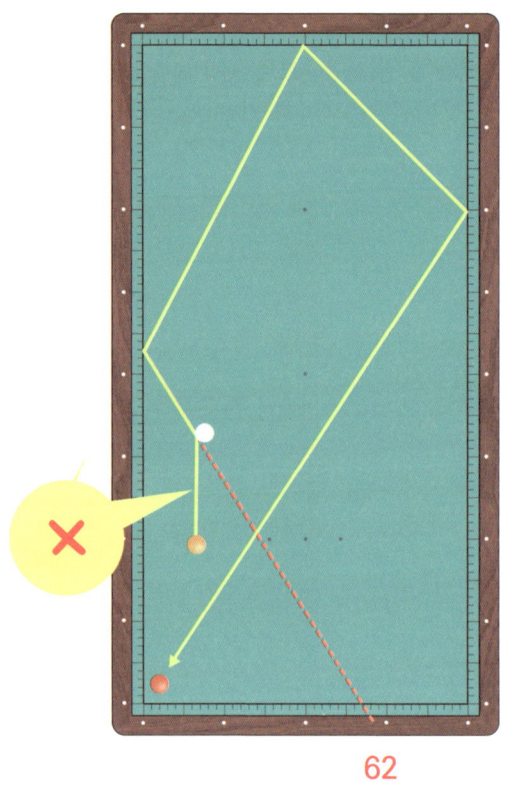

62

TIP!!
당구에서 만들어지는 모든 앵글라인은 큐볼이
제1쿠션으로 향할 때 만들어지는 선을 기준으로 한다.

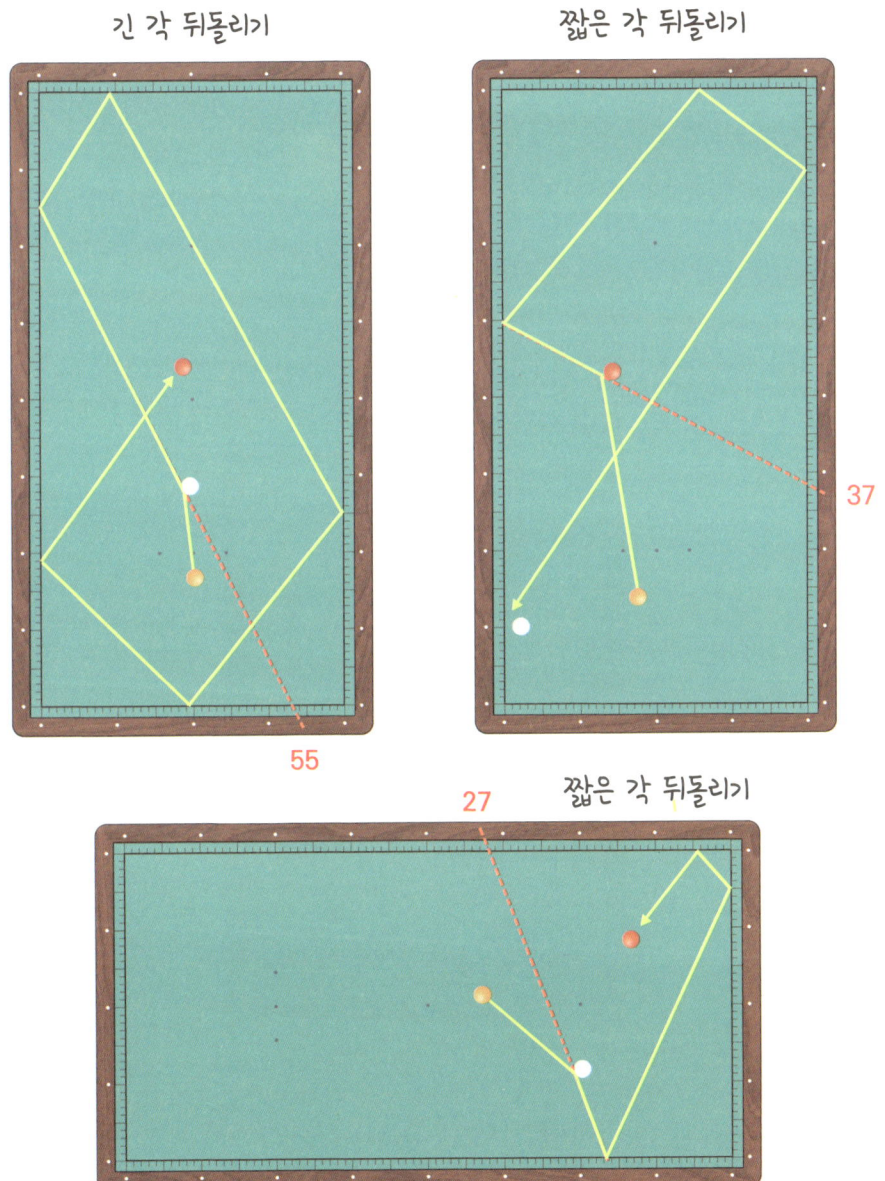

<긴 각 뒤돌리기와 짧은 각 뒤돌리기의 차이점>

<긴 각 뒤돌리기>
다음은 긴 각 뒤돌리기에서 만들어지는 입사각과 반사각의 값이다.
각각의 입사각과 반사각의 값이 어떻게 변화하는지 살펴보자.

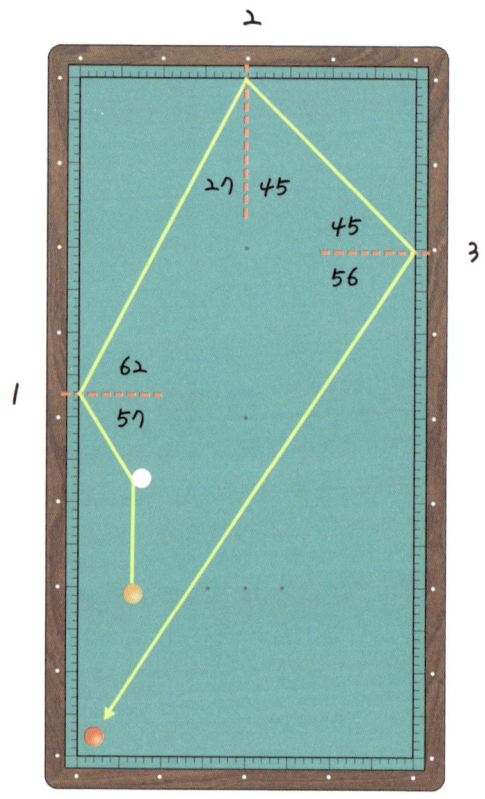

제1쿠션지점에서는 반사각이 5° 증가하였고,
제2쿠션지점에서는 18°로 무려 3배 이상 증가하였다.
마지막으로 제3쿠션지점에서는 11°로 제2쿠션지점보다
조금 줄어든 약 2배의 반사각이 만들어지고 있음을 알 수 있다.
각각의 쿠션지점에서 그 반사각 값이 달라지는 이유는 무엇일까?

뒤돌리기의 득점라인을 찾기 위해 가장 많이 사용되는 것은 파이브 앤 하프 시스템(Five & half system)의 앵글라인이다. 그러므로 이쯤에서 파이브 앤 하프 시스템의 앵글라인을 좀 더 심도 있게 뜯어볼 필요가 있다. 아래 전개도는 파이브 앤 하프 시스템의 기본 앵글라인인 50-30=20의 앵글라인이다.

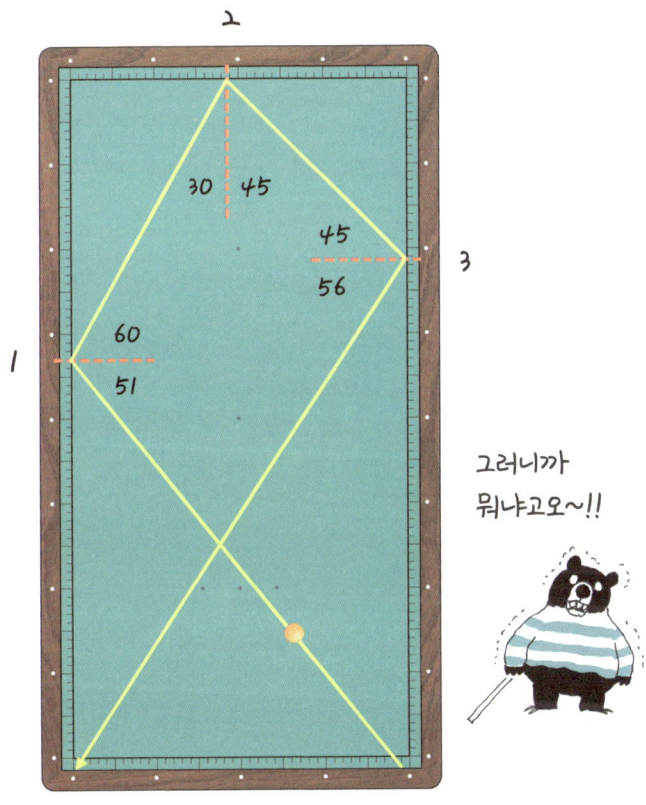

제1쿠션지점에서는 반사각이 9°증가하였고, 제2쿠션지점에서는 15°로 훌쩍 증가하였다. 마지막으로 제3쿠션지점에서는 11°로 제2쿠션지점보다 약간 줄어들며 그 반사각이 만들어지고 있었다.

어디까지나 긴 각 뒤돌리기에서 만들어지는 앵글라인에 대한 최소한의 이해만으로도 충분하므로 외울 필요 전혀 없다.

긴 각 뒤돌리기의 경우 감각적으로 구사하는 당점과 샷은 다음과 같다. 당점은 2시 방향 시계당점이며 샷은 약간 묵직한 팔로우 스로우 샷을 이용하여 약간의 다운 샷으로 구사할 것이다.

<짧은 각에 숨겨진 비밀>

먼저 짧은 각 뒤돌리기에서의 득점 앵글라인을 뜯어보자.

제1쿠션지점에서는 무려 16°증가한 반사각이 제2쿠션지점에서는 느닷없이 4°로 줄어들었다. 이후 제3쿠션지점에서는 3°로 제2쿠션 지점과 거의 비슷하거나 조금 더 줄어들었다. 뭔가 이상하다??

느껴지는 게 있으려나?

<긴 각 뒤돌리기의 반사각 변화표>

제1쿠션	제2쿠션	제3쿠션
5°	18°	11°

제1쿠션에서는 반사각이 거의 커지지 않고 제2쿠션지점에서 갑자기 3배 이상 증가하였다가 제3쿠션에서 살짝 줄어든다.

<짧은 각 뒤돌리기의 반사각 변화표>

제1쿠션	제2쿠션	제3쿠션
16°	4°	3°

한 눈에 봐도 제1쿠션에서의 반사각이 엄청나게 커졌다는 것을 알 수 있다. 이후 제2쿠션에서 아주 급격히 줄어든 상태가 되어 제3쿠션까지 비슷한 반사각을 만들며 진행한다.

다름 아닌 샷의 강약조절 때문이다.
긴 각 뒤돌리기의 경우 큐볼의 진행거리를 충분히 확보해 주어야하기에
필연적으로 그에 따른 물리적 힘이 요구된다는 것이다.
당연히 좀 더 강한 샷으로 구사할 것이고,

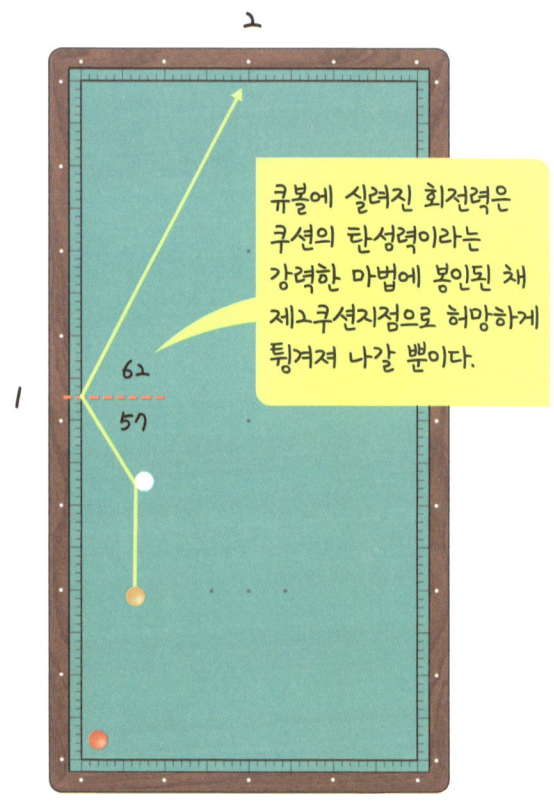

이렇게 구사된 큐볼은 제1목적구와의 충돌 후 제1쿠션으로 아주 빠르게 입사하게 되는데
이때 쿠션의 강력한 탄성력에 막혀 회전력은 코딱지 만큼도 써먹지 못한 체
제2쿠션지점으로 벼락같이 튕겨져 나간다. 회전당점을 충분히 사용했음에도
제1쿠션지점에서의 반사각이 그닥 커지지 않는 이유는 바로 이 때문이다.
(제1쿠션지점의 반사각이 작은 이유는 딱~ 이만만 이해해줘도 충분하다.)
그렇다면 봉인된 큐볼의 회전력은 어디로?

제2쿠션지점으로 향하는 큐볼의
진행거리를 가만히 들여다보자.
생각보다 꽤나 긴 거리이다.
바로 이 생각보다 꽤나 긴
제2쿠션지점까지의 거리를
바닥면과의 마찰력과 싸우며
진행하는 동안 큐볼은 아주 적당히
힘이 빠진 상태가 된다는 것이다.
그러니까 봉인된 회전력을 발현시킬
딱 좋은 상태가 된다는 것이지!!

> 봉인이 해제된 큐볼은
> 회전력을 최대로 끌어
> 올려 제3쿠션지점으로
> 힘차게 꺾는다.

생명이 종말에 가까워지면 향기 나는
나뭇가지로 둥지를 틀고 그 둥지를 불태워
그 속에서 죽는다는 불새가 이와 같을까.

> 최대회전력으로 제3쿠션까지 도착한
> 큐볼에는 이윽고 더 이상 반사각을 키울
> 회전력 따위는 남아있지 않다. 단지
> 여기서부터는 입사각에 따른 반사각에
> 살짝 관성력이 더해진 반사각으로
> 묵묵히 목표 지점으로 향한다. 마침내
> 새로운 불새의 탄생을 알리는데!!

불새
일~점!!

50. 긴 각 뒤돌리기와 짧은 각 뒤돌리기   29

그렇다면 짧은 각 뒤돌리기에서 큐볼의 제1쿠션 반응은 무엇일까?
해답은 큐볼의 진행거리에 있다.
큐볼이 움직여야 할 전체거리가 아주 짧다는 사실이다.
당연 그에 필요한 물리적 힘도 클 필요가 전혀 없으며
단지 반대편 쪽에 겨우 도착할 정도만으로도 충분한 것이다.
때문에 샷은 아주 작은 힘으로 부드럽게 큐볼을 굴려 보내는 것으로 충분하다.

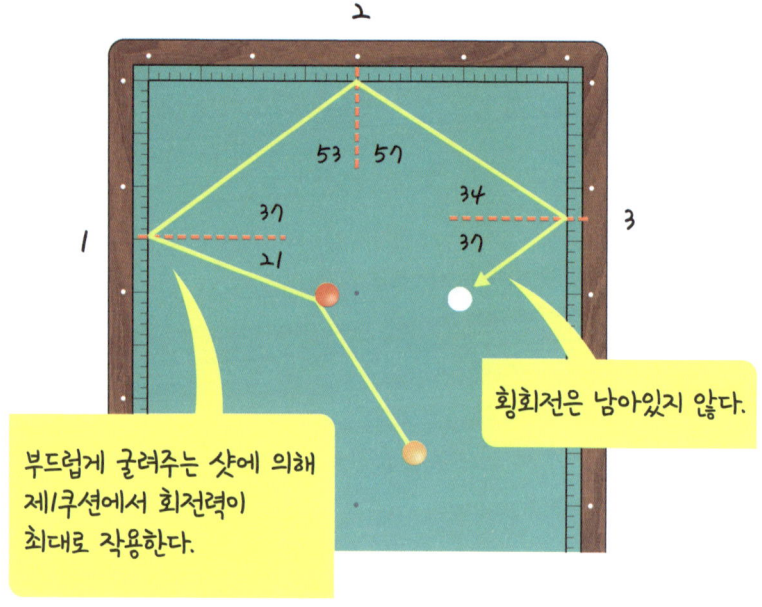

부드럽게 굴려주는 샷에 의해
제1쿠션에서 회전력이
최대로 작용한다.

횡회전은 남아있지 않다.

큐볼에 실려진 에너지가 작을수록 그에 비례하여 튕겨내는 쿠션의 탄성력 또한
아주 작으므로 결국 제1쿠션에서부터 큐볼의 회전력이 최대로 작용한다.

이제 제2쿠션으로 진행하는 큐볼에는 반사각을 키울 횡 회전력이 거의
남아있지 않다. 단지 입사각에 따른 반사각만을 만들며 목적지까지
겨우 도착하게 된다는 것.

이 사실 한 가지만 달달 외워두자!!!

그러니까 긴 각 뒤돌리기는 제2쿠션에서 최대회전력이 작용하도록
샷을 해야 하고 짧은 각 뒤돌리기는 제1쿠션에서 즉각
최대회전력이 작용하도록 샷을 해야 한다!!!

여기서 잠깐!!

최대회전력작용이란 무조건 큐볼이 제1쿠션에서 무지막지하게
꺾이는 것을 의미하는 것이 절대 아니다.
만약 득점앵글라인을 만들기 위해 필요로 하는 회전력이
횡회전 1팁이라면 제1쿠션에서 횡회전 1팁이 완벽히 작용하는 것을
뜻한다는 것, 착각하면 일난다!!!!

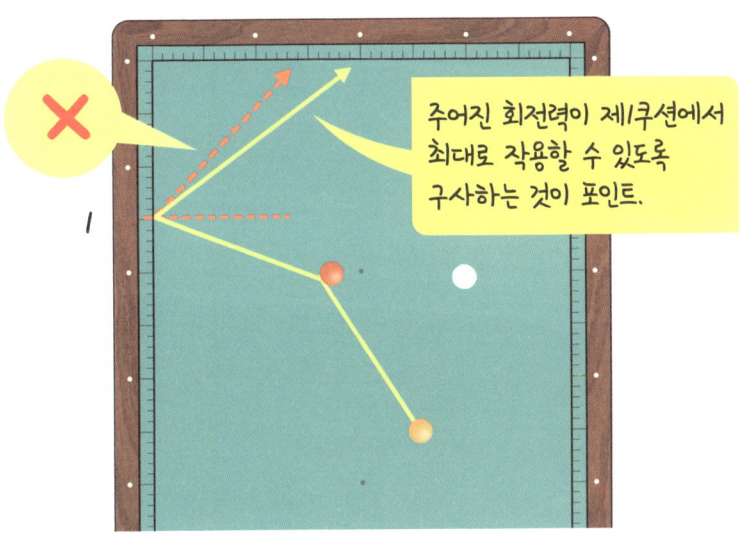

주어진 회전력이 제1쿠션에서
최대로 작용할 수 있도록
구사하는 것이 포인트.

3팁 아니라니까.

폴드랑의 "심플 짧은 각 뒤돌리기 시스템"

폴드랑의 심플 짧은 각 뒤돌리기 시스템
<제1목적구 기본 위치값>

가장 먼저 해야 할 것은 제1목적구의 위치값 외우기이다.
전개도를 자세히 살펴보면 값의 패턴을 쉽게 이해할 수 있다.

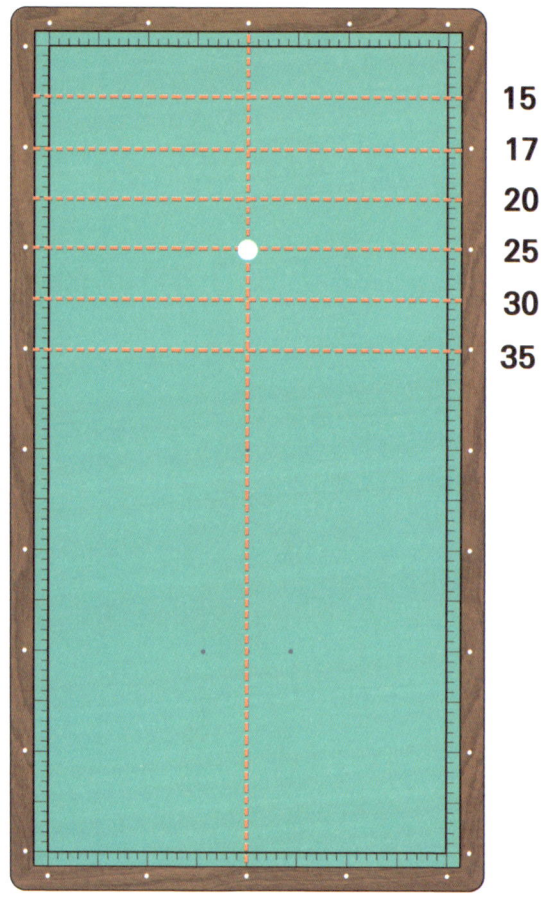

장축 쪽에서 반 포인트씩 이동하며 각각의 고유 위치값이 주어져있다.
이를 이용하여 전개도의 흰 공 위치값을 찾아보면 25이다.

< 큐볼 기본위치 >

큐볼값은 따로 정해져있지 않다. 단, 제1목적구의 오른편으로 공 하나 정도의 여유를 가지고 코너가 보이는 위치를 큐볼의 기본위치로 한다.

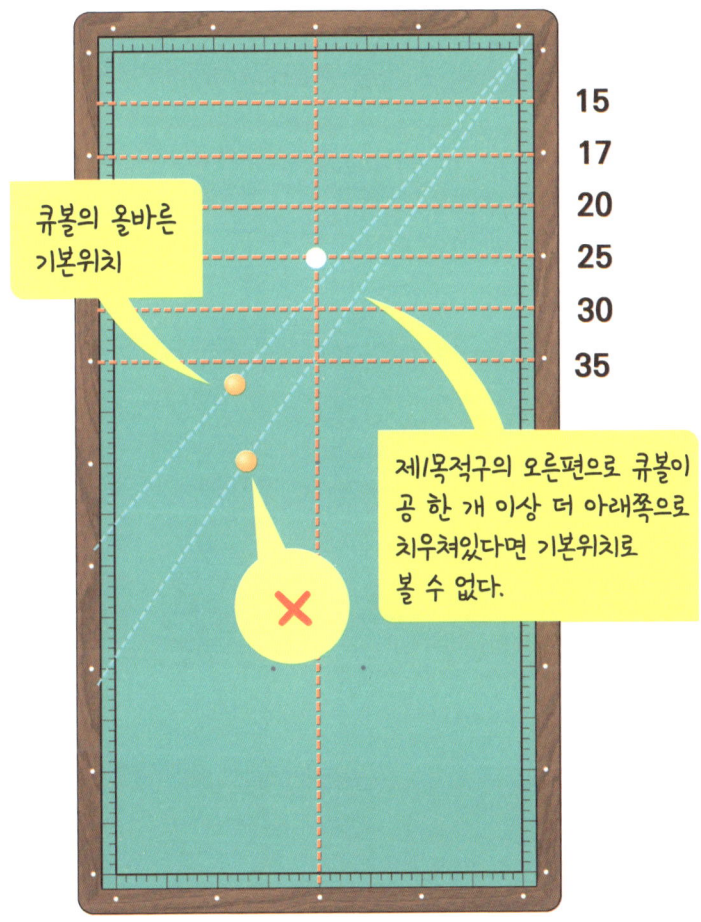

시스템을 올바로 이해하기 위해 큐볼의 기본위치를 반드시 지켜줄 것.

〈 제3쿠션값 찾기 〉

제3쿠션값이란 큐볼이 제1, 제2쿠션을 지나 마지막 득점을 위한
제3쿠션지점을 뜻한다.

ⓐ는 긴 각 뒤돌리기를 공략할 때 사용하는 제3쿠션에서 제4쿠션으로 향하는
앵글라인이며, ⓑ는 짧은 각 뒤돌리기를 공략할 때 사용하는 앵글라인이다.

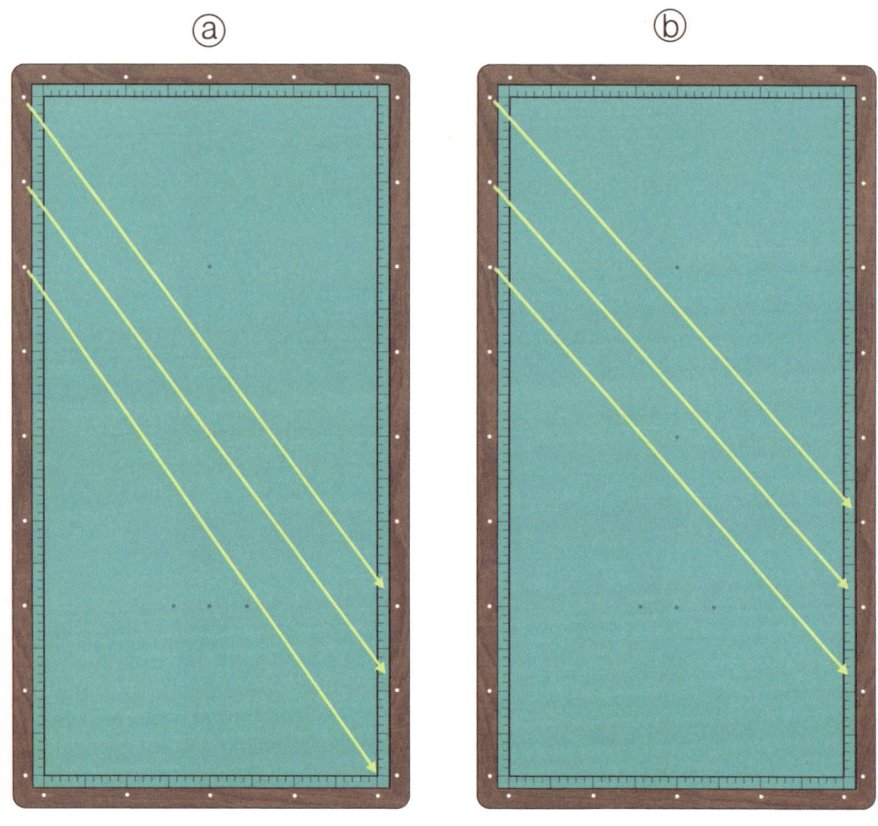

사실 이대로만 된다면야 아무런 문제도 없겠지만..

정작 실전에서는 요렇게 빠져버린다는 것이지.

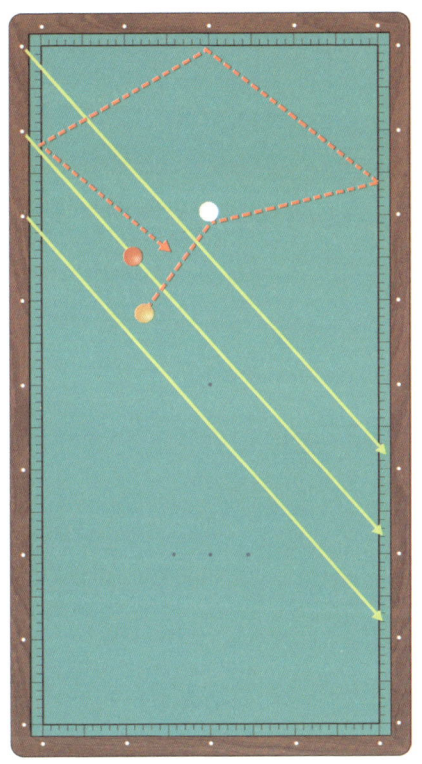

열 받지 않겠어?

쓰라린 비애를 맛본 뒤 맞은 두 번째 기회,
같은 실수는 용납이 안 되겠지?

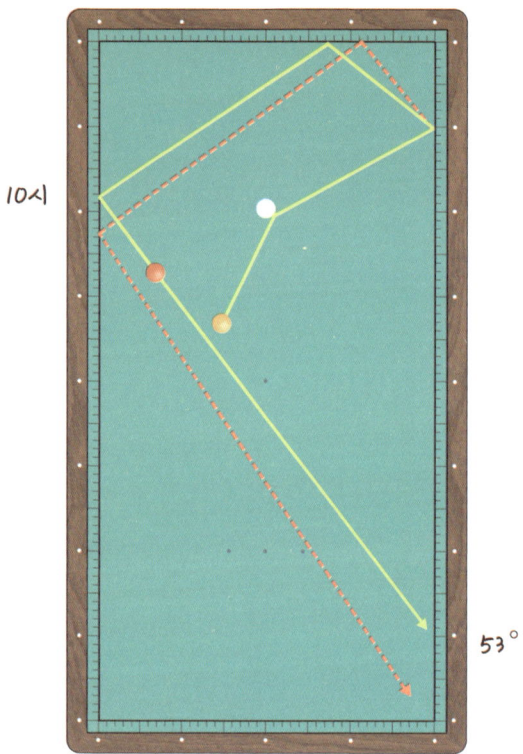

10시

53°

그렇게 해서 만들어지는 참담한 두 번째 실수.
대체...

사실 이 앵글라인 속에는 우리가 미처 깨닫지 못한 비밀이 하나 숨어있다. 다름 아닌 파이브 앤 하프 시스템을 이용하여 긴 각 뒤돌리기를 구사할 때의 당점과 팔로우 샷에 의해 (회전력이 제4쿠션지점까지 작용할 수 있도록) 만들어지는 최대 앵글라인이라는 것이다.

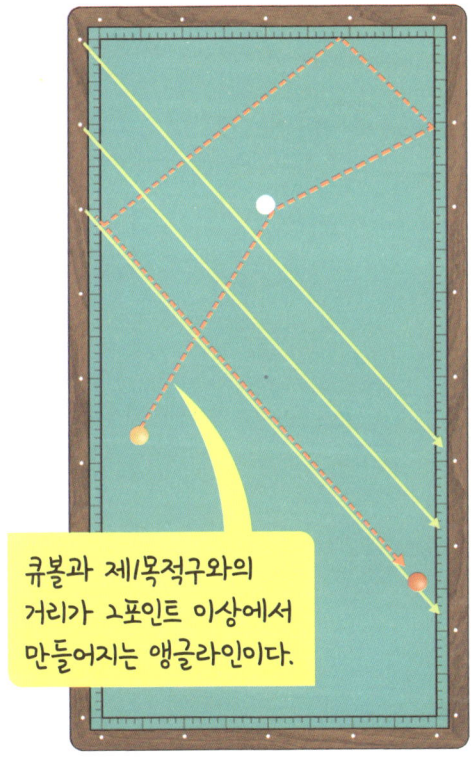

큐볼과 제1목적구와의 거리가 2포인트 이상에서 만들어지는 앵글라인이다.

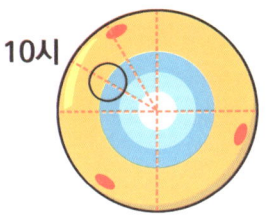

〈사용당점 = 10시 방향 3팁〉

즉, 제1목적구로 향하는 큐볼의 거리가 어느 정도 확보된 상태에서 구름관성의 도움도 살짝 얻어야만 만들어지는 앵글라인이었던 것.
때문에 큐볼이 제1목적구와 2포인트 이내로 아주 가까이 위치한다면 샷의 세기가 조금만 어긋나도 허무없는 앵글라인을 그리게 된다는 것이지. (안타깝게도 실전에서는 제1목적구와 큐볼이 아주 가까이 위치할 때가 아주 많다.)

다시 말해 달랑 위의 앵글라인 하나만 이용하여 짧은 각 뒤돌리기를 공략하려 드는 것은 팁이 깨진 줄도 모르는 서글픈 일이랄까. 때문에 이쯤에서 비급 두 가지를 꼭 챙겨야 하는데!!

짧은 각 뒤돌리기를 구사할 때 꼭 챙겨야 할 절대 비급!!!

지금 바로 시작합니다!!!

그 첫 번째, 사용당점을 10방향 3팁에서 2팁으로 바꿔 주자!!

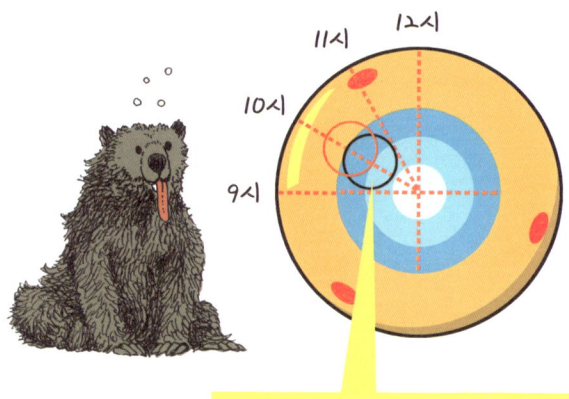

시계당점을 사용할 때 바깥쪽(3팁)을 사용하기 보다는 살짝 안쪽(2팁)을 사용하는 것이 좀 더 유리하다.

행여나 제3쿠션지점에서 회전력이 살짝 남아돌아 바깥쪽으로 빠지는 상황을 방지하는데 가장 적합하기 때문이다.
특히 짧은 각 뒤돌리기의 경우 3팁 당점 보다는 2팁 당점을 사용하는 것이 실수를 완벽히 제거할 멋진 해결책이 된다는 것 잊지 말자!!

특대 보너스!!!

하점자의 경우 유독 한 가지 당점만을 고집하는 경우가 많다. 이는 익숙한 당점을 사용하는 것이 그나마 샷을 미스하지 않는 첫 번째 선택 이유일 것이다. 두께만 적절히 조절해 준다면 충분히 원하는 앵글라인을 만들 수 있다 믿기 때문인데..

사실 당구란, 두께를 상황에 맞게 어느 한 가지로 고정한 후 당점을 다양하게 변화시켜주는 것이 득점확률을 더 높게 만든다. 아래의 전개도를 보면 두께를 고정한 후 당점을 변화시켜 다양한 앵글라인을 만들고 있음을 알 수 있다.

< 각각의 당점에 따른 제4쿠션 도착지점 전개도 >

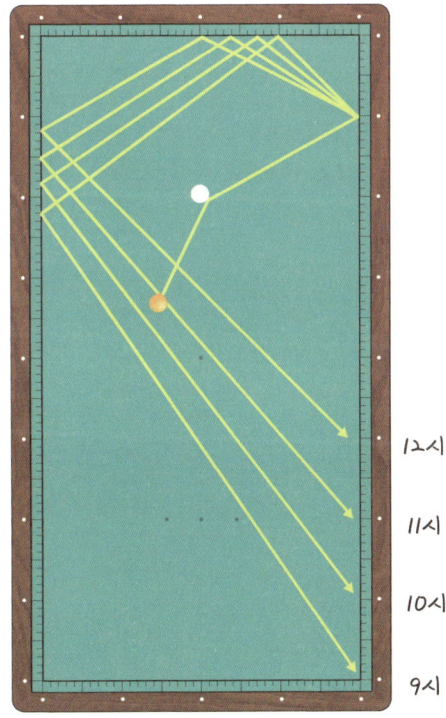

그 두 번째, 제3쿠션지점을 타이트하게 잡자!!

앞 페이지의 전개도를 좀 더 살펴보자.
과연 어떠한 상황에서도 표기된 당점으로만 구사한다면 언제나 동일한 앵글라인이 만들어지는 것일까? 왠걸.
당구는 그런 일 용납 않는다.

아래의 앵글라인이 가리키는 화살표지점, 과연 큐볼의 최종도착지점일까?

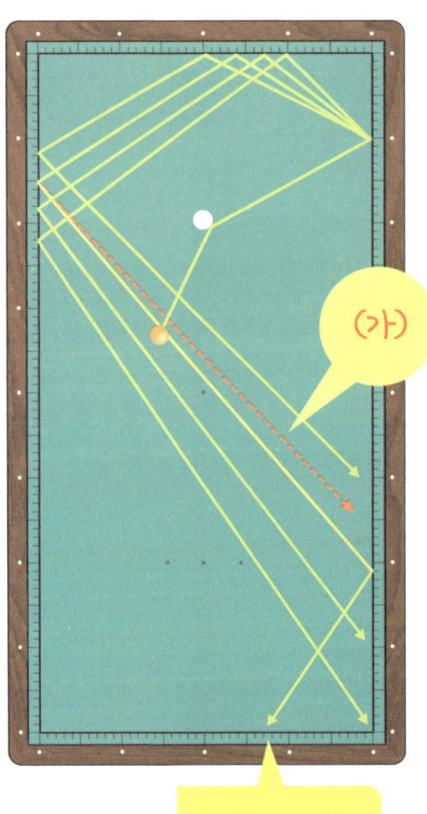

아니다. 제4쿠션지점에 도착한 큐볼은 여전히 진행을 멈추지 않고 제5쿠션지점으로 향한다.
만약 완벽히 화살표지점에서 큐볼이 멈추도록 샷을 한다면?
우리는 이미 경험적으로 알고 있다.
제3쿠션에서 (가)의 앵글라인으로 진행한다는 사실을.

바로 이 부분이 반사각의 곤혹스러움이며, 인고의 시간 속에서 제3쿠션지점을 찾아야 하는 이유이다.

(가)

실제도착지점

안쪽으로 실패하는 첫 번째 이유는,

득점지점인 제3쿠션을 찾을 때 회전력이 완벽히 작용할 때 만들어지는 ⓑ의 앵글라인으로 설정한다는 것이다. 사실 여기까지는 큰 문제 없다.

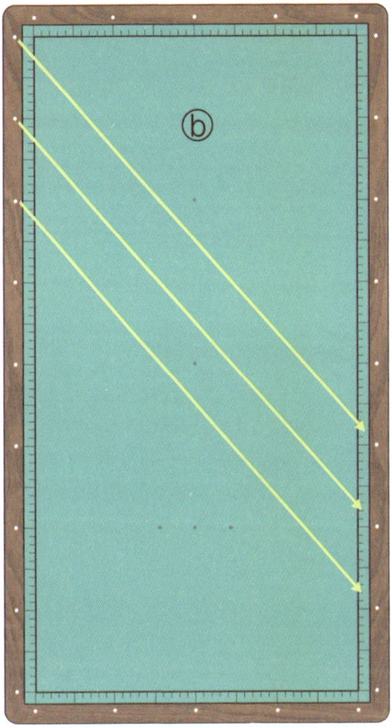

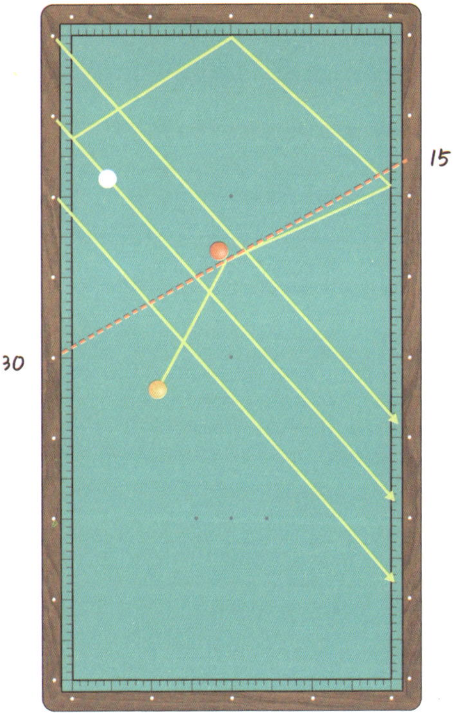

머리를 쥐어 뜯으며 파이브 앤 하프 시스템까지 동원해 완벽한 득점앵글라인을 그렸지만..

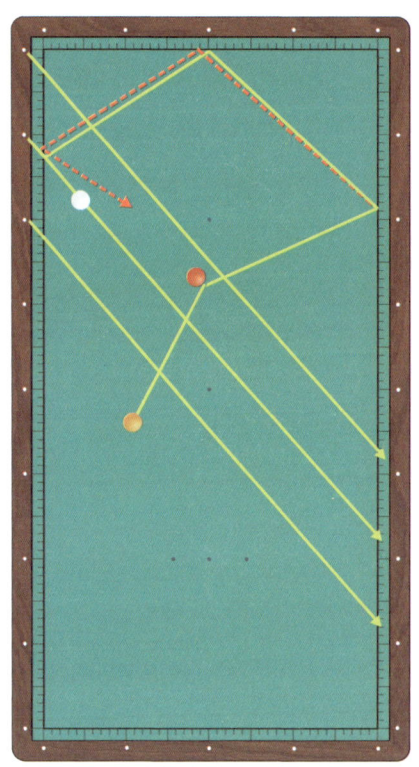

엉뚱하게도 겨우 득점할 정도의 완전 얌전 툭~ 샷으로 구사한다는 것.
이 경우 제1, 제2쿠션까지는 큰 변화 없이 거의 득점앵글을 그리지만 정작 가장 중요한 제3쿠션 지점에서는 허무니없을 만큼 반사각이 좁아든다.
직진력, 회전력 모두 완전 바닥을 드러냈기 때문이다.

그런데 사실 아무리 초심자라고 해도 이와 같은 배치에서 제4쿠션지점을 최종 목표지점으로 설정하여 샷을 할리는 절대 없다.
그 정도로 무감각하지 않다. 그만큼 짧은 거리이며, 또 그렇게 공략해서도 안 된다.

바로 이 부분이 문제였던 것이다. 득점앵글라인은 회전력 작용이 반드시 필요한 라인이라는 것이고, 필요한 샷은 짧은 거리에 적합한 잽샷이다.
문제는 라인설정과 샷의 부조화였던 것!!!

두 번째 이유는,

두 번째 이유는 첫 번째 실패 이유가 가장 큰 요인을 제공한다.
지나치게 힘을 뺀 샷의 실패가 본능적으로 샷의 세기를 가늠키 어렵게
만들어 지나치게 힘이 실린 샷을 구사한 때문이다. 바로 타격 샷이다.

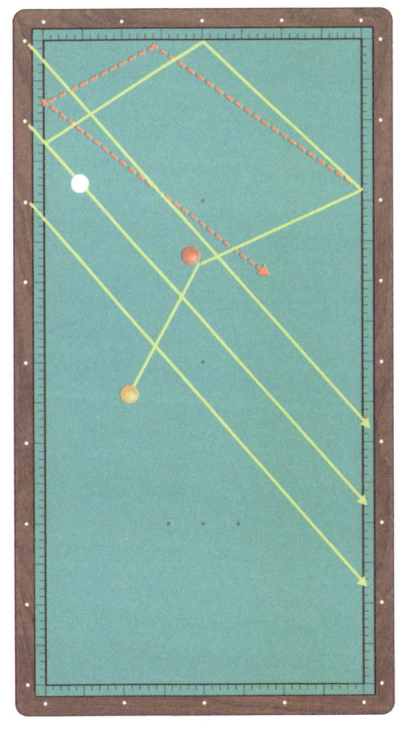

강한 타격이 실려진 큐볼은 전혀
제2쿠션으로 꺾이지 않는다.
쿠션의 강력한 탄성력이 얌전히
두고 볼 리 만무다.

이 두 가지 실패를 한방에 해결할 방법은?

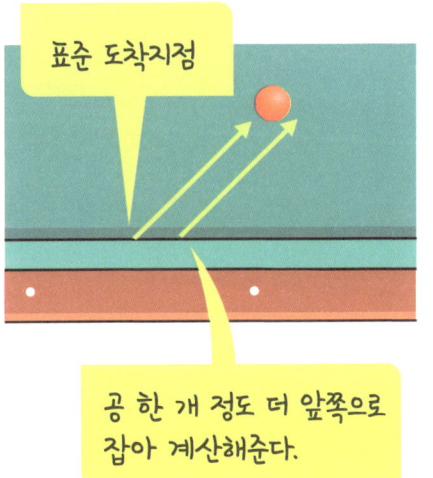

표준 도착지점

공 한 개 정도 더 앞쪽으로
잡아 계산해준다.

제3쿠션지점을 타이트하게 좀 더 앞당겨 잡자!!!

제3쿠션지점을 앞쪽으로 좀더 당겨 잡아주는 이 한 가지 변화만으로
안쪽으로 좁아들며 빠지는 끔찍한 상황은 결코 발생하지 않는다.
이때 바깥쪽으로 빠져나갈 걱정은 하지 말자.
왜냐하면 제3쿠션지점에 도착한 큐볼에는 반사각을 증가시킬
그 어떤 힘도 남아있지 않으므로!!

왠걸, 오히려 입사각보다
반사각이 더 줄어든다.

당연한 일이다. 제3쿠션지점을 완전 타이트하게 앞당겨 잡았기에 샷에
약간의 타격이 실려 제1쿠션지점을 오버한다면 십중팔구 투쿠션으로
직접 맞는 상황이 발생하게 되는 것이다.
오히려 이젠 투쿠션으로 직접 맞는 어이없는 상황을 걱정해야 할 판이다.
때문에 어쩔 수 없이 샷은 더욱 더 힘이 빠질 것이고, 두 번째 실패요인도
자연스럽게 기억에서 지워질 것이다.

준비는 끝났다.

지금부터 본격 짧은 각 뒤돌리기

완벽 공략기 출발!!!

< 절대공식 >

제1목적구위치값 − 제3쿠션값 = 제1쿠션값

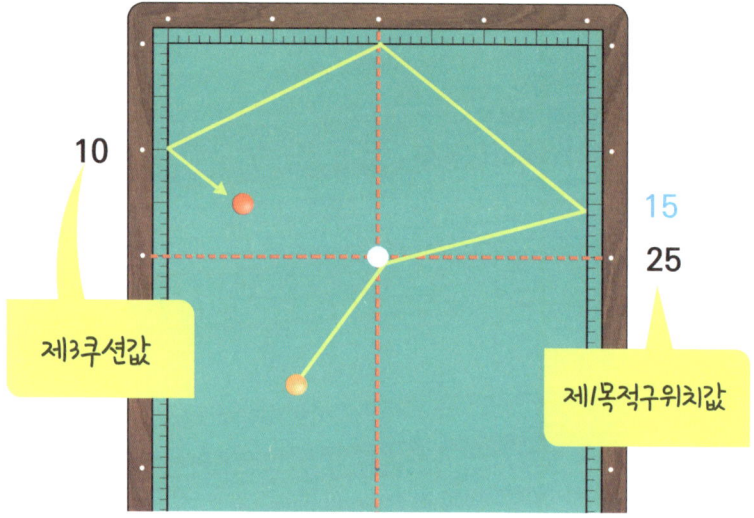

풀이: 25 − 10 = 15

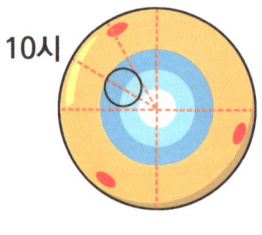

당점=10방향 2팁

< 짧은 각 뒤돌리기 기본형 익히기 >

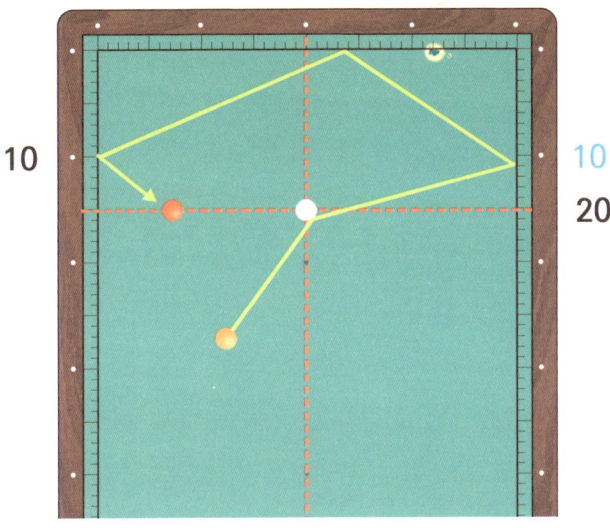

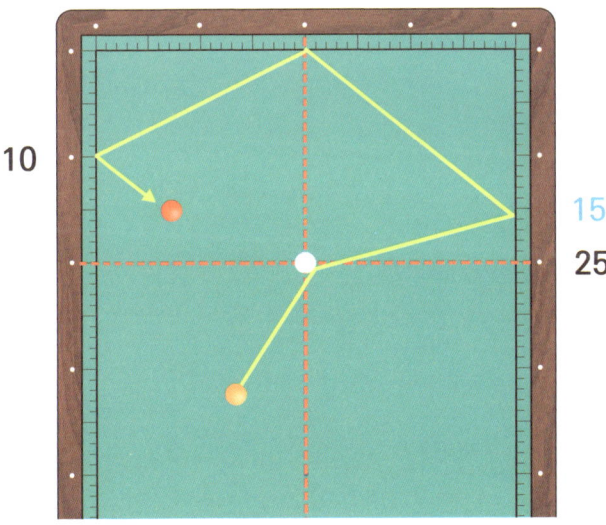

51. 폴드랑의 "심플 짧은 각 뒤돌리기 시스템"

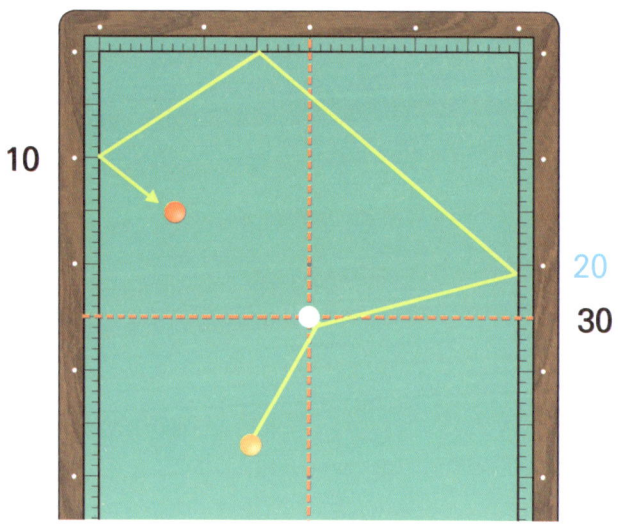

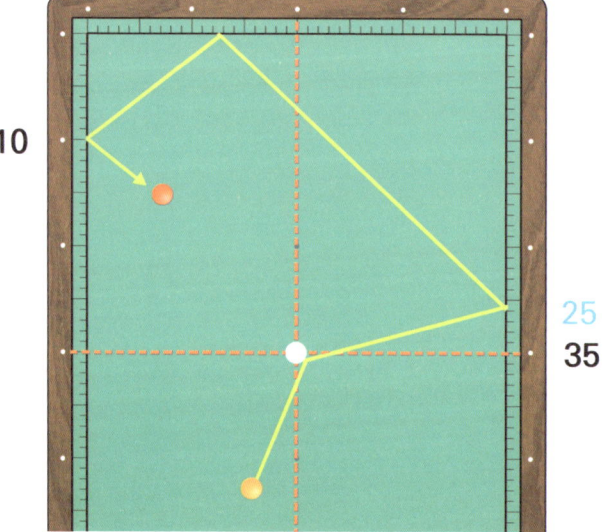

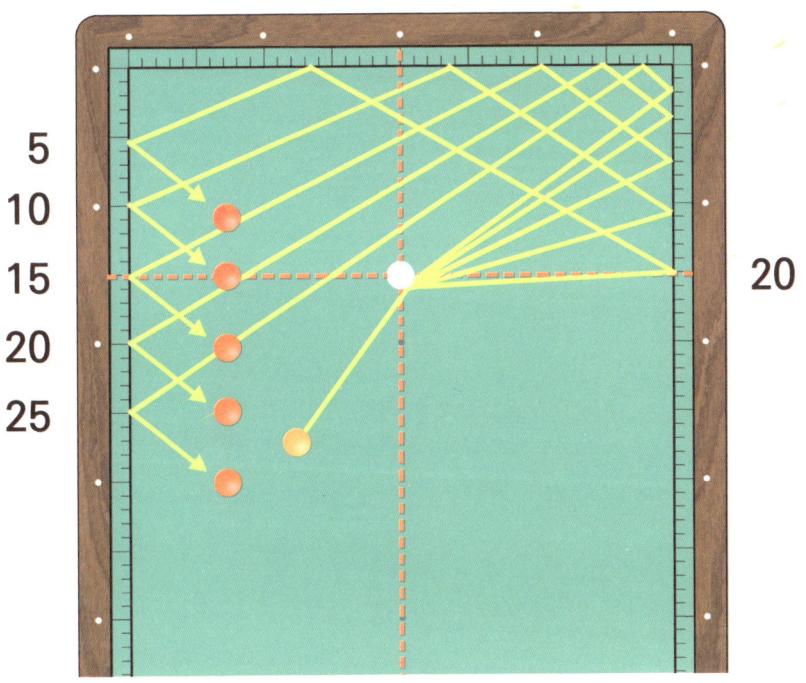

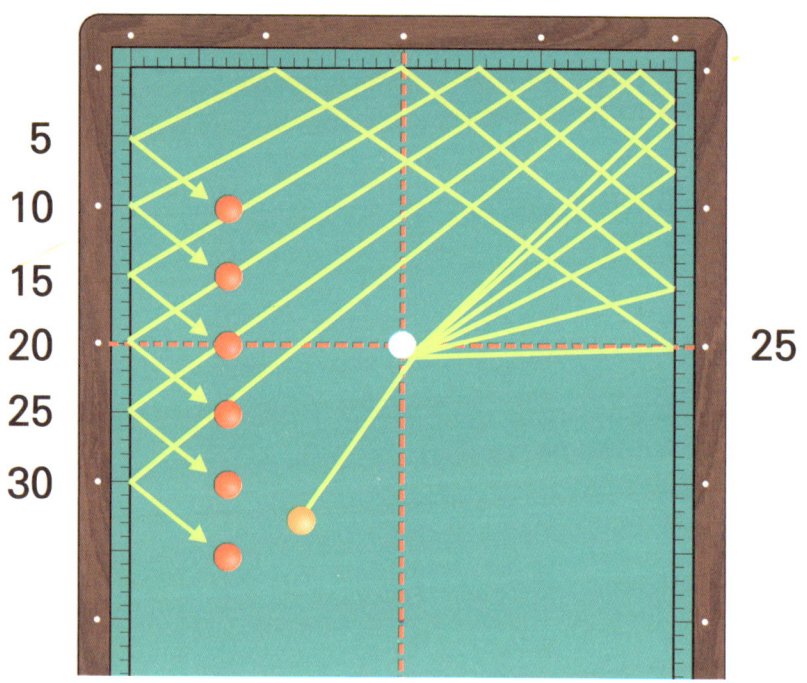

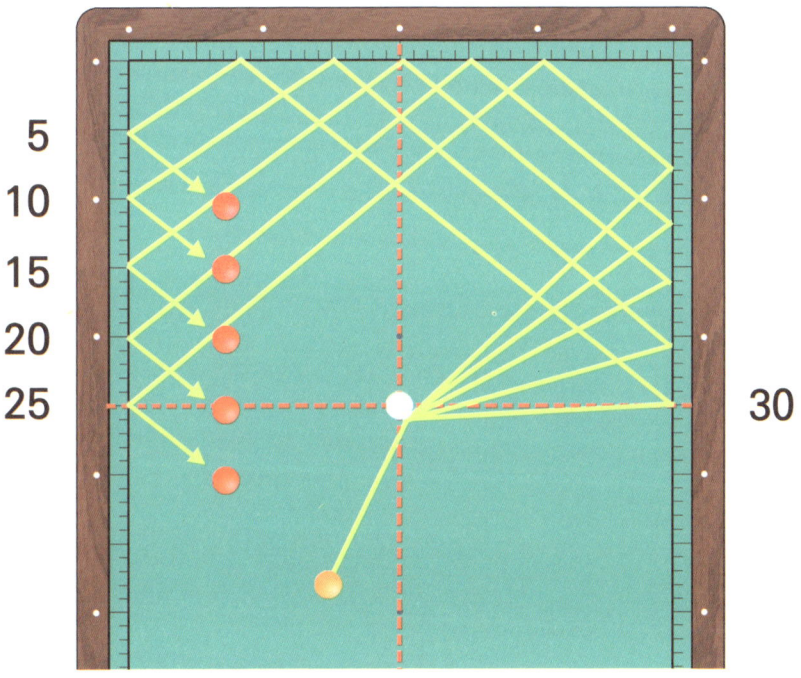

<제1목적구 위치값이 30일 때의 앵글라인>

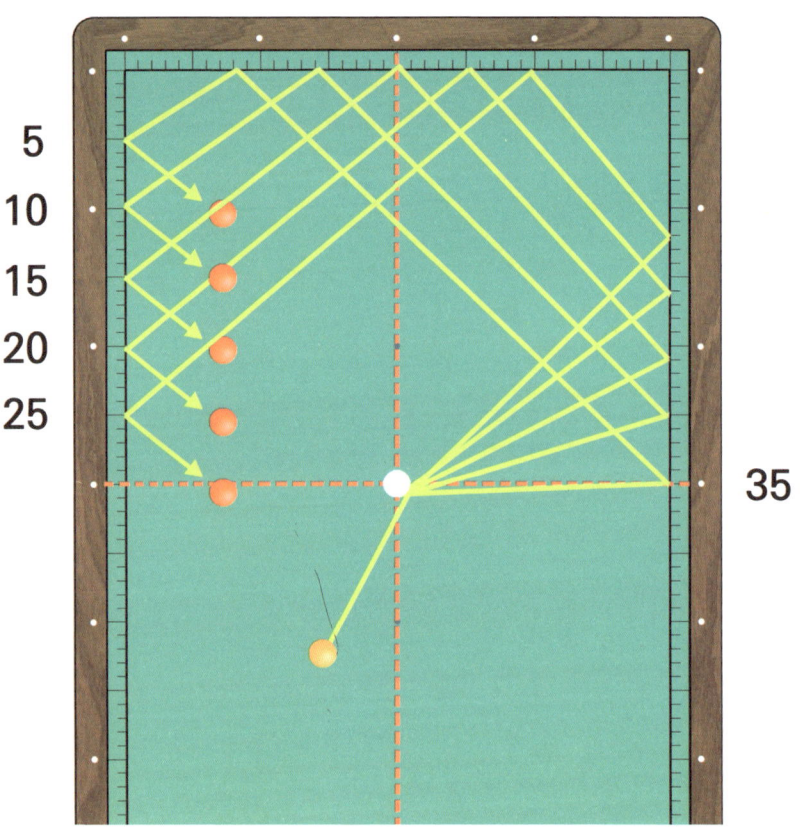

코너(corner)의 특이성과 미친 반사각

아래의 두 전개도의 공통점은 무엇일까?
제1쿠션지점이 코너(corner)와 아주 가깝다는 점이다.
우리는 이 같은 배치에서 빨간 앵글라인으로 실패한 경험이 참 많다.

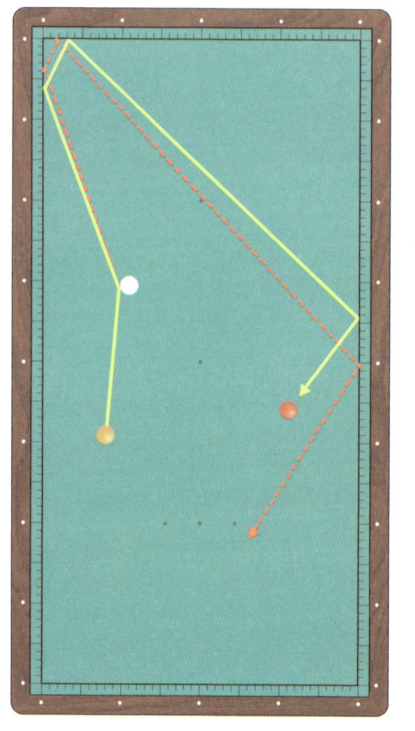
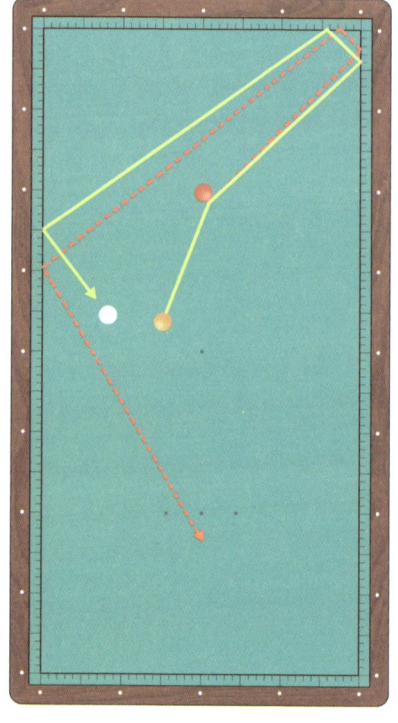

또 빨간 앵글 그렸다.

음, 잘했어.

어쩌면 우리가 당구를 때려치우지 않는 한 끝없이 계속 될 악몽일지도 모른다.

그렇다고 언제까지 넋 놓고 당할 수만은 없지 않은가!!
어째서 나는 뻑~ 하면 빨간 앵글을 그리는 것일까?
그 이유라도 좀 알자는 것이지.
그래야 뭔 대책을 세우든 당구를 때려 치든 할 거 아니겠어?

당구 테이블에 설치된 쿠션이라는 고무는
인간이 만들어 낸 고무 중에서 단연

최고의 탄성을 자랑한다.

어머, 고탄력~

물론 테이블의 종류에 따라 사용하는 등급에 약간의 차이는
있겠지만 어쨌든 당구 테이블의 고무는 완전 탄성덩어리 맞다!!
그럼 뭐하냐는 거지. 우리의 인지력 너머로 냅다 날려버렸는 걸.

밥 먹고 하자~

어이가 없네~

52. 코너(corner)의 특이성과 미친 반사각

당구에서 필요한 가장 중요한 스킬 한 가지를 꼽는다면?
아마도 입사각과 반사각에 대한 센스일 것이다.
당점에 따라, 두께에 따라, 혹은 샷의 세기에 따라 카멜레온처럼
끝없이 변신한다는 것. 그만큼 까다롭고 난해한 것이
당구의 입사각과 반사각이다.

불행 중 다행으로 우리들 실패의 흑역사 속에서 그나마 경험치는
꽤 올렸다는 것. 나름 구력이 생겼다는 것이지.
그럼에도 여전히 우리를 곤혹스럽게 만드는 바로 그것,

코너의 미친 반사각이다.

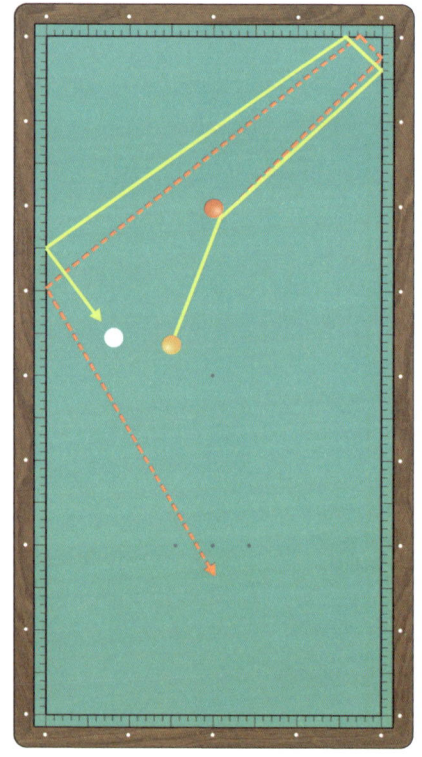

미친 반사각을 잡자!!!

아래의 앵글라인은 최상의 샷 컨트롤에 의해 만들어진 앵글라인이다.
ⓐ, ⓑ, 두 앵글라인 제2쿠션에서의 입사각과 반사각 증가폭을 살펴보자.

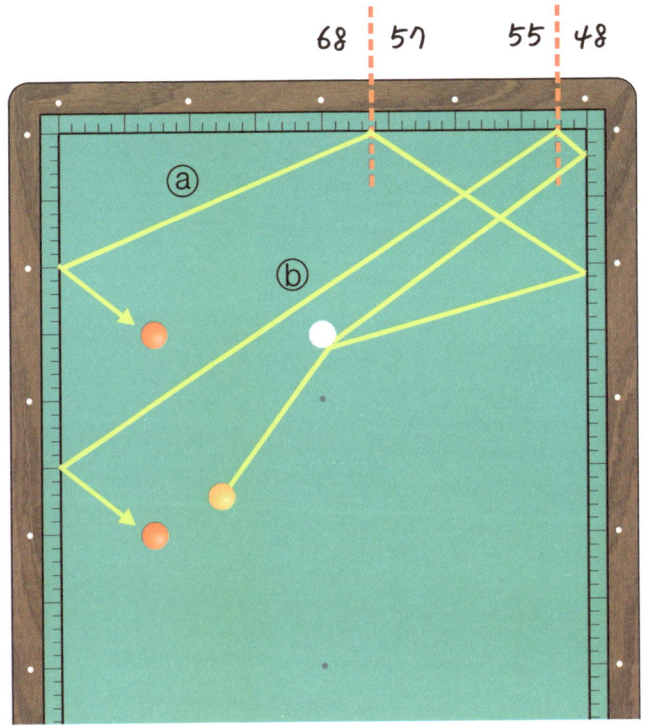

ⓐ는 약 11° 증가했다. 그런데 ⓑ의 경우 고작 7°증가했을 뿐이다.
동일한 당점과 샷으로 구사했음에도 어째서???
제1쿠션에서 제2쿠션으로 향할 때의 큐볼진행거리의 차이 때문이다.
ⓐ의 경우 제2쿠션까지의 거리가 어느 정도 확보되어있다.
사실 이 정도 거리라면 큐볼이 제1쿠션에서 빠르게 튀어나오더라도
충분히 안정될 수 있는 거리이다.

그렇지만 ⓑ는 제2쿠션까지의 거리가 고작 10cm정도에 불과하다. 제1쿠션에서 튀어나오자마자 곧장 두 번째 충돌을 겪게 된다는 것이다. 그러니까 중심을 잡을 겨를이고 뭐고 없다는 것이지.

아래의 앵글라인을 보면 뭔가 계산이 맞지 않는 부분이 있다.

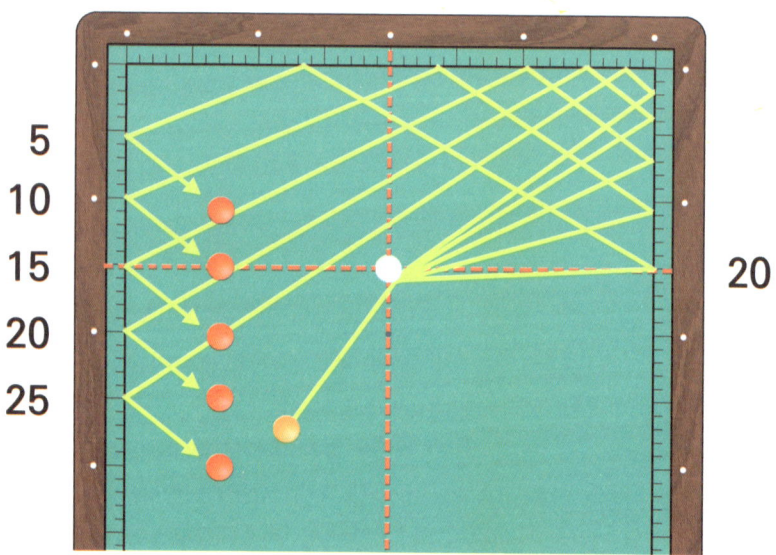

제3쿠션지점값 20과 25의 계산이 전혀 맞지 않다는 것이다.

a의 경우 20-20=0, 그런데 0이 아닌 2??
웬걸, b는 시스템 값이 계산조차 안 된다.
20-25=???? 그런데 답은 0???

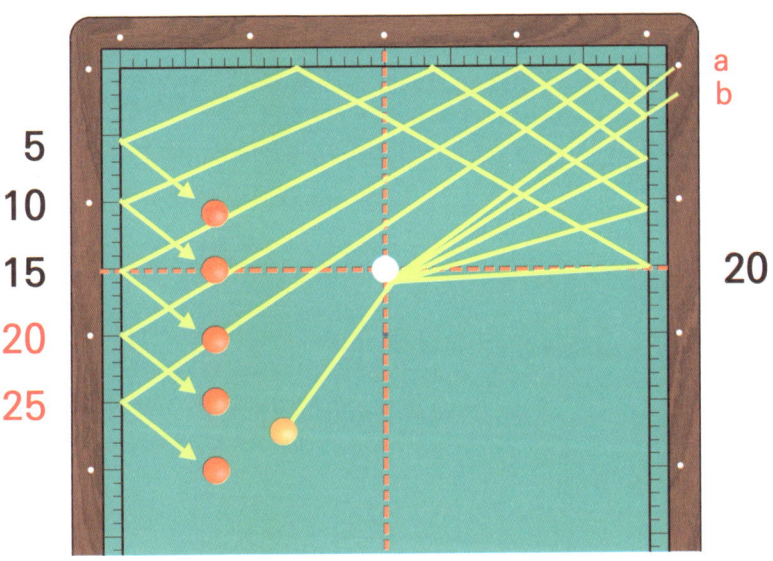

아래의 앵글라인을 보면 뭔가 계산이 맞지 않는 부분이 있다.

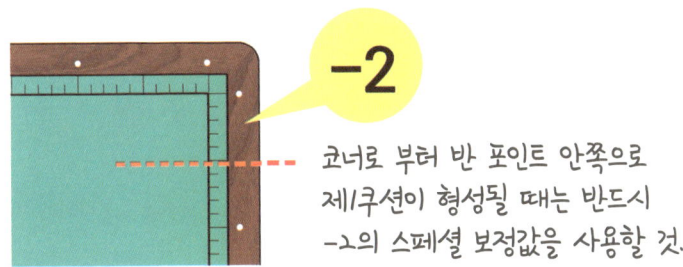

코너로 부터 반 포인트 안쪽으로
제1쿠션이 형성될 때는 반드시
-2의 스페셜 보정값을 사용할 것.

스페셜 보정값 -2는 제2쿠션지점까지의 큐볼 진행거리를 아주 살짝 늘어나게 되는데 단 몇cm에 불과한 이 거리가 득점앵글라인을 만드는 절대값이 된다. 이때 가능한 힘을 빼서 부드럽게 샷을 구사한다면 어렵지 않게 득점앵글라인을 만들 수 있을 것이다.

TIP!!! 　득점욕심을 버리고 오직 제1쿠션까지만 보내겠다는 마음으로 샷을 할 때, 우리는 마침내 마수와도 같은 미친 반사각의 늪에서 빠져나오게 될 것이다.

덤 있음!! 　두께를 1/4이하로 설정했다면 큐볼은 자신에게 실려진 에너지를 누구에게도 빼앗기지 않는다. (글자 그대로 해석하면 곤란함.)

그러니까 제발 좀 살살 치자!!!

(이건 경고임!!)

살살 치라고 했지, 누가 쓰다듬우랫!!!

<규격 외 반사각>

이것은 미친 반사각을 아름답게 활용하는 방법이다.

무슨 뜻이냐면 제 아무리 미친 반사각이라 할지라도 그 한계값은 결국 존재할 수밖에 없다는 것이다. 그리고 그 최대값은 정상적인 시스템값보다 약 5포인트 더 큰 +5이다.
결국 스페셜 보정값 -2를 사용하지 않고 0의 포인트를 향했다면 큐볼의 제3쿠션 도착지점은 +5가 증가한 25지점이 된다는 것이다.

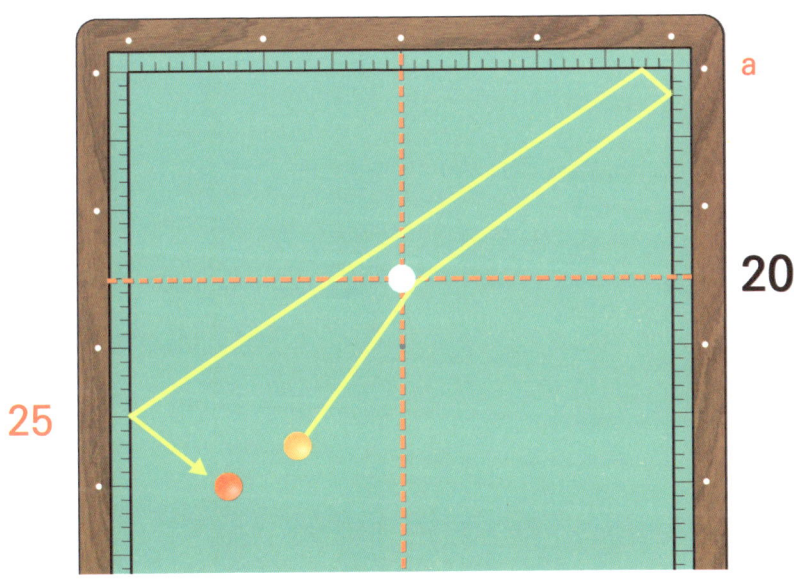

너무나 아름답지 아니한가!!

〈제1목적구 위치값이 25일 때의 앵글라인〉

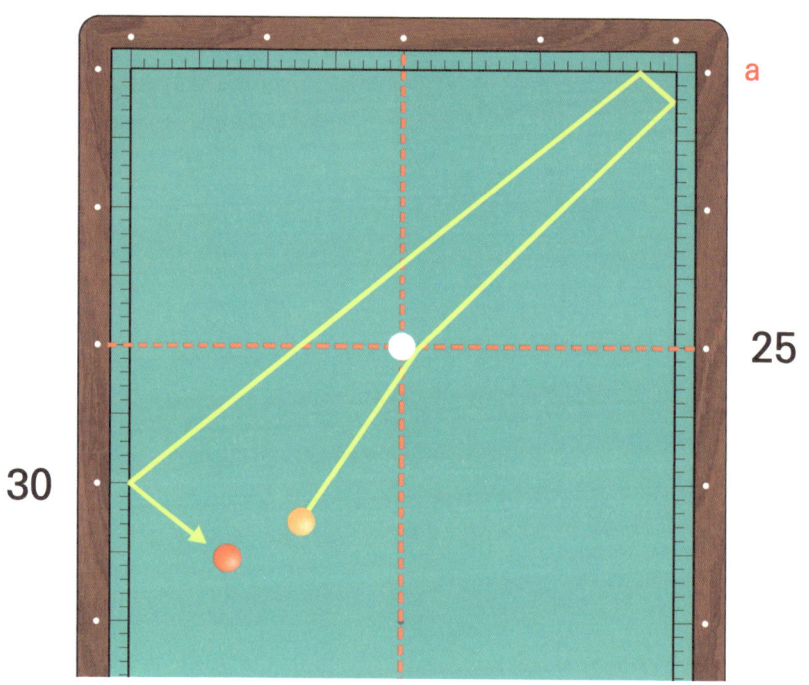

전개상으로는 불가능해 보이지만 실제 구사해보면
펜 샷으로 충분히 구사할 수 있다.

52. 코너(corner)의 특이성과 미친 반사각

제1목적구의 위치값이 17이하일 때

<제1목적구 위치값이 17일 때의 앵글라인>

생각보다 꽤나 예민한 위치이다.
가능한 샷을 부드럽게 가져간다면 무리없이 득점앵글라인을
만들 수 있지만 행여 2쿠션으로 맞는 상황이 닥쳤다면 회전력이
지나치게 많다는 뜻이므로 이때는 임기응변을 살짝 발휘해주자.
당점을 1팁 빼 보자. 이 경우 적절한 공략방법이 된다.
역시나 큐볼의 진행거리가 짧으면 그만큼 까다로운 것이다.

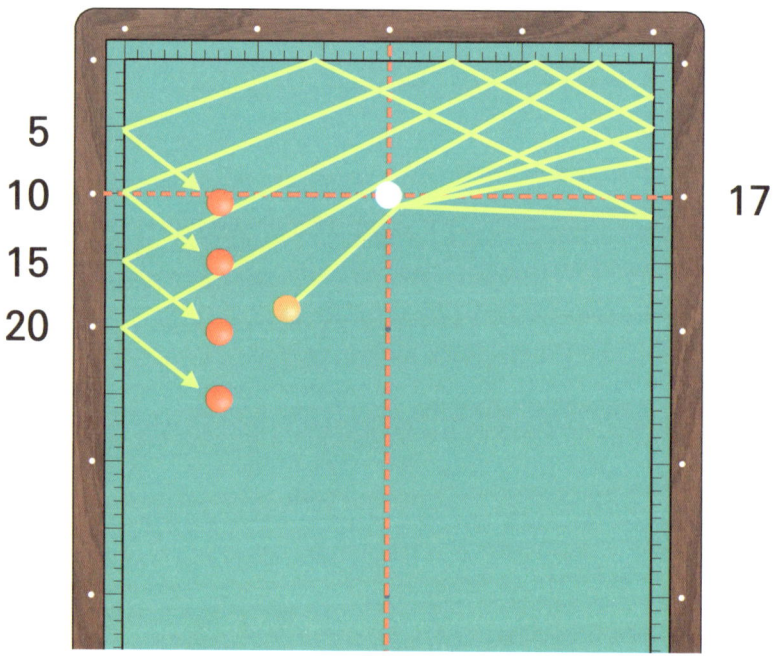

그런데, 위의 전개도에서 지금까지와는 다른 뭔가 별난 앵글라인이 숨어있다?
발견했다면 당신의 감각은 이미 고점자의 그것!!

ⓐ의 앵글라인을 보라.
이제까지와는 확실히 다르다. 범상치 않은 기운마저? 그렇다.

제1쿠션지점이 제1목적구위치값보다 오히려 더 위쪽인 것이다!!

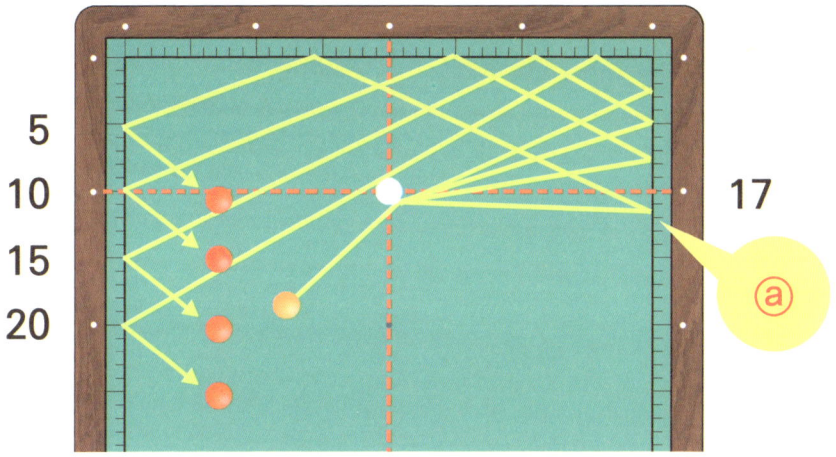

까짓 신경 쓰지 말고 지금까지와 똑같은 방법으로 공략해보자.
아니나 다를까, 전혀 득점앵글라인이 만들어지지 않는다. 재앙이 따로 없다.

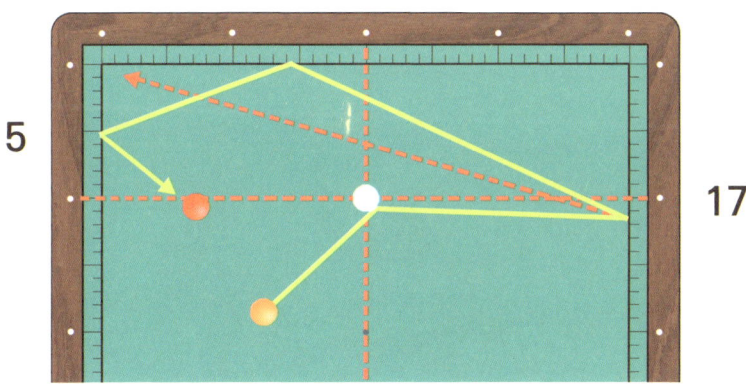

이처럼 제1쿠션위치가 제1목적구보다 위쪽이 될 때는 큐볼에 실린
직진력(force)과 회전력(moment)은 전혀 제구실을 못한다.
왜냐하면 분리각을 키우기 위해 설정한 두꺼운 두께가 제1목적구의 반발력을
증가시키기 때문이다.

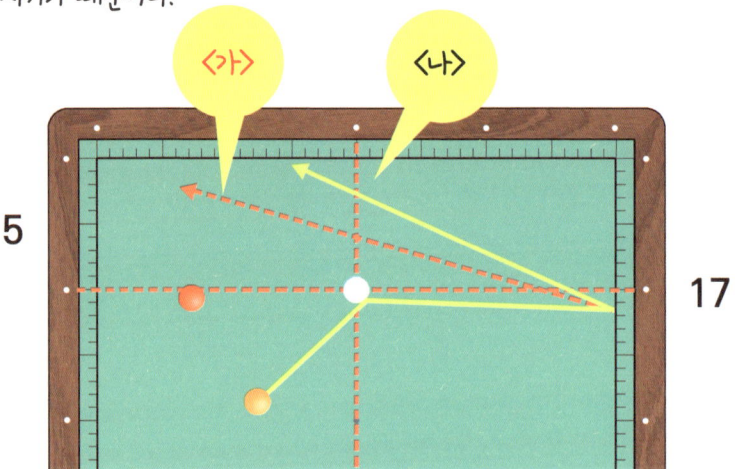

이렇게 증가한 제1목적구의 반발력은 큐볼에 실려진
직진력과 회전력을 상쇄시키는 힘으로 작용한다는 것이다.
<가>의 앵글라인이 만들어지는 이유이다.
그렇다면 <나>의 앵글라인은 어떻게??

그러니까 단순공략으로는 어림도 없다는 것이지.
다름 아닌 스핀 샷(spin shot)을 날려야 한다는 것!!!

<기초 스핀 샷(spin shot) 만들기>

사실 <가>의 배치에서 구사되는 스핀 샷은 난이도가 그리 높지 않다.
스핀 샷의 기초편이라고 할 수 있는 지극히 평범한 샷인 것이다.
<나>의 배치에서 연습해보면 <가>의 배치가 얼마나 쉬운지 알 수 있다.

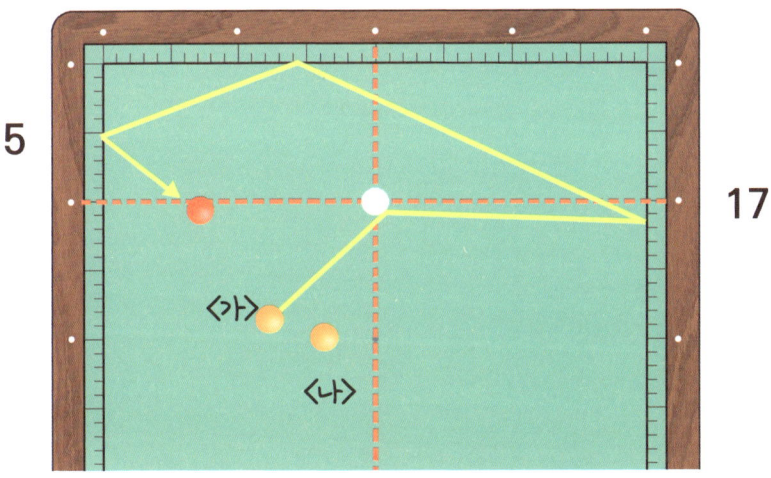

그러나 초심자에게는 이마저도 진땀나는 배치라는 것.
지금부터 기초 스핀 샷 만들기에 도전해 보자.

사실 이와 같은 배치에서 절대적으로 스핀 샷을 구사할 필요는 없다.
약간의 회전력과 적절한 두께조절만으로도 얼마든지 득점앵글라인을
만들 수 있기 때문이다. 그런데 문제는 초심자에게 있어서 오히려
〈가〉의 앵글라인을 만들기가 더더욱 어렵다는 것이다.
대부분 ⓐ아니면 ⓑ의 앵글만을 만들게 된다는 것. 어째서일까?

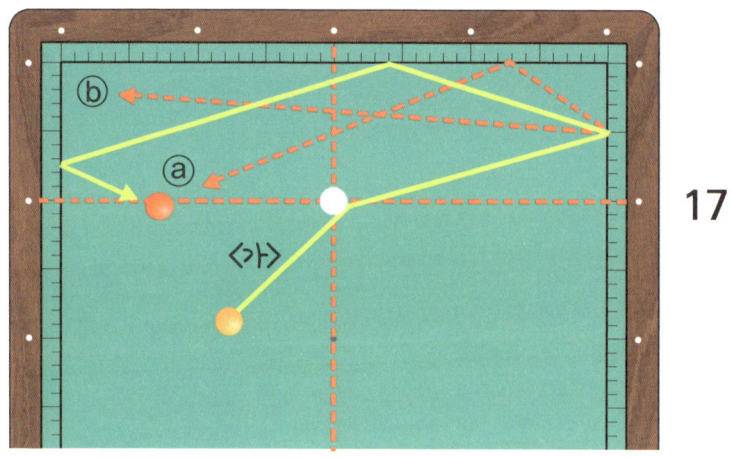

이는 당구 신들만의 전용 스킬이기 때문이다.

제1, 제2, 제3쿠션, 무려 세 번의 충돌 과정 속에서도 입사각과
반사각이 흐트러짐 없는 앵글라인을 만든다는 것,
사실 이것이야말로 우리가 당구를 배우는 목적이기도 한 것이다.
아쉽겠지만 지금은 이따위 앵글라인일랑 그네들에게 던져주고
우리는 우리가 할 수 있는 것부터 챙기자.

제1쿠션지점이 제1목적구위치보다 아래쪽일 때 큐볼에 실려진
회전력은 아주 예민하게 반응한다. ⓐ라인이다.
때문에 이를 염려해 회전력을 빼면 터무니없는 라인이 만들어지는 데
코너로 곤두박질 치는 ⓑ라인이 그것이다.

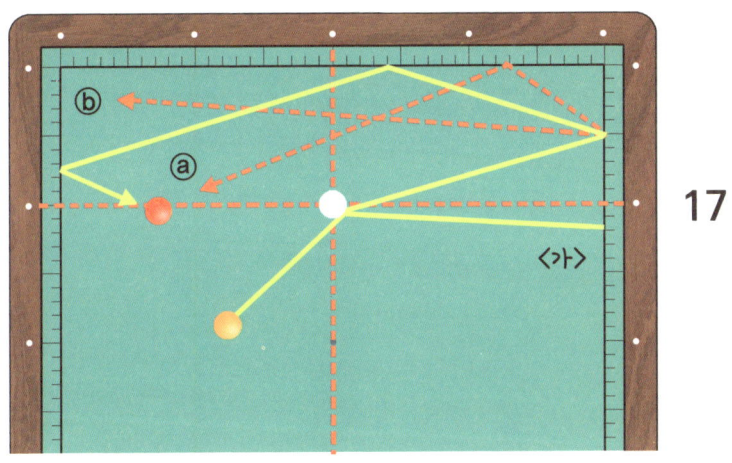

17

이 두 실패의 근본적 원인은 회전력 컨트롤, 즉 당점이다.
초심자의 경우 당점사용에 있어 1팁과 2팁, 그리고 3팁, 이렇게 정확히
구분해서 사용치 않는다. 두루뭉술한, 그렇지만 꽤나 강한 회전력이
작용하는 당점인 것이다. 때문에 반사각 조절이 쉽지 않다는 것.
그렇다면 처음부터 제1쿠션을 제1목적구위치보다 위쪽인 <가>지점으로
설정한다면? 우선, 회전력 걱정이 없어진다.
또한 아무리 회전을 잔뜩 준다 하더라도 2쿠션으로 직접 맞을 걱정이
없기에 샷을 겁낼 이유도 없어진다.
자신감 넘치는 샷이야말로 득점확률을 높이는 신의 한 수!!
스핀 샷이 필요한 절대적 이유이다.

스핀 샷(spin shot), 이제 넌 내꺼!!

스핀 샷의 가장 큰 특징은 그 진행속도가 아주 느리다는 것이다.
레일스피드를 완벽히 무시한 움직임인 것이지.
도대체 스핀 샷의 움직임 속에는 어떤 비밀이??

비밀은 탄성충돌, 즉 운동량보존법칙에 있다.

큐볼이 제1목적구와 정면으로 충돌했다면 큐볼의 모든 에너지는
제1목적구로 옮겨진다. 당연히 큐볼은 꼼짝 할 수 없다.

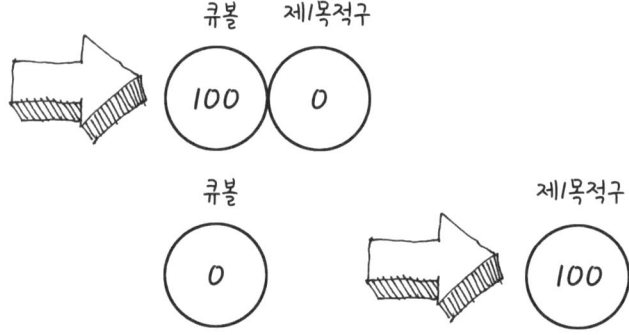

그러나 70% 두께로 충돌한다면 큐볼의 속도는 느려지겠지만
일정 거리쯤은 움직일 수 있다.
여전히 30%의 에너지는 남아있기 때문이다.

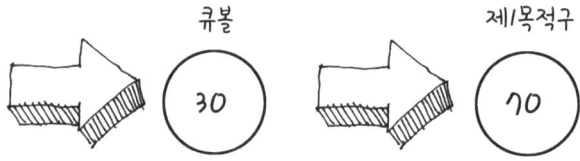

그러나 남은 30%의 에너지만으로는 결코 제3쿠션지점까지 도착할 수 없다.
그렇다면 큐볼은 어떻게 최종 목표지점까지 도착하는 것일까?
바로 큐볼에 실어준 회전력이 큐볼을 계속 움직이게 만들어주는 것이다.

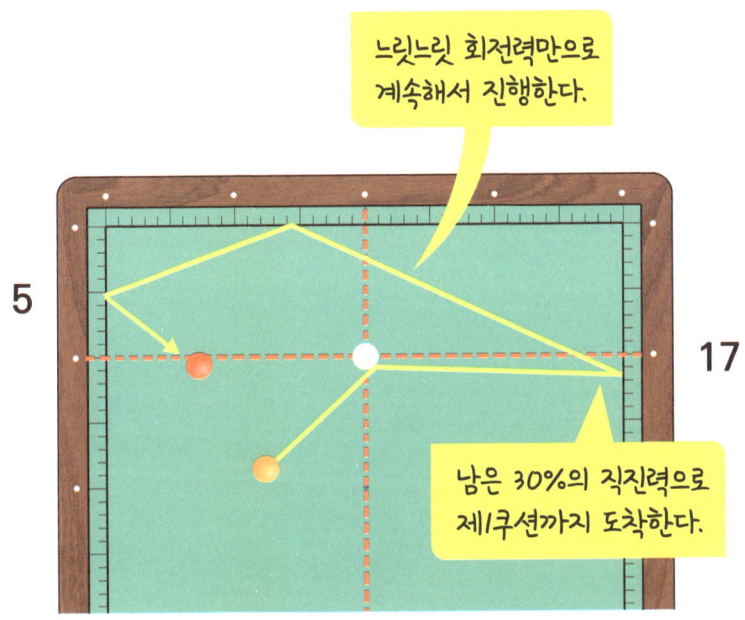

알고 보니 회전력은 큐볼에 저장된
제2의 에너지원(energy source)이었던 것!!

53. 제1목적구의 위치값이 17이하일 때

 여기서 잠깐!!

회전력만 믿고 제1쿠션으로 적당히 보내면 일 난다.
당구를 치면서 가끔 보게 되는 특이현상 중 하나로 큐볼이
테이블 중간쯤에 멈춰 굉장한 속도로 회전할 때가 있다.
엄청난 회전력임에도 어째서 큐볼은 전진하지 못하고 마치
팽이처럼 제자리에서만 뱅글뱅글 돌기만 하는 것일까?

회전력은 각운동이다.
각운동은 어떤 물리적 힘이 가해지지 않는 한 회전체의 동일축을
중심으로 계속해서 각운동만 하려는 성질이 있다.
각운동량 보존의 법칙 때문이다. 피겨스케이팅 선수가 빙판 위에서
쉽게 회전하는 것은 이 각운동량 보존의 법칙 때문이다.
결국 각운동을 선운동으로 즉, 직진력으로 바꾸려면 어떤 물리적 힘이
반드시 작용해야 한다는 것.

쿠션의 반발력이 그것이다!!!

제1쿠션지점에 도착한 큐볼은 일정량의 물리력을 반드시 제1쿠션에 전달해 줘야만 하는 것이다. 쿠션의 반발계수값이 기준치 이하에서는 큐볼에 실려진 각운동을 절대 선운동으로 바꾸지 못한다.

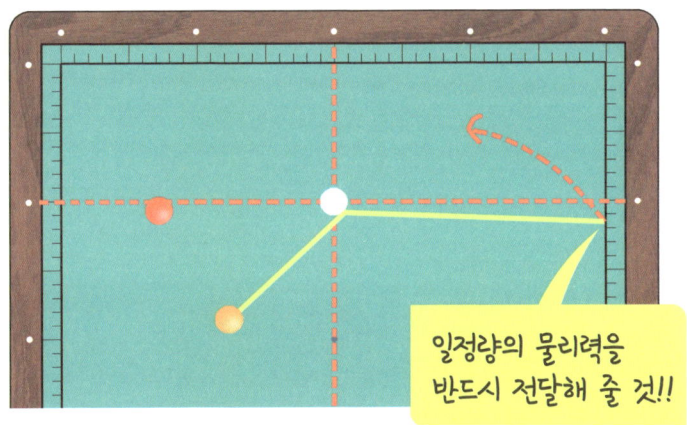

일정량의 물리력을 반드시 전달해 줄 것!!

때문에 ⓐ의 비틀비틀라인을 그리게 되는데.
그렇다고 무작정 반발력을 크게 만들면 터무니없는 라인을 그리므로 주의해야한다. 사실 이 부분이 스핀 샷 최대 난제이기도 하다.
모든 건 지금 이 순간 당신의 마음가짐에 달렸다.

TIP!!!

연습할거지?

처음부터 무조건 득점만을 목표로
연습하기 보다는 큐볼이 제1쿠션지점에서
얼마만큼의 반발력을 만드는가를 관찰한다면
의외로 쉽게 감각을 익힐 수 있다.

연습하실 거죠??

<제1목적구 위치값이 15일 때의 앵글라인>

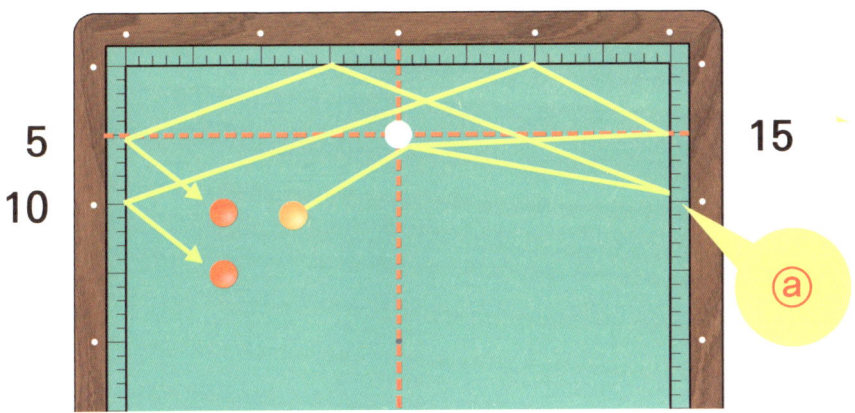

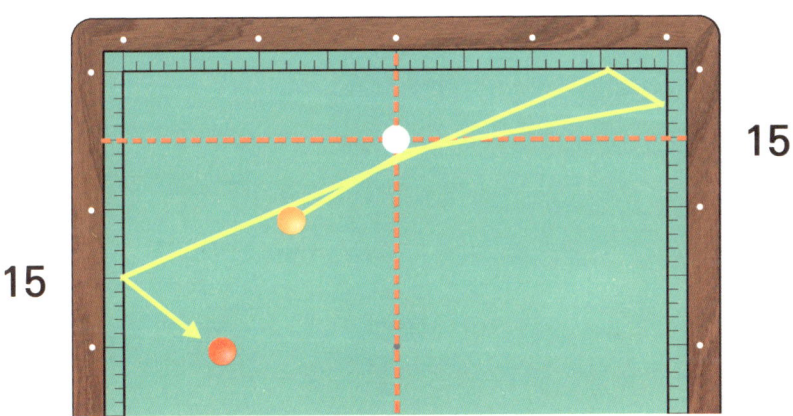

ⓐ의 앵글라인을 보라!!
이 얼마나 잔혹한 앵글라인인가.

<아주 특별한 스핀 샷!!>

제1쿠션지점이 제1목적구위치보다 무려 5포인트나 위쪽이다.
도대체 이만큼씩이나 올라서서 다시 내려갈 수 있는 것일까?
아니, 올라가기도 쉽지 않겠는데??

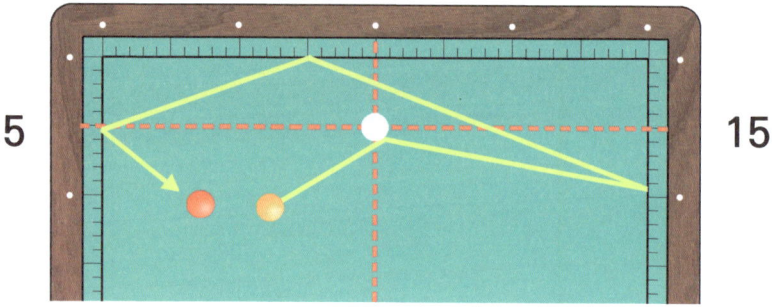

가능성 눈곱만큼도 없어 보이지만 막상 구사해보면 그렇게까지
어렵진 않다. 단, 이 배치에서의 스핀 샷은 이전 스핀 샷과는
그 구사방법이 완벽히 다르다.

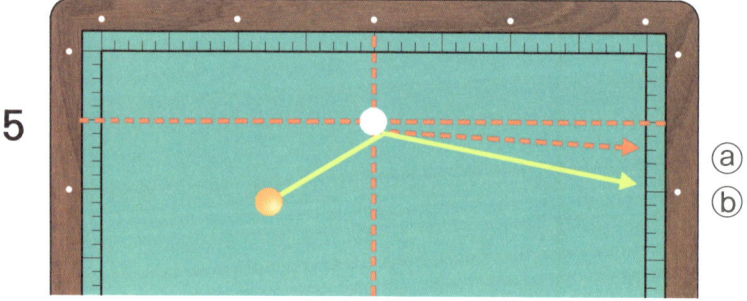

이전 배치도에서는 제1쿠션지점이 ⓐ였다. 약 2포인트 올라섰다.
이 경우 강한 회전력과 쿠션의 적당한 반발력만 만들어준다면 문제없이
꺾여 내려간다. 하지만 지금은 ⓑ지점으로 올려서야 한다. 무려 5포인트!!
강한 타격으로 제1쿠션지점까지 어찌어찌 올려보낸다 할지라도..

내려가기는커녕 완전 일직선으로 허망하게 튕겨져 나올 뿐이다.
두 번 다시 치고 싶지 않은 배치랄까.

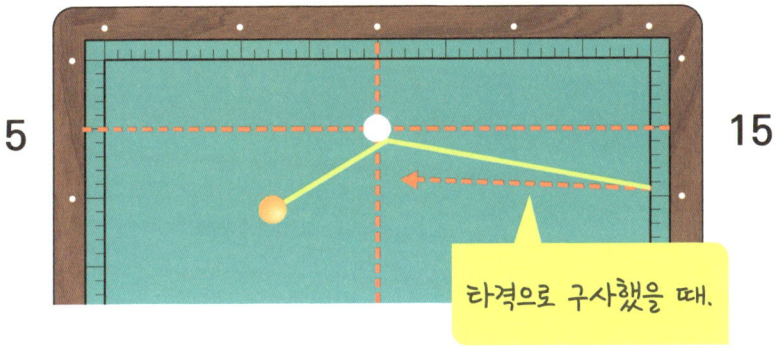

타격으로 구사했을 때.

이는 제1쿠션지점으로 올리기 위해 강한 타격으로 구사했기 때문이다.
강한 타격은 분명 분리각을 증가시킨다. 사실 이보다 편한 방법도 없다.
초심자의 경우 타격으로 분리각을 만들게 되는 이유도 이 때문이다.

그러나 입에 단 것은 몸에 해롭다.
편한 방법에는 반드시 그에 따른 부작용도 있다는 뜻이다.

타격은 타격을 부른다!!

강한 타격으로 큐볼을 보냈다. 이때 충돌하는 제1목적구는?
당연히 강하게 반발할 것이다.

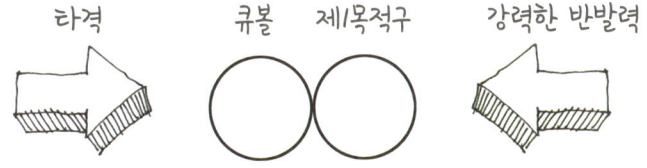

반발력이란 에너지가 전달된 반대방향으로 작용하는 힘이다.
1/2두께로 충돌 할 때의 반발력 작용방향은 다음과 같다.

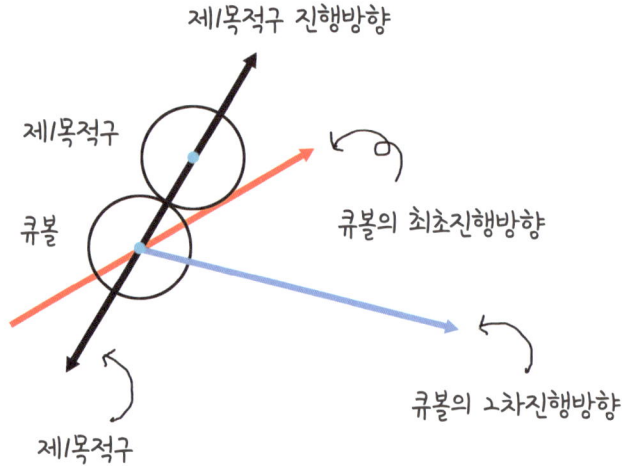

그림에서 알 수 있듯 제1목적구가 진행하는
정확히 반대방향이 반발력 작용방향이다.

이를 전개도에 대입해 보면,

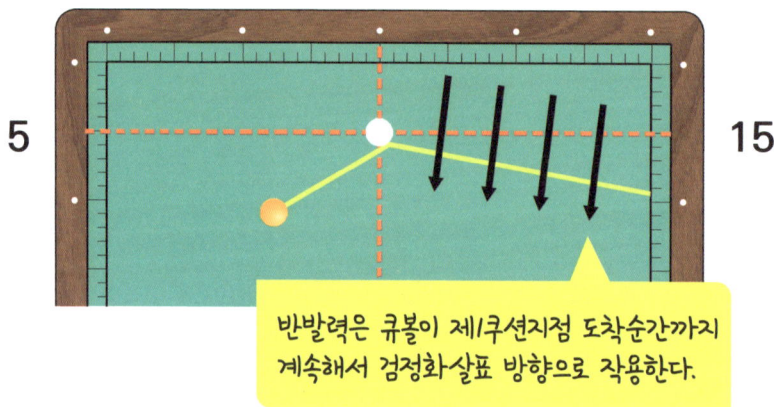

반발력은 큐볼이 제1쿠션지점 도착순간까지
계속해서 검정화살표 방향으로 작용한다.

물론 반발력은 항상 유지되는 것은 아니며 샷 구사방법에 따라
유지되기도, 혹은 줄어들기도 한다.

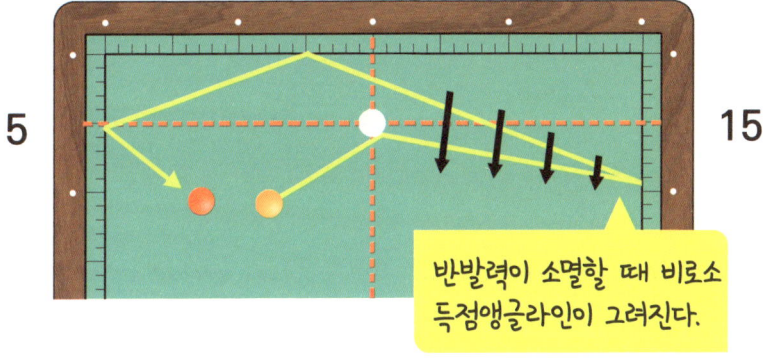

반발력이 소멸할 때 비로소
득점앵글라인이 그려진다.

그러나 타격으로 구사했을 때는 절대 줄어들지 않는다.
끝까지 살아남아 큐볼의 직진력과 회전력을 개걸스럽게 먹어치운다는 것.
강하게 치면 칠수록 큐볼은 더더욱 꺾여 내려갈 수 없는 것이다.

〈스트로크 궤적에 의한 샷의 특성 이해하기!!〉

샷의 궤적은 직선(Standard), 다운(Down), 업(Up), 이렇게 세가지로 나뉜다.
이들은 각각 샷의 특성을 조금씩 다르게 만든다.
그 중 유독 별난 특성을 만드는 녀석이 하나있다.
테이블 바닥으로 떨어지는 다운(Down) 궤적이다.

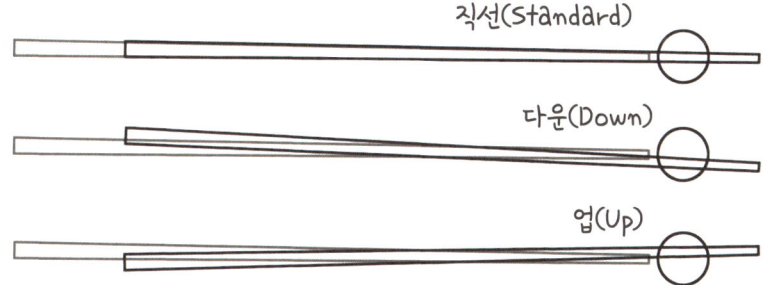

상단성향의 당점으로 구사할 때 샷의 가장 기본이 되는 직선 궤적
(직선 샷)은 직진력과 회전력 모두 설정된 값만큼 정직하게 작용한다.
그러나 업 궤적(업 샷)은 직진력은 약하게, 회전력은 좀 더 강하게 작용한다.

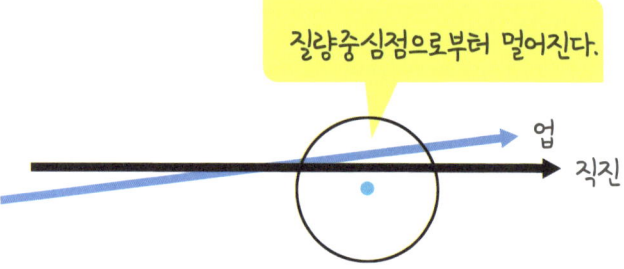

그림에서 보듯 업 궤적은 임팩트 후 큐볼의 질량중심점으로부터
멀어진다는 사실을 알 수 있다. 그만큼 직진력 전달에 취약한 것이다.

여기에 다운 궤적을 추가해보자.

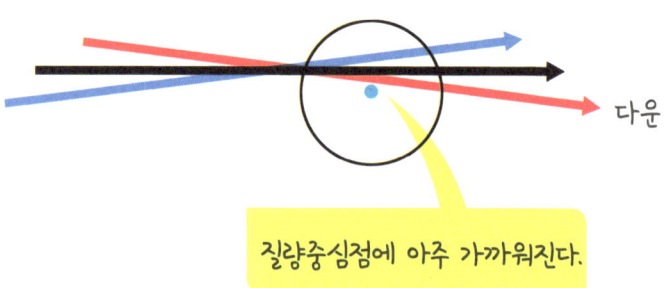

한 눈에 봐도 녀석은 질량중심점에 가장 가깝게 진행한다는 걸 알 수 있다.
직진력과 회전력 즉, 선운동과 각운동을 극대화 시켜주는 궤적인 것이다.

직선 샷은 겨냥할 때의 당점위치와 임팩트 순간의 당점위치가 완벽히 일치한다. 왜냐하면 직선 샷의 핵심은 정직한 당점구사와 정확한 힘 안배에 있기 때문이다.

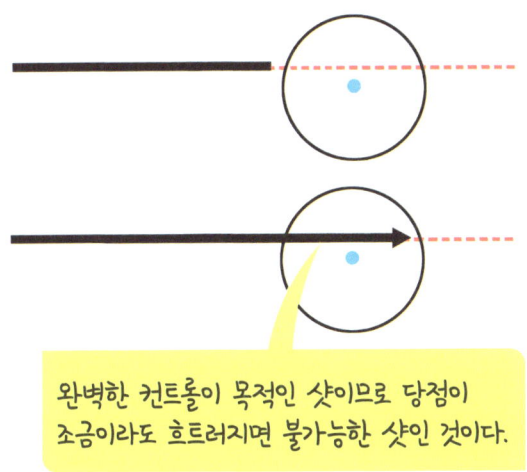

완벽한 컨트롤이 목적인 샷이므로 당점이 조금이라도 흐트러지면 불가능한 샷인 것이다.

그러나 다운 샷은 겨냥할 때의 당점과 임팩트 순간의 당점위치가 전혀 다르다. 구사하려는 당점보다 좀 더 높다는 것이다.

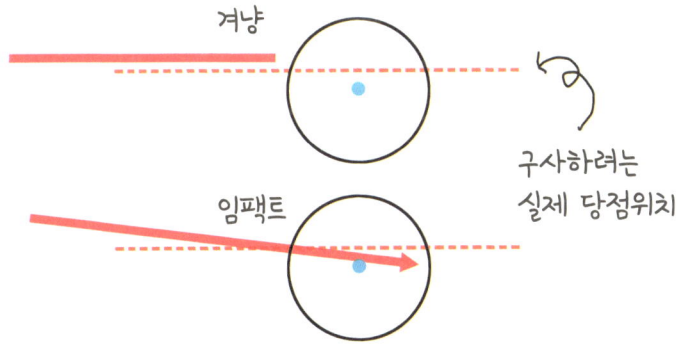

다운 샷은 직진력과 회전력 즉, 큐볼의 선운동과 각운동을
극대화시키는 것이 지상최대목표인 샷이다. 직진력이 좀 과하더라도,
회전력이 꿀렁 흘러넘치더라도 이를 개의치 않고 오직 큐볼의 활력만을
목적으로 구사하는 샷이라는 것이다.

스핀 샷은 직진력과 회전력을 극대화 시키는 것이 목적인 샷이다.
이는 위의 세 가지 궤적 중 업 샷만큼은 스핀 샷과 전혀
어울리지 않는다는 것을 말해준다.
강력한 파워로 부족한 직진력을 보충해보려 하겠지만 이미 큐 끝은
위쪽으로 떠오르는 중이므로 허공에 삿대질하기가 될 뿐이다.

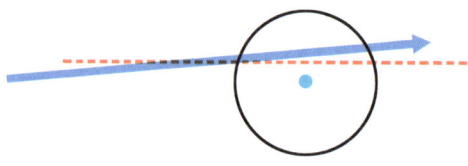

스핀 샷을 구사했을 때 실패하는 첫 번째 요인은 직진력부족이다.
안타깝게도 이 업 샷의 궤적을 그리기 때문이다.
자신은 정확히 직선 샷을 했다고 생각하지만 사실은 업 샷을
구사하고 있는 경우가 대부분이다. 스핀 샷 구사가 어렵다면
가장 먼저 자신의 샷 궤적을 꼭 체크해보자.

<직선 샷의 큐볼 움직임!!>

직선 샷은 완벽한 컨트롤이 목적인 샷이다.
바꿔 말하면 컨트롤이 조금만 잘못되어도 실패한다는 뜻이기도 하다.

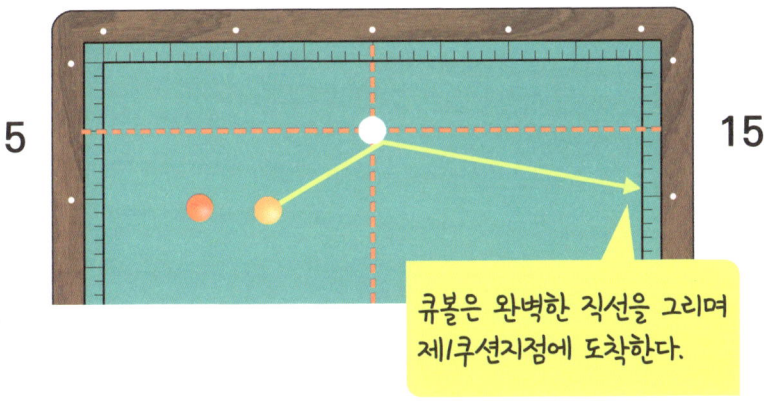

큐볼은 완벽한 직선을 그리며 제1쿠션지점에 도착한다.

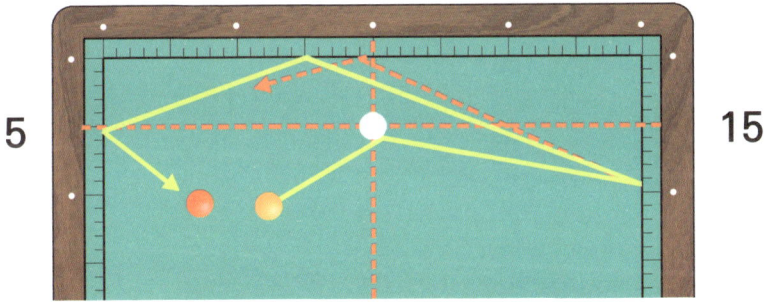

물론 완벽히 컨트롤되었다면 어렵지 않게 득점앵글라인을 그리겠지만 선운동이 조금만 부족해도 목표지점에 도달하지 못한다.
아무리 고점자라해도 매번 성공하기란 결코 쉽지 않다.
초심자에겐 말할 필요도 없다.

<다운 샷의 큐볼 움직임!!>

다운 샷은 큐볼의 선운동과 각운동을 극대화시키는 것이 목적인 샷이다.
직진력이 과하든, 회전력이 남아돌든 상관없이 오직 큐볼의 운동성을
최상으로 끌어올리는 샷인 것이다.
이를 위해서는 뜻밖에도 강력한 스트로크가 요구된다.
두께 역시 직선 샷보다 조금 더 두꺼워진다.
(그렇다고 제1쿠션 지점을 오버할 정도의 두께는 아니며 가능한
설정된 지점으로 보낼 수 있는 두께이다.)

강력한 다운 샷으로 구사된 큐볼의 움직임은 아주 특별하다.

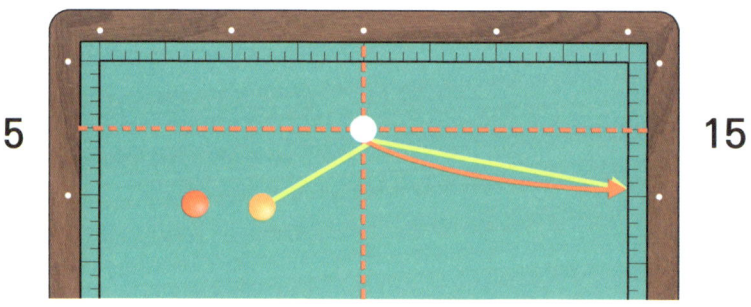

강한 스트로크는 필연적으로 반사각을 증가시킨다.
그러나 이내 큐볼은 기다렸다는 듯 미묘한 곡선을 그리며 설정된
제1쿠션지점으로 향한다. 강력한 직진력과 회전력이 절묘하게 조합되며
밀림현상을 만든 때문이다. 앵글라인만 따지고 본다면 직진 샷과
비교해 별 차이 없어 보이지만 그러나 그 움직임 속에는 너무나 특별한
어떤 것이 숨겨져 있다.

다름 아닌 제1목적구의 반발력을 이겨낸 직진력이다.

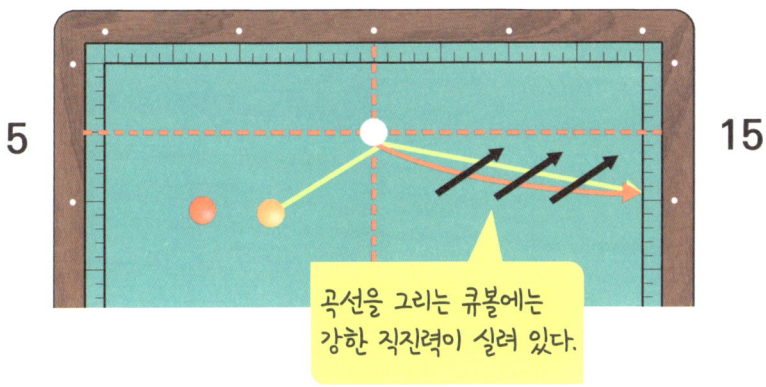

곡선을 그리는 큐볼에는
강한 직진력이 실려 있다.

이것으로 회전력은 자신의 능력을 한껏 뽐낼 수 있게 되는데.

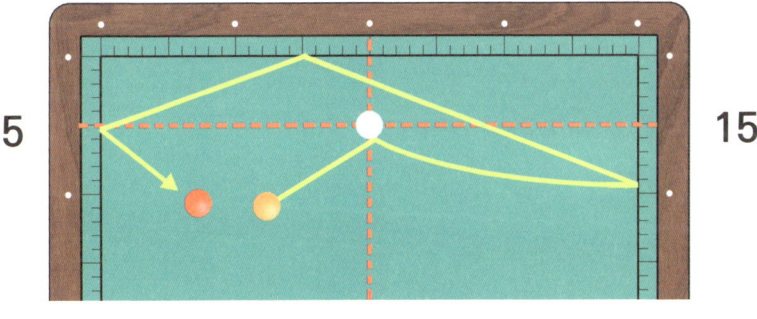

이쯤에서 떠오르는 또 하나의 의문점.
출렁출렁 넘실대는 어마어마한 회전력이 과연 온전히
득점앵글라인을 그려줄까?

물론 ⓐ와 같은 완벽한 앵글라인을 그려줄 리 만무하다.
기대도 안한다. 그렇다고 실패를 걱정하지도 않는다. 왜냐하면
제아무리 어마어마한 회전력이라 할지라도 제1쿠션에서 제2쿠션으로
꺾이는 각도에는 그 한계각이 존재하기 때문이다.

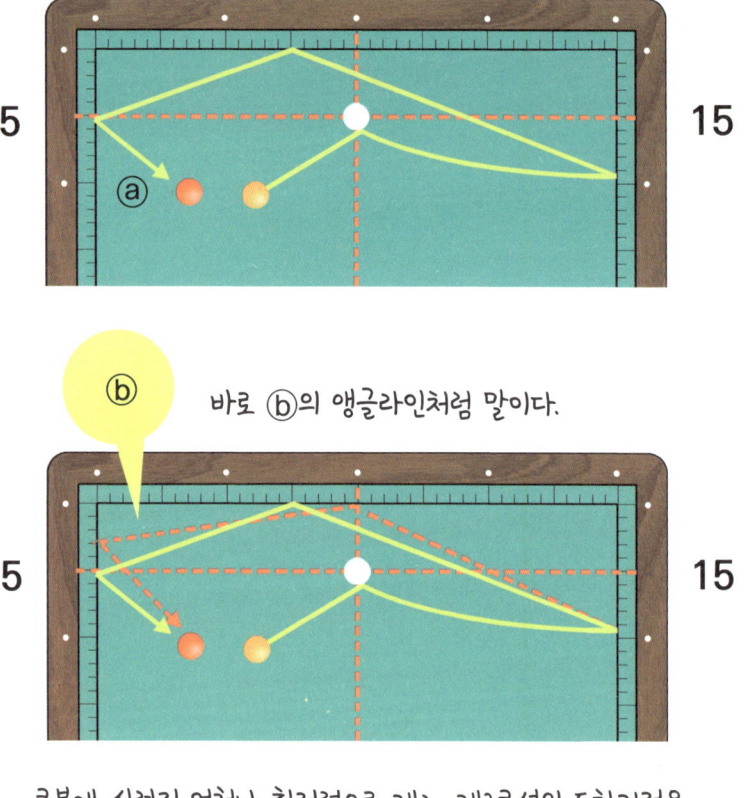

바로 ⓑ의 앵글라인처럼 말이다.

큐볼에 실려진 엄청난 회전력으로 제2, 제3쿠션의 도착지점은
분명 달라지겠지만 예상득점앵글라인 안쪽으로 형성되는
최대 한계각은 오히려 득점확률을 더욱 높게 만든다는 것이다.
이것이 스핀 샷의 특성이자 아찔한 매력이다.

 스페셜 보너스!!

스핀 샷은 뜻밖에 아주 강력한 스트로크가 요구된다.
그러나 그 강력함을 타격으로 만들어서는 절대 안 된다.

말이 쉽지 타격 없이 강력하게 구사한다는 건 정말 어려운 일이다.
아니, 타격이 있고 없음을 구분하는 것 자체도 쉽지 않다.
도대체 어떤 샷이 타격이고 밀기인가.

헤이~건장한 남자사람!!
좀 도와주지?

가장 쉽게 구분하는 방법은

헐크가 자동차에 힘을 전달한 거리를 재보는 것이다.
헐크는 손가락만 튕겼을 뿐이다.
아주 짧은 거리에서 순간적으로 힘을 전달했다.

타격이다!!!

헐크는 자동차에 들러붙어 계속해서 힘을 전달하고 있다???

밀기이다!!!

밀고 가는 시간이 길어지면 길어질수록 누군가와
썸 탈 기회도 생기지 않겠어?

샷도 이와 마찬가지이다.
힘을 전달하는 시간이 길어질수록 직진력과 회전력은
더욱 더 많이 전달된다. 그러니까 썸 탈 시간이 필요한 것이지.
최선의 방법은 샷 속도를 늦추는 것이다!!

스핀 샷과 두께, 그리고 스트로크

짧은 각 뒤돌리기 배치는 뜻밖으로 스핀 샷 구사비율이 아주 높다. 큐볼의 위치가 불편하다거나 제1목적구와 제2목적구의 키스위험 등, 어쩔 수 없이 스핀 샷을 선택해야 하는 상황이 자주 발생한다. 하지만 까다로운 스핀 샷을 초심자가 선뜻 공략방법으로 선택하기는 결코 쉽지 않다.

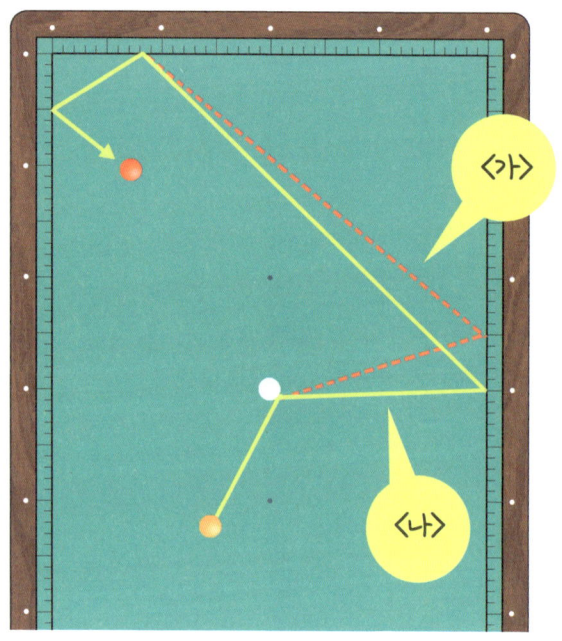

〈가〉와 〈나〉의 앵글라인 중 초심자라면 대부분 〈가〉의 앵글라인을 선택해 공략할 것이다.

그러나 사실 <나>의 앵글라인은 보기에는 쉬워 보이지만
막상 공략해보면 결코 만만치 않다.

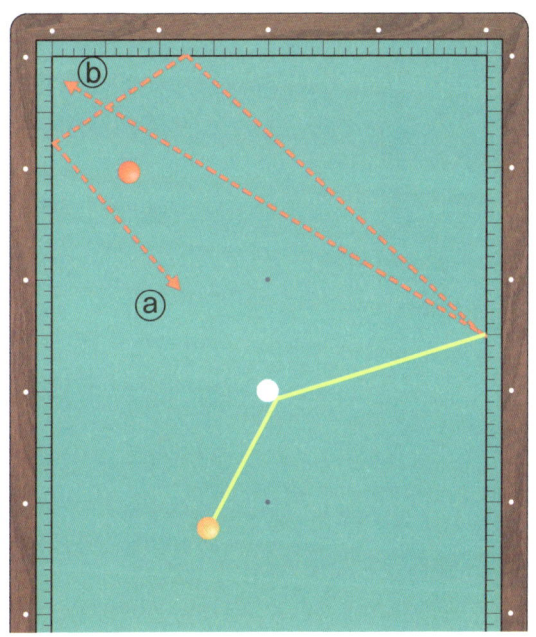

회전력이 과하거나, 반대로 회전력이 부족하거나, 또는 두께와 샷의 세기가
아주 조금만 틀어져도 ⓐ 혹은 ⓑ의 앵글라인을 그리며 실패한다.
그만큼 예민한 앵글라인 것이다.

그렇다면, 굳이 까다로운 앵글라인을 만들려 애쓸 필요 없이
처음부터 스핀 샷을 선택한다면?
득점확률이 형편없기는 둘 다 마찬가지이므로 손해는 없다.
언제까지고 스핀 샷을 기피할 수는 없지 않은가.
혹여, 스핀 샷은 더더더 까다롭지 않느냐 반문할지도 모르겠지만
사실 한 가지만 이해한다면 뜻밖으로 훨씬 더 편한
공략방법이기도 한 것이 스핀 샷이다.

입사각과 반사각만으로 만들어지는 앵글라인은 두께와 당점, 그리고
샷 컨트롤까지 그야말로 완벽한 삼위일체가 되었을 때 비로소 가능한
앵글라인이다. 어느 한 가지라도 삐끗한다면 한순간에 훅 가버리는
위험천만한 공략방법인 것이다.
그러나 스핀 샷은 그 공략방법이 뜻밖으로 아주 심플하다.
두께와 당점이 조금씩 틀어져도 샷 컨트롤만 정확하다면 얼마든지
스핀 샷 앵글라인이 만들어진다. 이것은 정말 유혹적 메리트인 것이다.
어쩌면 초심자에게 있어 스핀 샷이야말로 선택받기 훨씬 쉬운
공략방법일지도 모른다.

<스핀 샷, 공략포인트 파헤치기!!>

두께가 조금 틀어져도, 당점이 조금 어긋나더라도 스핀 샷 앵글라인
에는 큰 영향을 주지 않는다?? 어째서???

스핀 샷의 가장 큰 특징은 강력한 회전력이다.
그렇다면 강력한 회전력이란 대명제를 풀어내려면 가장 먼저 무엇이
필요할까? 두꺼운 두께이다. 1/2이상의 두께가 필요한 것이다.
회전력은 충돌두께가 두꺼워질수록 증가하기 때문이다.

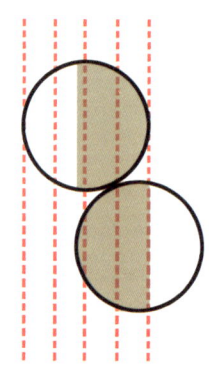

빤한 이야기가 되겠지만 1/2이상의 두께로 충돌시킨다면 빼앗기는
에너지양도 엄청날 것이다. 때문에 빼앗기는 에너지양을 고려해 충분히
강력한 샷을 구사해야만 한다.
타격이 아닌 완벽한 밀기로 구사됨을 전제로 할 때 1/2이상의 두께에서는
크든 작든 필연적으로 밀림현상이 발생한다.
때문에 아무리 강력한 샷을 구사하더라도 분리각은 절대 심각할 만큼
커지지 않는다. 설령 두께가 조금 더 두꺼워진다 할지라도 말이다.
두께에 대한 부담감이 줄어드는 이유이다.

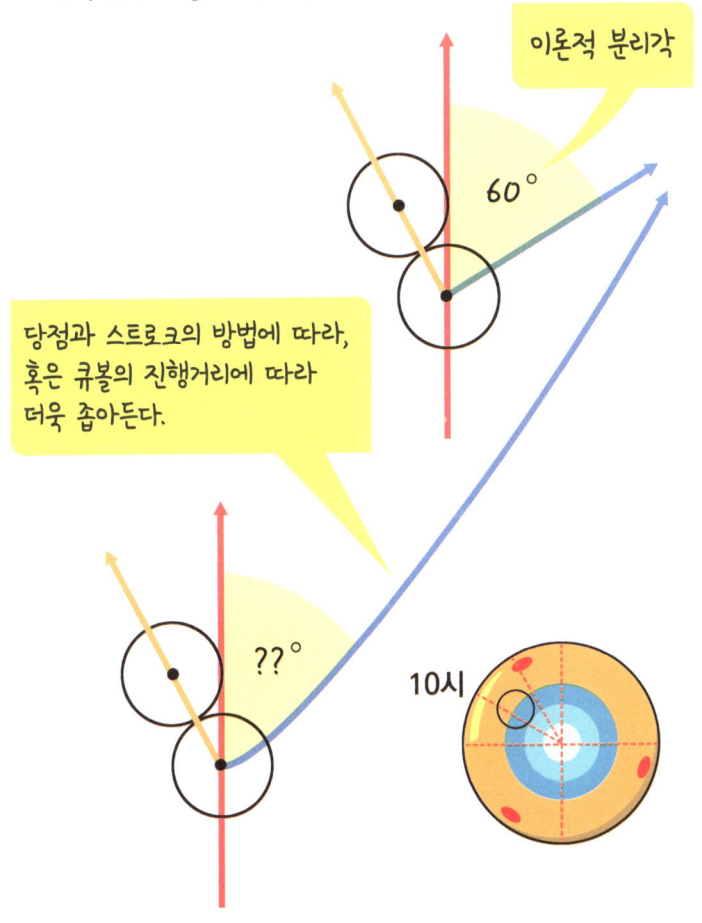

<예상치 못한 괴물출현!!>

그런데 이쯤에서 심각한 골칫거리가 하나 등장한다.
분명 1/2이상으로 두께를 겨냥했음에도 끔찍스럽게 얇게 맞는다는 사실이다. 스쿼트 값이 증가한 때문이다.

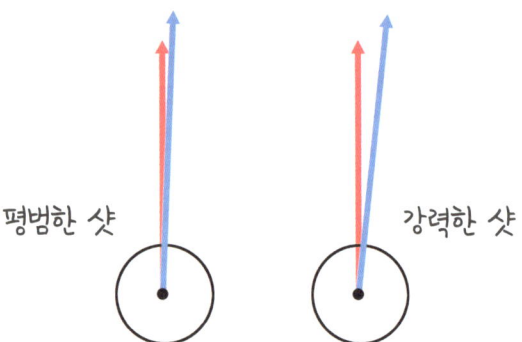

일반적으로 큐볼과 제1목적구와의 거리 2포인트를 기준으로 약 1cm의 스쿼트 폭을 갖는다. 하지만 강력한 샷을 구사할 때는 깜짝 놀랄 만큼 스쿼트 폭이 커진다.
샷 스피드와 비례하여 스쿼트 폭도 증가하기 때문이다.
샷 스피드에 따라 겨냥점이 달라진다는 것, 까먹지 말자!!

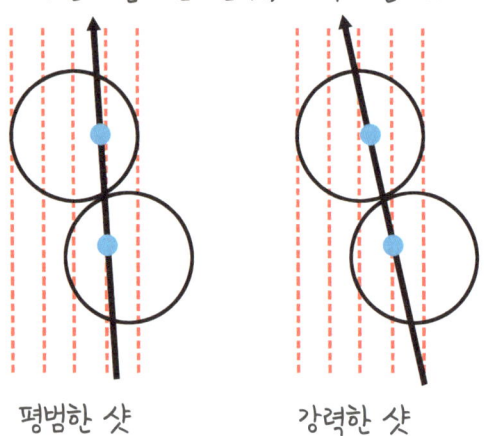

충분치 않겠지만 어느 정도 강한 샷에 따른 두께공략은 익숙해졌다. 남은 것은 당점이다. 과연 강한 샷으로도 겨냥한 당점을 정확히 칠 수 있는 것일까? 불가능하다.

누군가 다운 샷으로 강력하게 구사했다면 그는 자신이 겨냥한 당점보다 훨씬 더 아래쪽을 타격할 것이다.

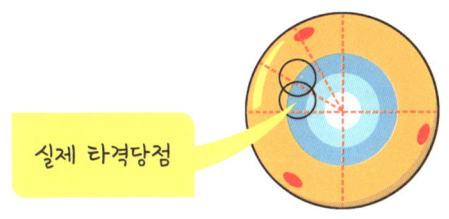

실제 타격당점

왜냐하면 강력한 샷은 필연적으로 수반되는 제그의 어떤 움직임을 허용하고 있기 때문이다. 바로 그립결속력 변화이다.

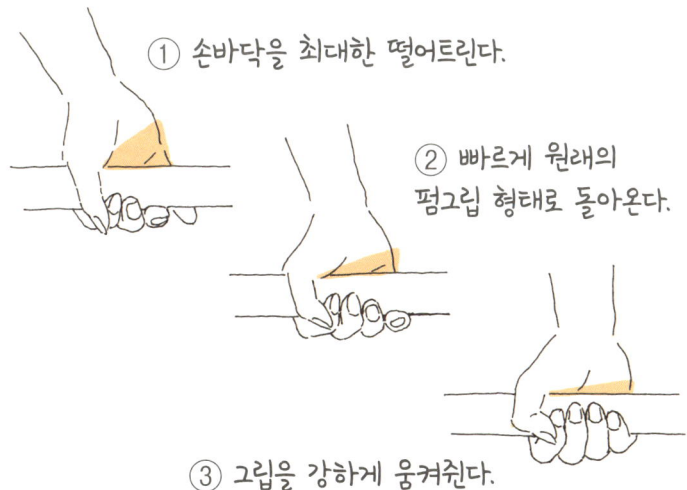

① 손바닥을 최대한 떨어트린다.

② 빠르게 원래의 펌그립 형태로 돌아온다.

③ 그립을 강하게 움켜쥔다.

그립을 강하게 움켜쥐는 동작은 어쩔 수 없이 큐의 직선운동을 무너트린다.
더구나 다운 샷 궤적을 그리는 스트로크라면 정확한 당점구사는
꿈도 꾸지말자. 그렇다고 너무 걱정할 필요는 없다.
왜냐하면 〈가〉의 당점을 구사하든, 〈나〉의 당점을 구사하든
스핀 샷에 필요한 강력한 회전력을 만드는 데는 별 차이가 없기 때문이다.
이것이 강한 스트로크에서 그립의 변화를 허용하는 이유이다.
또한, 스핀 샷을 구사함에 있어 당점설정의 부담이 적은 이유이기도 하다.

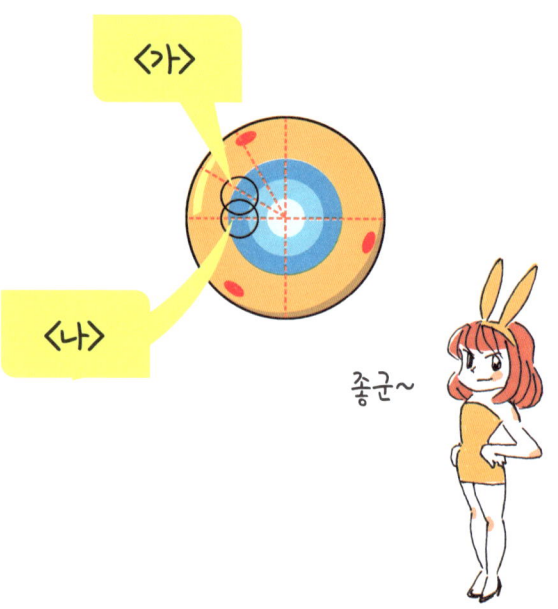

<스트로크의 가속시점 이해하기!!>

임팩트 순간 그립을 강하게 움켜쥐는 이유는 오직 하나이다.
반발력을 밀어낼 수 있는 유일한 방법인 가속도를 얻기 위함이다.

100의 속도로 임팩트 시켰다면 반발력도 100의 속도로 반발한다.

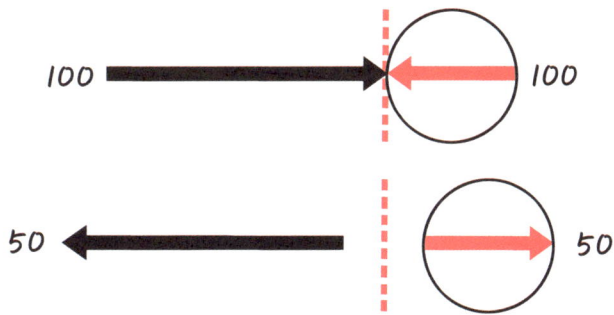

작용과 반작용의 힘이 완벽히 일치하므로 이들은 서로가 서로를
강하게 밀어낸다. 이것이 타격이다.
그립을 강하게 움켜쥐는 동작은 팔꿈치 근육의 수축운동을 더욱
빠르게 만든다. 이는 오직 가속도를 얻기 위함이다.

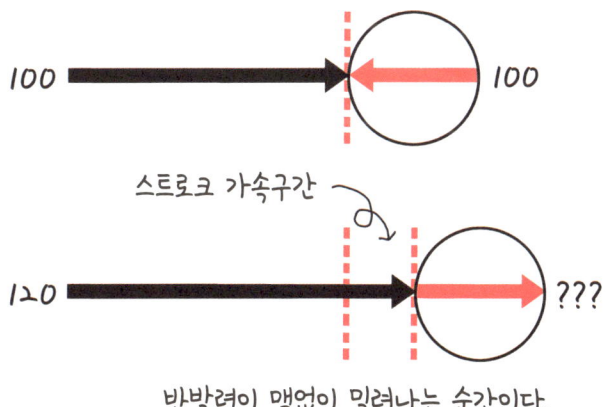

반발력이 맥없이 밀려나는 순간이다.

54. 스핀 샷과 두께, 그리고 스트로크

사실 아무리 초심자라고 해도 이쯤은 익히 알고 있는 내용일 것이다.
그럼에도 반발력을 밀어내지 못하는 이유는 무엇일까?
당점과 팁 사이의 간격을 간과하고 있기 때문이다.

당점을 겨냥할 때 큐볼과 팁 간격이 멀다??
스트로크의 가속구간이 길어진다는 뜻이다.

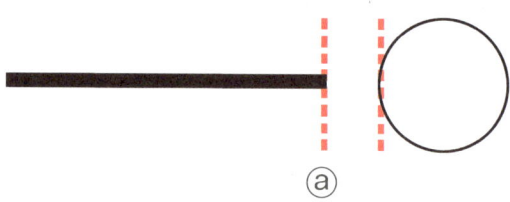

이쯤에서 스트로크가 가속되는 시점은 어디일지 생각해보자.
바로 당점을 겨냥할 때의 팁 위치 즉, ⓐ이다. 출발된 큐가 정확히
ⓐ의 지점에 도착했을 때 그립을 움켜쥐기 때문이다.
이것이 스트로크 거리이며 또 우리는 항상 이 방법으로 스트로크를
연습해왔다. 그러니까 감각이 만들어낸 스트로크 거리에 완벽히
익숙해져 있다는 것이다.

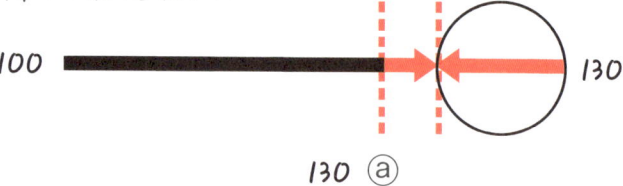

어처구니없게도 반발력을 밀어내기는 커녕 오히려 반발력을 더
키워버릴 뿐이다. 당점과 팁 사이의 간격을 좁히지 않는 한
결코 타격의 늪에서 빠져나올 수 없는 것이다.

그렇다고 한다면 당점과 큐 사이의 간격을 아무리 좁게 잡는다 한들
결국엔 타격이 될 수밖에 없지 않은가?
그러나 당구창시자들은 그리 호락호락하지 않았다.
이 고약한 문제점을 해결키 위해 아주 특별한 비책을 고안했으니 말이다.
팁과 초크라는 아주 멋진 녀석들을!!

이 제품 한 번 써 봐~
당구공이 들러붙어 안 떨어져!!

그렇다!!!
팁은 멋으로 붙여둔 게 아니며 초크는 폼으로 칠하는 게 절대 아니다.
끝간데 모를 반발력과의 혈투 속에서 마침내 찾아내어
우리들에게 건넨 위대한 선물인 것이다.

너 때문에 돌아 내가~ 독한 나로 변해 내가~
아브라카다브라~예이~예이~

54. 스핀 샷과 두께, 그리고 스트로크

가속도란 속도가 점점 빨라진다는 뜻이다.

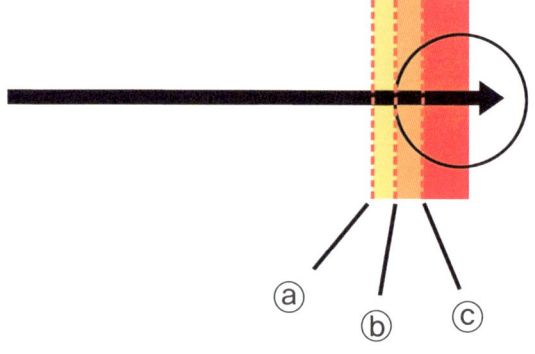

ⓐ=가속 시작점
ⓑ=임팩트 지점
ⓒ=반발력을 밀고가는 지점

ⓐ는 가속도의 시작점이다. 그렇다면 ⓑ지점과 ⓒ지점의 속도는
계속해서 증가할 것이다. 100.. 110.. 120.. !!
팔뚝에 f-22의 터보팬 추력편향엔진을 장착했다면 말이다.
그러나 안타깝게도 인간의 근육운동만으로는 절대 불가능한 일이다.
고작해야 그립을 움켜쥐는 그 짧은 한순간만 가속될 뿐이다.
가속지속거리가 터무니없이 짧다는 것이다.
이를 정확히 검증할 수는 없겠지만 어쩌면 공 한 개 거리도 벅찰지 모른다.
물론 당구의 신이라면 가능할 수도 있겠지만 적어도
우리에겐 어림없는 일이다.

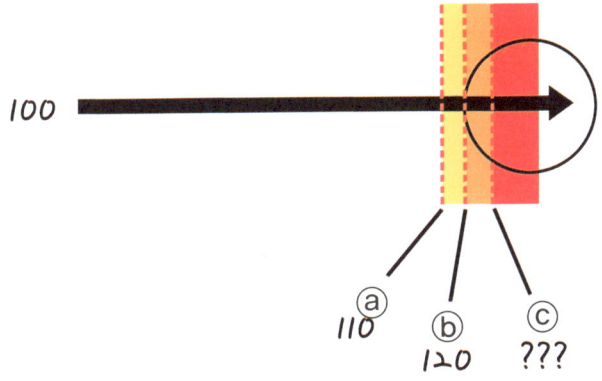

ⓐ의 지점에서 110으로 가속한 큐는 즉시 110의 반발력과 충돌할 것이다.
이 순간 팁은 아주 꼴사납게 찌그러든다. 팁의 압축은 찰나겠지만
반발력으로 큐가 튕겨나는 것을 1/1000초라도 지연시켰다면??
스트로크는 거침없이 반발력을 밀어내게 된다!!
그 순간(ⓑ지점) 스트로크는 120으로 2차 가속되기 때문이다.

ⓐ지점은 1차 가속지점 즉, 그립을 움켜쥐는 순간이다.
ⓑ지점은 그립이 완벽히 움켜쥔 상태이다. 즉, 팁이 압축되는 순간이
스트로크의 최대 가속지점인 것이다. 이 타이밍을 얼마나 정확히
컨트롤 하는가에 따라 타격과 밀기가 결정된다.

이것으로 팁을 당점과 얼마나 가깝게 위치시키느냐에 따라
타격과 밀기가 결정된다는 사실을 알았다.
당점과 팁 사이의 간격, 무조건 좁히자.
이 한 가지만 잘 지켜도 스핀 샷은 훨씬 더 편해질 것이다.

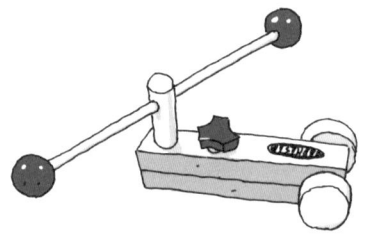

그런데 만약 두께가 불편하다면?

기본 득점앵글라인이란?
시스템을 이용해 완벽한 값으로 공략한 앵글라인이다.
그런데 어째 좀 미덥지 않다???

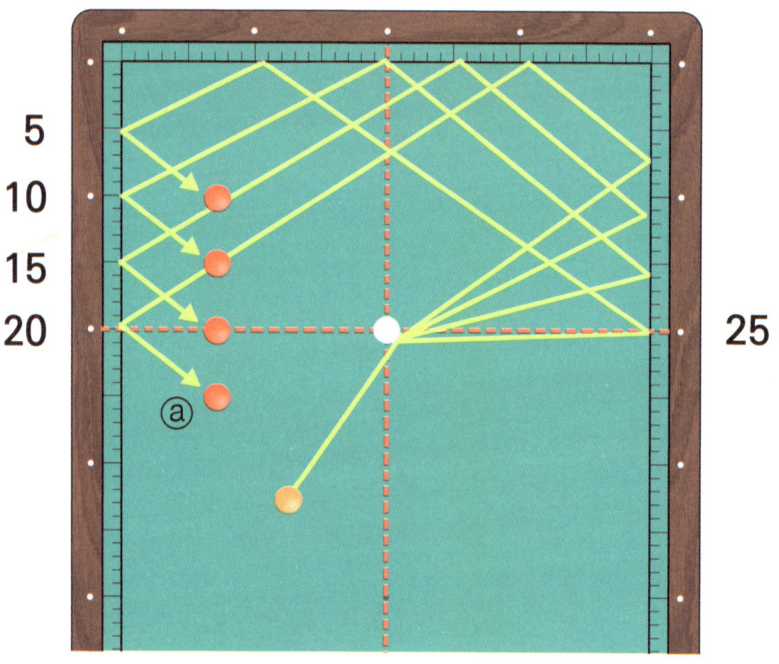

ⓐ의 앵글라인은 과연 구사 가능한 것일까? 물론!!! 구사가능하다.
그러나 완전 쌈빡한 팬 샷(Fan Shot)이 아니면 절대 불가능이다.
더더군다나 얇은 두께 공략이 약점이라면 꿈도 꿀 수 없지.
헐, 그럼 시스템 익히나 마나? 에이~그럴 리가.

그래서 준비한 스페셜 시스템 변형 공략기!!

캬~

얇은 두께, 너 임마 끝났어!!!

시크한 흑백버전으로!!

아래의 전개도를 보자.
구사 못할 건 없겠지만 역시나 부담스러운 두께이다.

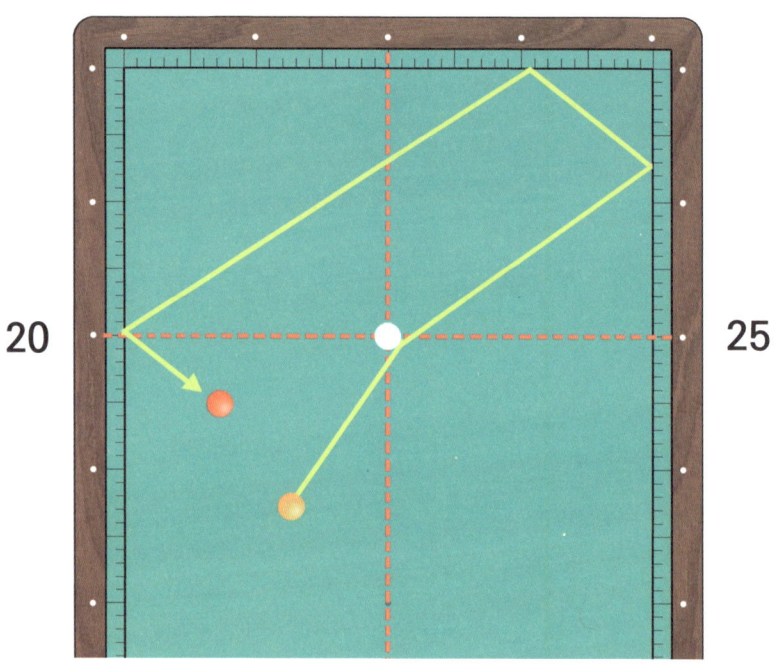

먼저 이 시스템에서 사용되는 당점을 보자. 시계방향 2팁 당점이다.
회전력이 일정량 제한된 당점이다.
이것은 상황에 따라 3팁 당점이 사용될 수도 있음을 의미한다.

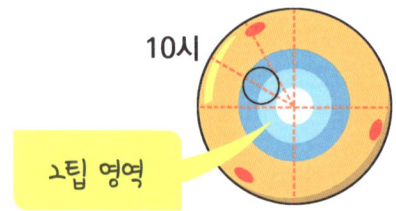

<숫자 5를 기억하라!!>

먼저 시스템의 정확한 앵글라인을 찾는다.
다음으로 충분히 공략 가능한 두께인지를 판단하자.
만약 두께가 부담스럽다면 숫자 5를 제1쿠션지점값에 더해주자.
이제 공략값은 10으로 증가했다. 때문에 제1쿠션지점은 5가 아니라
10이 된다. 이것으로 두께는 완전 널널해졌다. 당점은 당근 맥시멈 3팁으로!!

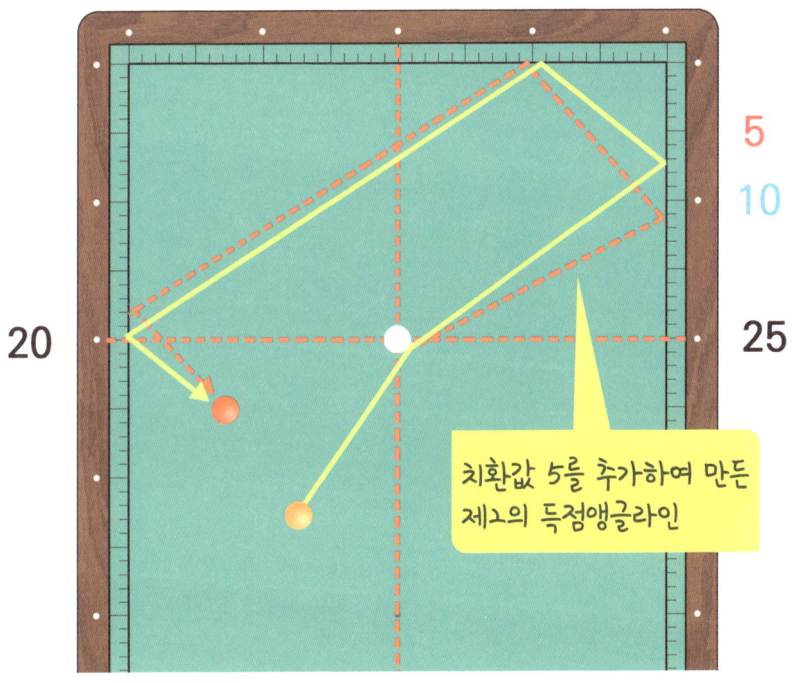

숫자5, 치환값이다.

그리고 또 이것은 데우스 엑스 마키나(deus ex machina)!!!
절대 까먹지 말자!!

큐볼이 기준선을 벗어났다면?

천만다행으로 이제까지는 큐볼이 기준선에 위치해 있었다.
실전에서도 딱 그렇게만 서준다면 정말 고마운 일이겠지만
알다시피 세상사 만만한 게 하나 없다.
큐볼 ⓐ는 기준선으로부터 약 6° 물러나 있다.
이때도 시스템 앵글라인은 유효할까?

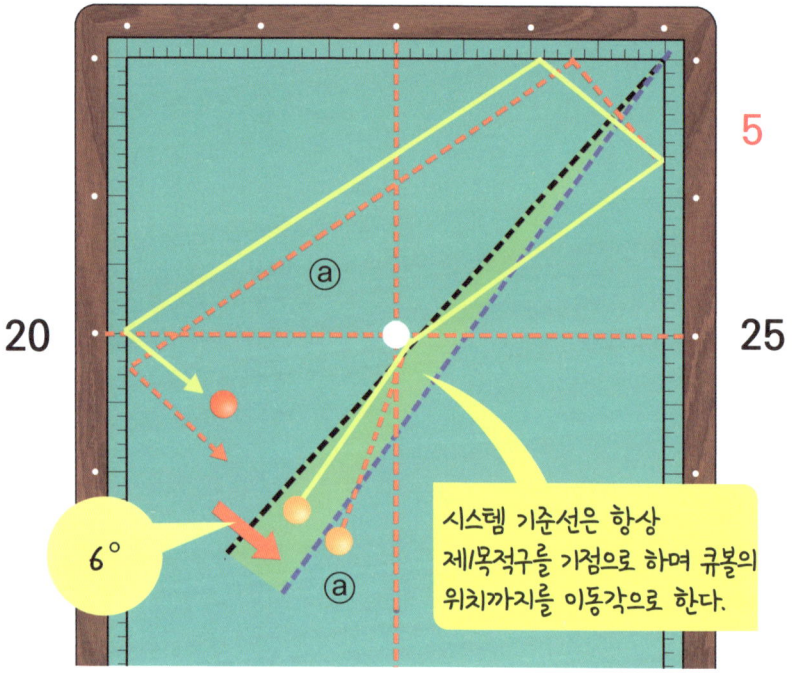

시스템 기준선은 항상 제1목적구를 기점으로 하며 큐볼의 위치까지를 이동각으로 한다.

안타깝게도 부질없는 짓이 되고 만다.
큐볼은 ⓐ의 앵글라인을 그리며 득점 실패, 끝없는 회한!!
제1쿠션을 동일하게 보내는데 어째서 앵글라인이 변하는 것일까?

<관성의 크기는 큐볼의 이동각과 비례한다!!>

직진력은 곧 관성이며 이는 최초진행방향으로 작용하는 궁극의 힘이다. 진행도중 어떤 물체와 충돌한다 할지라도 그 힘이 작용하는 방향성만큼은 결코 변하지 않는다. <가>와 <나>의 최초진행방향을 보자. <가>의 최초 진행방향은 ⓑ지점이며 <나>는 ⓐ지점이다.

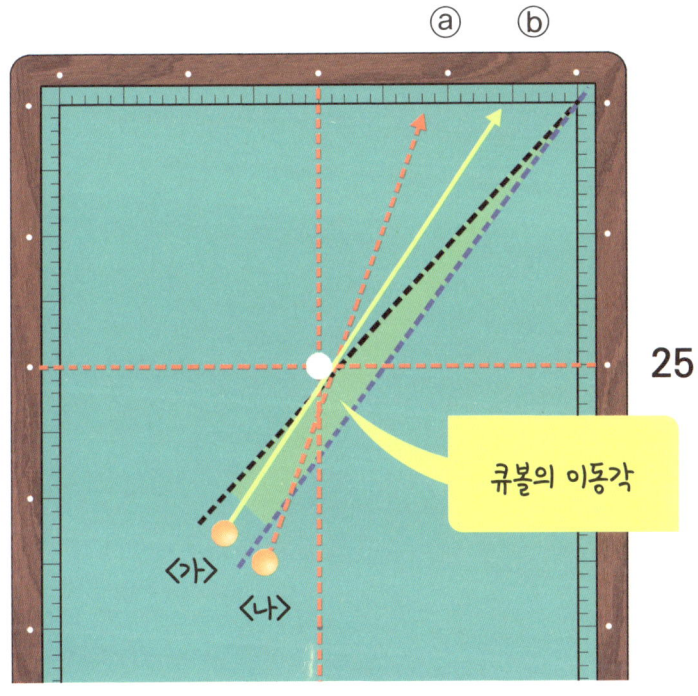

즉, <가>와 <나>는 각각 서로 다른 방향성의 관성력을 가지고 제1목적구에 충돌한다는 것이다. 당연히 그 관성력 크기도 다르며 <나>의 관성력이 좀 더 크다. (관성력의 크기를 측정하는 방법은 기준선으로부터 큐볼이 이동한 각도를 제보는 것이다. 이동각이 클수록 관성력도 크다. <나>의 입사각이 훨씬 더 크다는 것을 알 수 있다.)

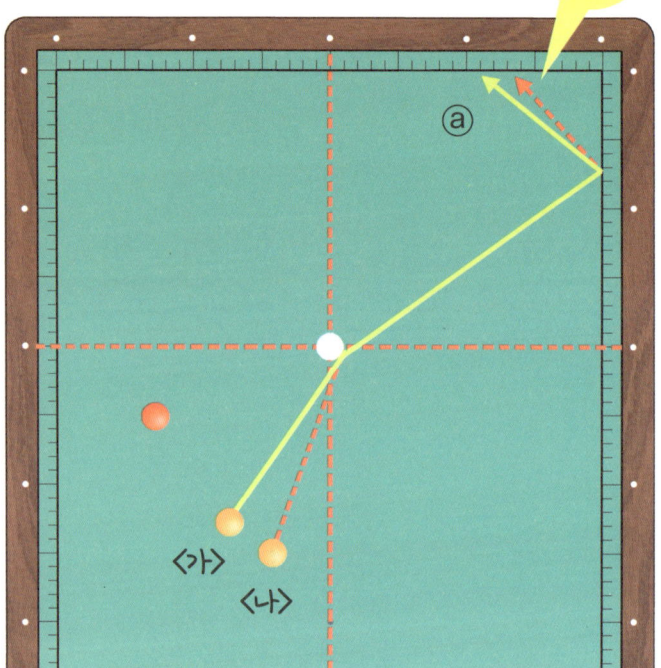

결국 똑같은 회전력으로 똑같이 제1쿠션지점에 도착했지만 <나>의 관성력이 조금 더 커 제2쿠션으로의 반사각 각도가 증가한다는 것이다. 그대여, 무엇을 주저하는가. 망설이지 말고 외쳐라!!.

<뜬금없이 독자에게 던지는 질문!!>

수구가 노랑공, 제1목적구가 흰공일때
전개도 <가>는 회전력을 사용하는 것이 좋을까?
사용하지 않는 것이 좋을까?

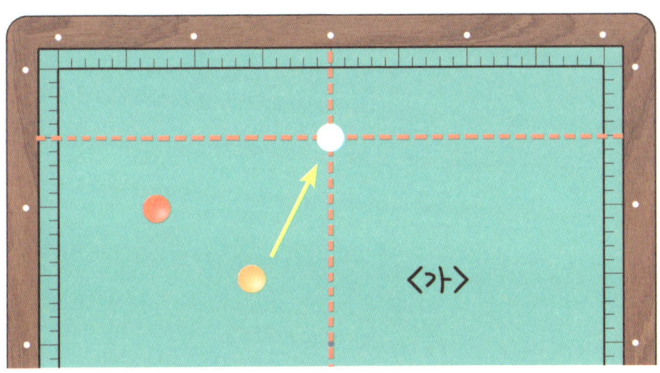

전개도 <나>는 회전력을 사용하는 것이 좋을까?
사용하지 않는 것이 좋을까?

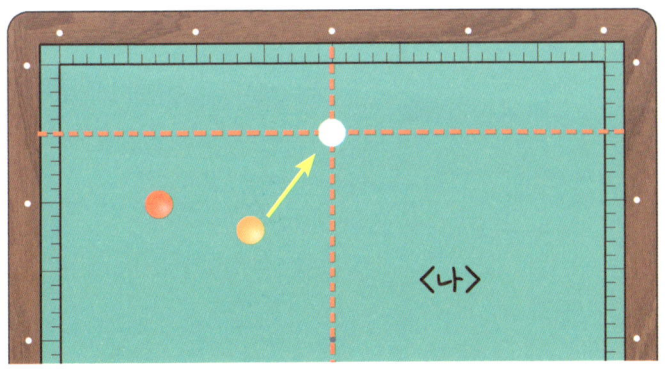

절대 사용하지 않는 것이 좋다!!
무회전 상단당점으로 원하는 제1쿠션지점까지 보내주는 것만으로
아주 쉽게 득점된다. 아싸~!득점!!!

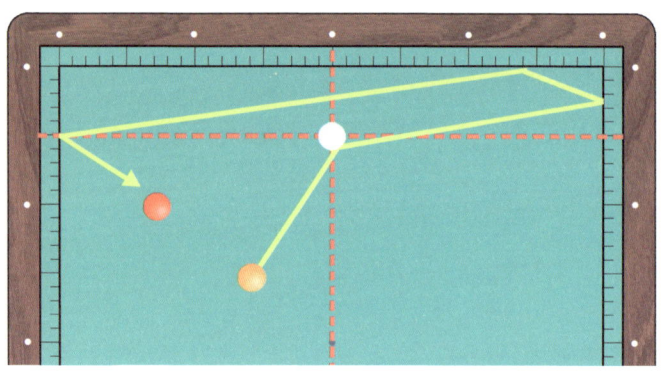

회전력을 반드시 사용해야 한다!!
만약 무회전 당점으로 공략한다면 큐볼은 완전 축축~ 늘어지며
코너쪽으로 가버릴테니 말이다. 이런 낭패가!!!

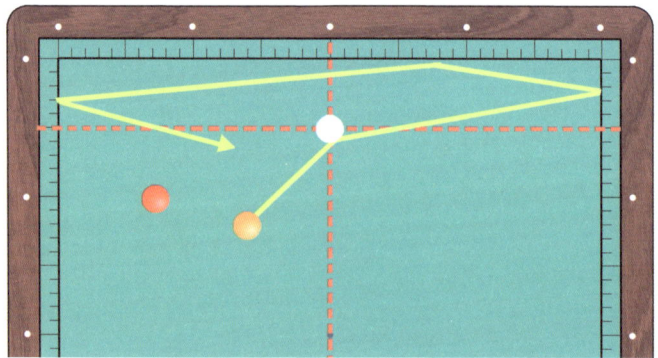

<해답은 큐볼의 이동각!!>

기준선으로부터 큐볼이 떨어진 각도만큼 보정해 줄 것!!

큐볼은 기준선으로부터 6°떨어져 있으므로 큐볼의 이동각 값은 6이 된다. 이 6의 값을 기준 공식으로 계산하여 얻어진 제1쿠션 값에 추가해주면 끝!! (이동각 값이 7이라면 추가값은 7이 된다.)

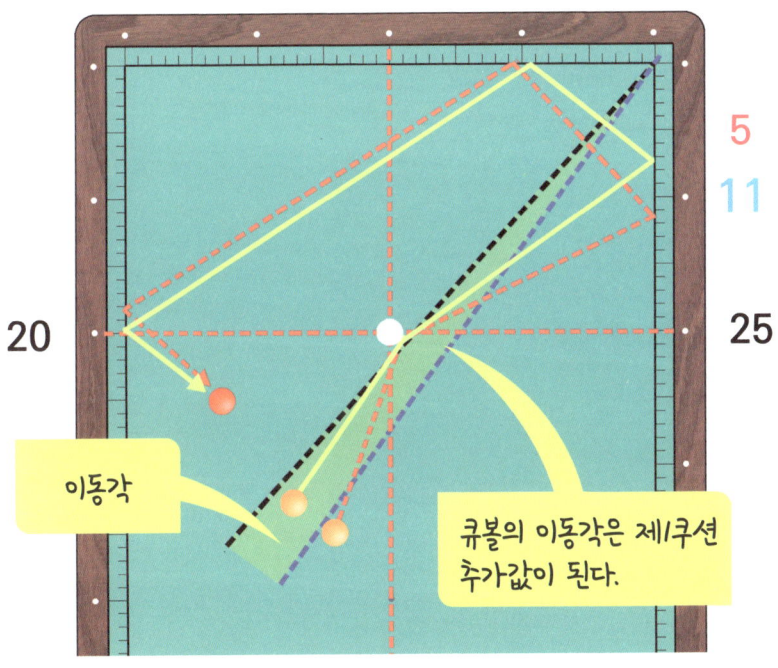

< 절대공식 2 >

기준공식제1쿠션값+이동각=최종제1쿠션값
25-20=5(기준공식)+6(이동각)=11(최종제1쿠션값)

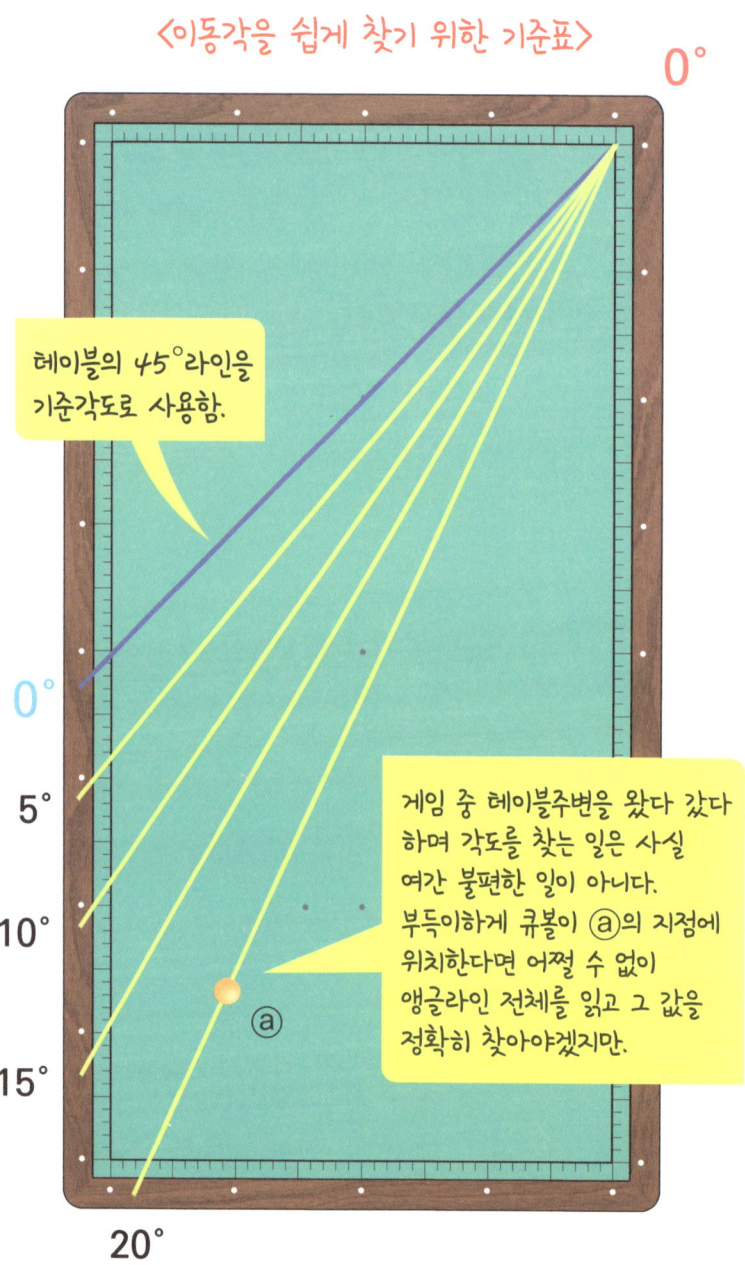

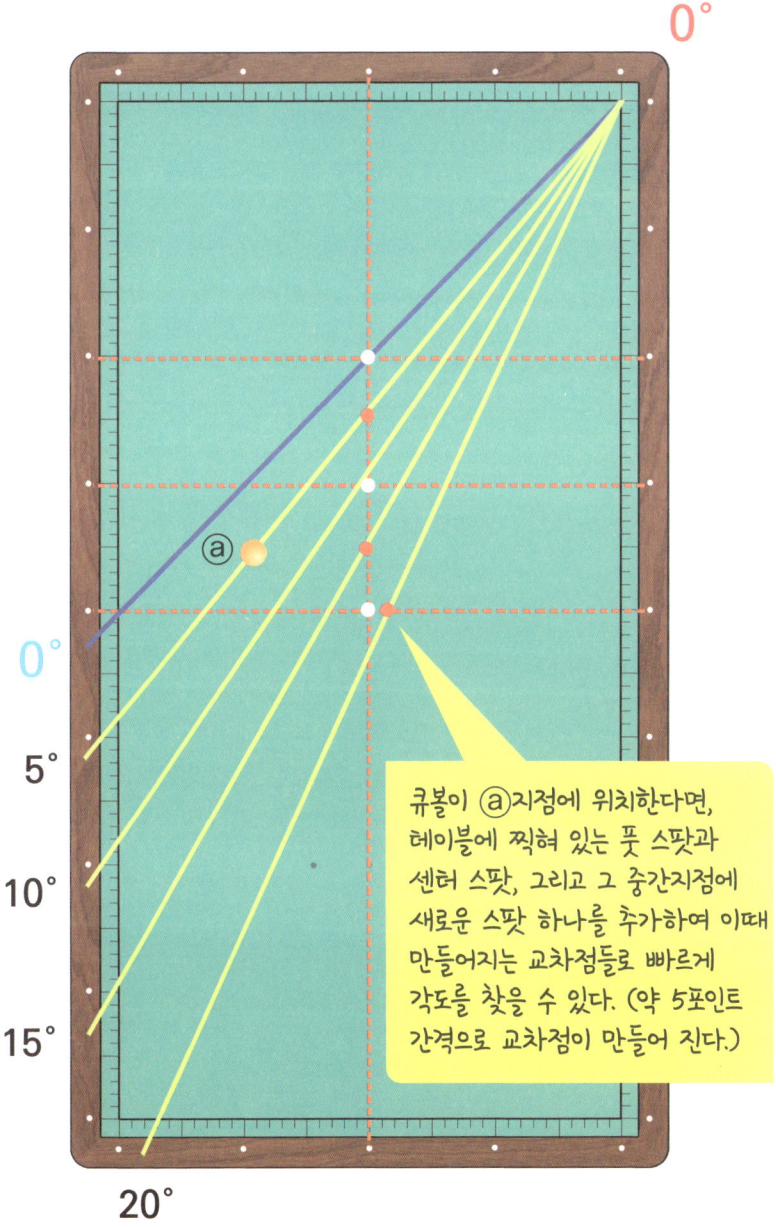

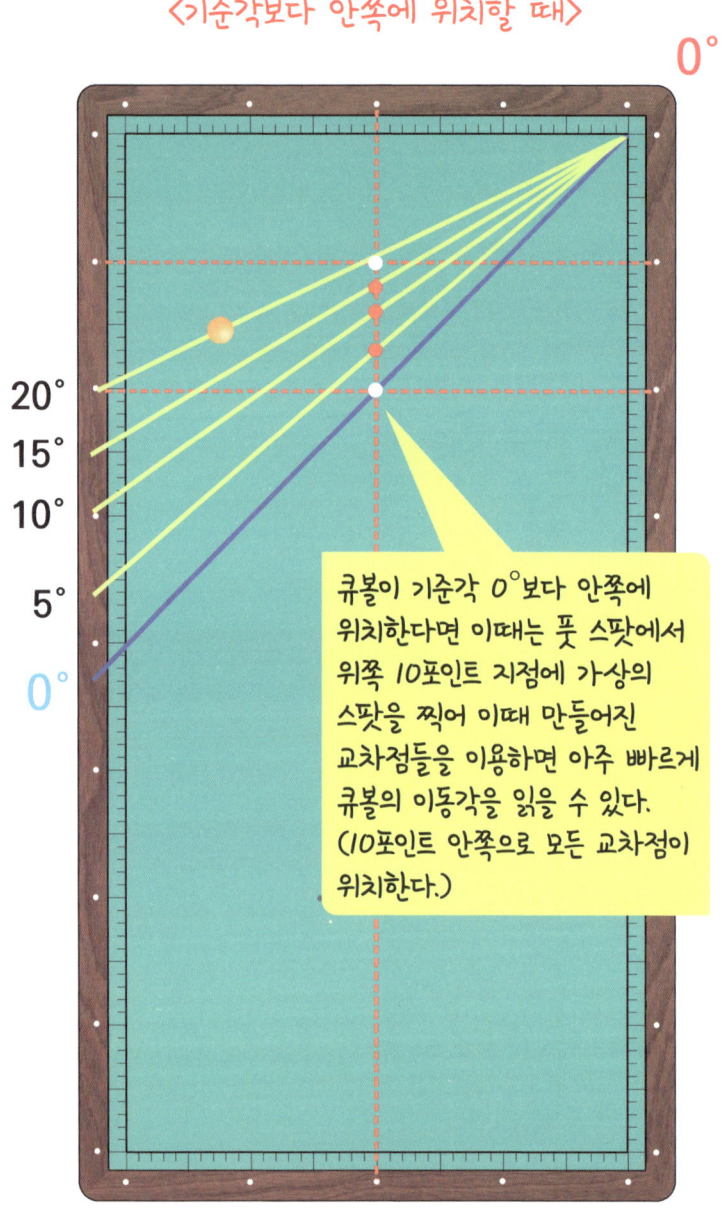

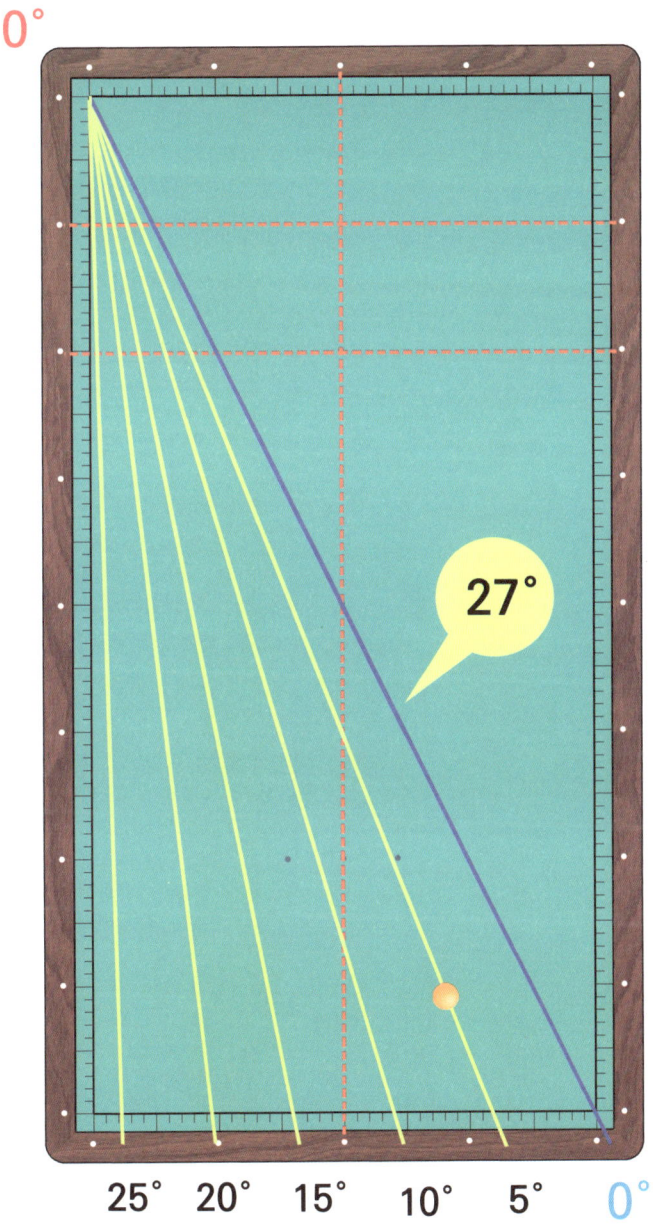

연습문제(exercise)

문제를 풀어보며 놓친 건 없는지 체크하자.
(당구의 득점오차허용치는 약 18cm이므로 너무 완벽한 값을 찾으려고 눈 빠지게 고민할 필요는 없으며 큐볼의 이동각 1°~2°정도의 값은 반올림, 혹은 반내림하여 계산해도 무방하다. 그러나 가능하면 정확히 계산하는 습관을 들이는 것이 득점확률을 높이는 지름길이다.)

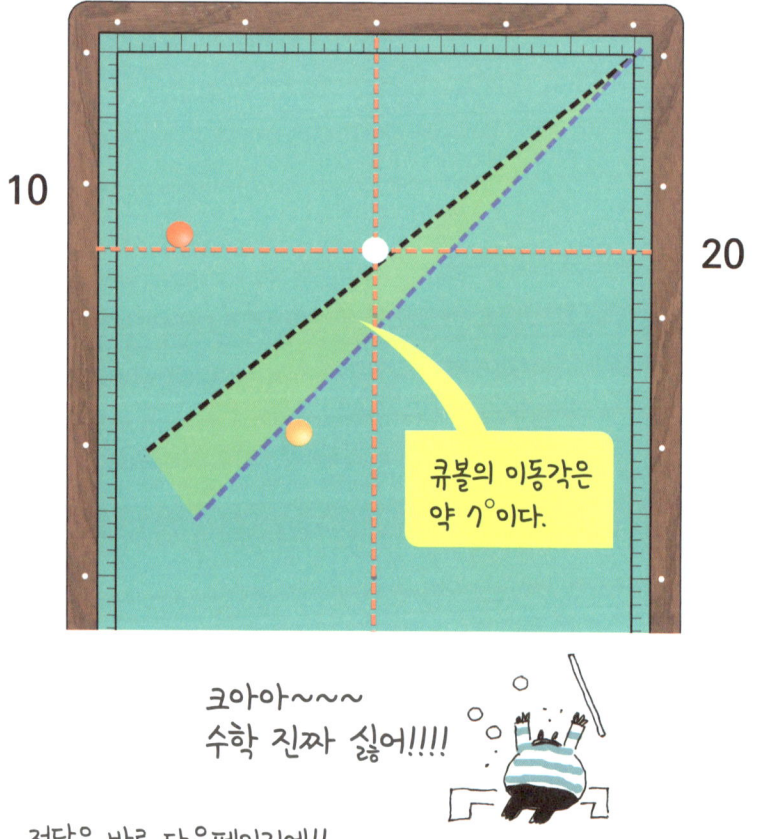

코아아~~~
수학 진짜 싫어!!!!

정답은 바로 다음페이지에!!
(문제집정답은 왜 꼭 맨 뒷 페이지에 있는 걸까? 짜증나!!)

<정답도>

먼저 시스템공식으로 <가>의 기준앵글라인값을 구해 제1쿠션값을 찾는다.
20-10=10
다음으로 기준선으로부터 큐볼의 이동각 값을 구한다. 약 7°이다.
10+7=17
최종적으로 제1쿠션값은 17이다.

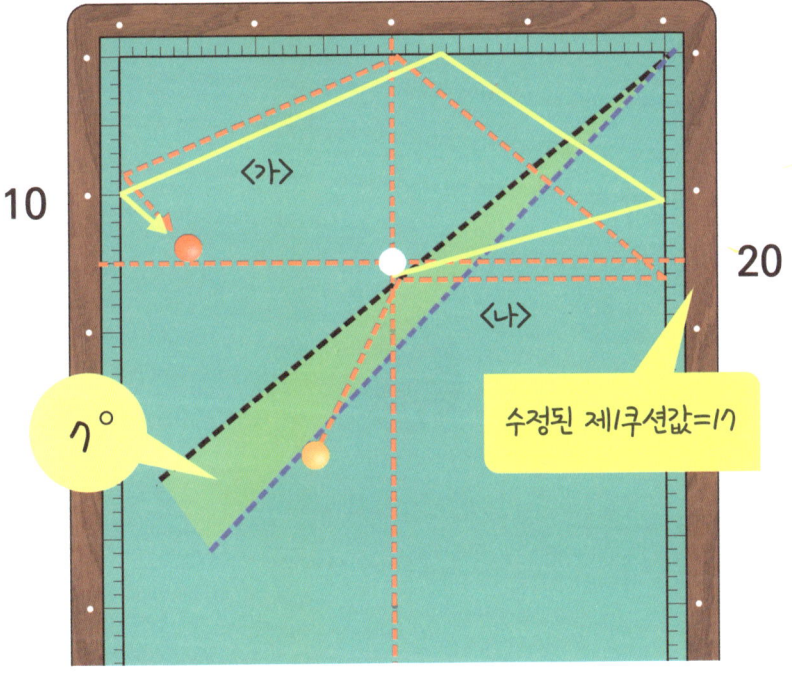

최종적으로 <나>의 득점앵글라인이 만들어졌다.
지극히 평범할 것만 같았던 공략이 느닷없이 스핀 샷이 되었다.
짧은 뒤돌리기의 경우 큐볼의 위치가 어디냐에 따라 샷의 특성이
완벽히 달라지므로 꼼꼼히 살피는 습관을 들이는 것이 실패를
최소화하는 지름길이다.

제1목적구의 위치가 달라졌다??

드디어 올 것이 왔다.
언제까지고 한가운데 떡~하니 버티고 있을 줄 알았던 제1목적구가
마침내 기지개를 편 것이다. 연습보다 실전이 어려운 이유는 이 때문이지.
제발 좀 편한 위치에 가만 있어주면 안 되는 것인지.
그러나 걱정할 필요 눈곱만큼도 없다.
이 시스템의 가장 큰 장점중 하나는 제1목적구가 어디로 튀든 어디에
위치하든 전혀 상관없이 시스템값은 똑같이 적용되니까 말이다.

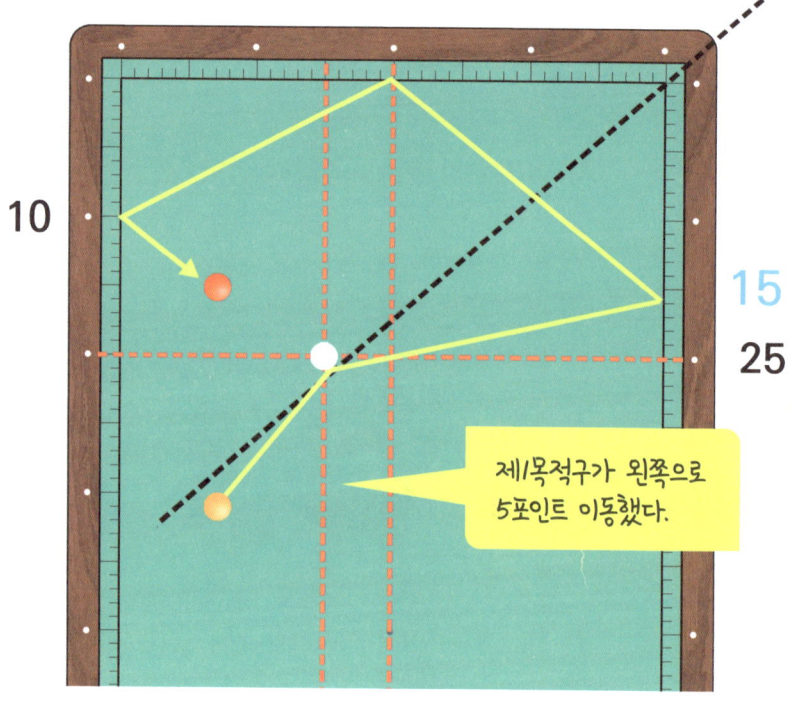

제1목적구가 왼쪽으로 5포인트 이동했다.

제1목적구가 왼쪽으로 5포인트 이동했다.
다행이 큐볼은 기준선에 정확히 위치해 있다. 기본공식 그대로
계산해 주자. 25-10=15이므로 제1쿠션값은 변함없이 15이다.
완전 짱이다!!

이번엔 무려 10포인트 이동했다.
이때도 가능할까? 물론 앵글라인은 충분히 만들 수 있겠지만
이 배치도는 득점앵글라인이 문제가 아니다.
왜냐하면 제1목적구가 제2목적구를 번개같이 치워버리기 때문이다.
키스로 인해 공략자체가 불가능한 배치인 것이다.

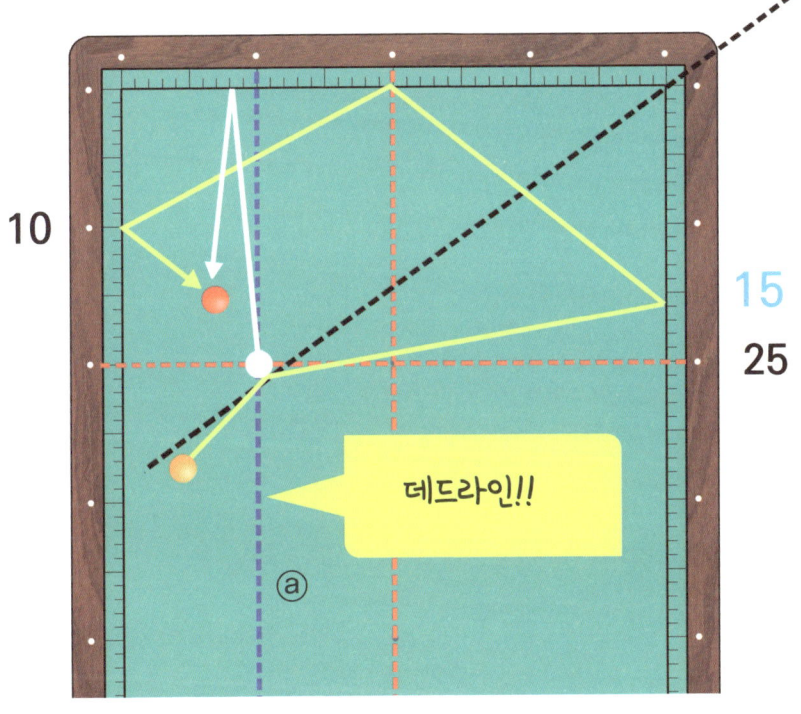

사실 제1목적구위치 ⓐ는 데드라인(deadline)이다.
키스위험지역인 것이다. 제1목적구가 이 데드라인에 가까이
위치할 수록 키스아웃이 될 확률도 아주 높아진다.
때문에 이와 같은 배치를 공략하려면 반드시 제1목적구의 진행방향을
정확히 이해하고 있어야만 가능하다.

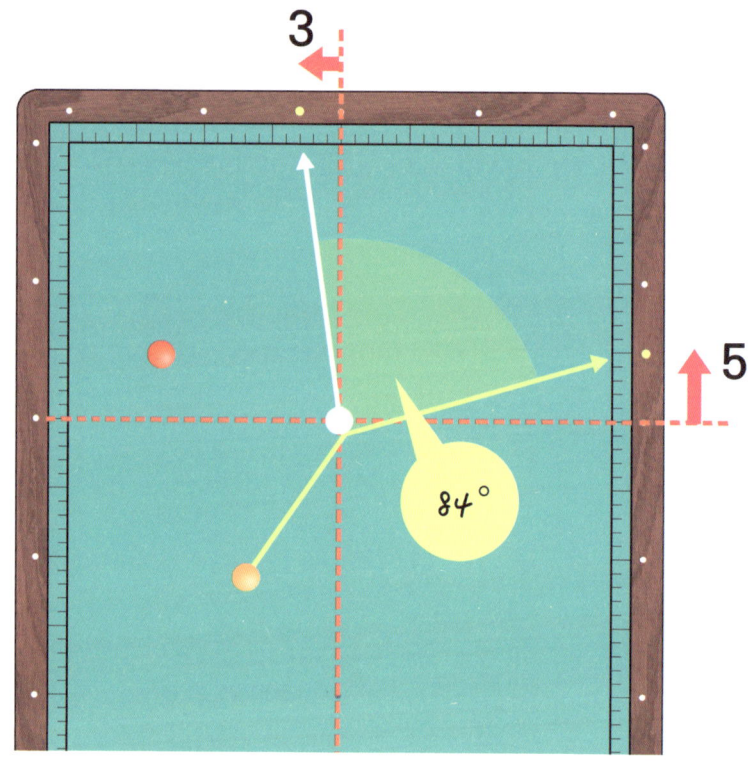

<제1목적구와 큐볼 도착지점 찾기!!>

큐볼을 제1목적구의 위도를 기점으로 5포인트 위쪽으로 보냈다면 제1목적구는 자신의 경도를 기점으로 왼쪽으로 3포인트 이동한다. 이때 큐볼과 제1목적구의 분리각 합은 약 84°이다.
(약 3레일스피드를 기준으로 한다.)

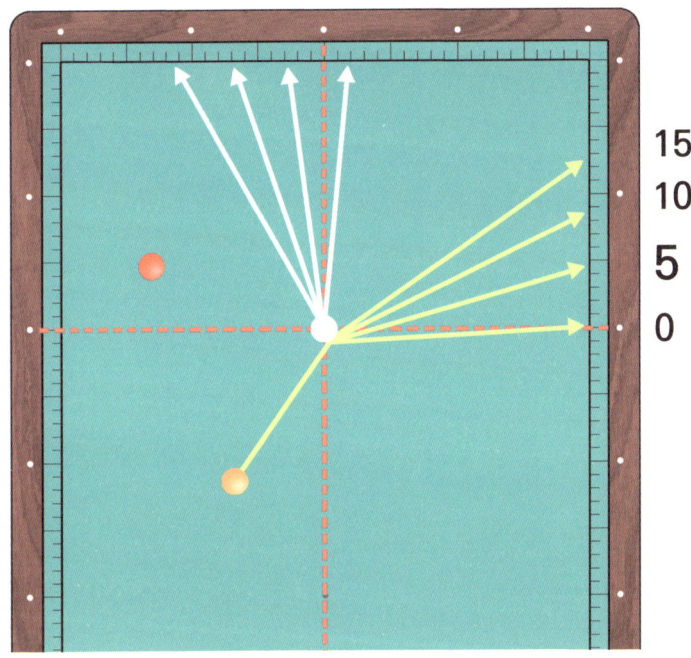

큐볼을 10포인트 위쪽으로 보냈다면 제1목적구는 왼쪽으로 8포인트,
큐볼을 15포인트 위쪽으로 보냈다면 제1목적구는 왼쪽으로 13포인트 물러난다.
마지막으로 큐볼을 제1목적구의 위도 0을 향해 보낸다면
제1목적구는 자신의 경도를 기점으로 오른쪽으로 -2포인트 이동한다.
이는 밀림현상이나 끌림현상이 전혀 없는 즉, 1/2두께 이하에서
가볍게 큐볼을 충돌시켜주었을 때 얻어지는 평균값이다.

재미있는 사실은 큐볼이 5포인트씩 이동할 때마다 제1목적구도
동일한 5포인트값으로 이동하고 있다는 것이다. 때문에 외우기도 쉽다.
그냥 "도착은 오삼(큐볼5, 제1목적구3)"으로 외우자.
나머지는 5씩 가감하면 된다. 반드시 외워두자!!

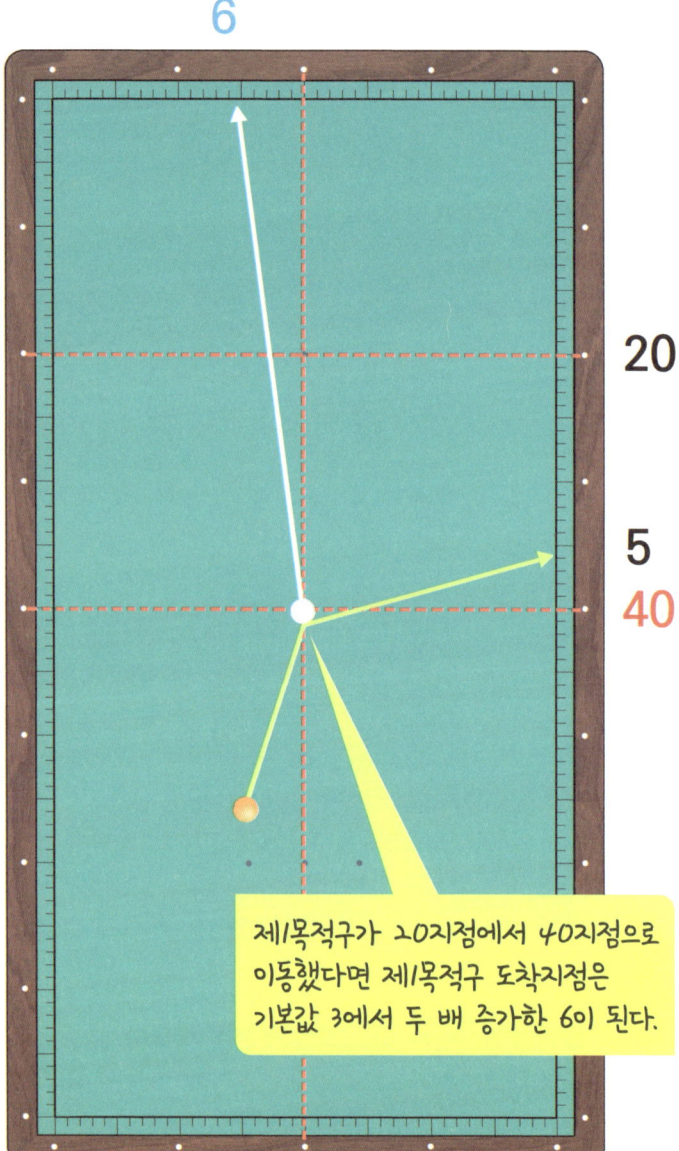

〈키스아웃? 이건 아니지!!〉

짧은 각 뒤돌리기는 제1목적구의 위치가 어디냐에 따라
키스아웃은 도처에 널려있다. 다음의 전개도를 보자.
과연 선뜻 뒤돌리기를 선택할 수 있을까?

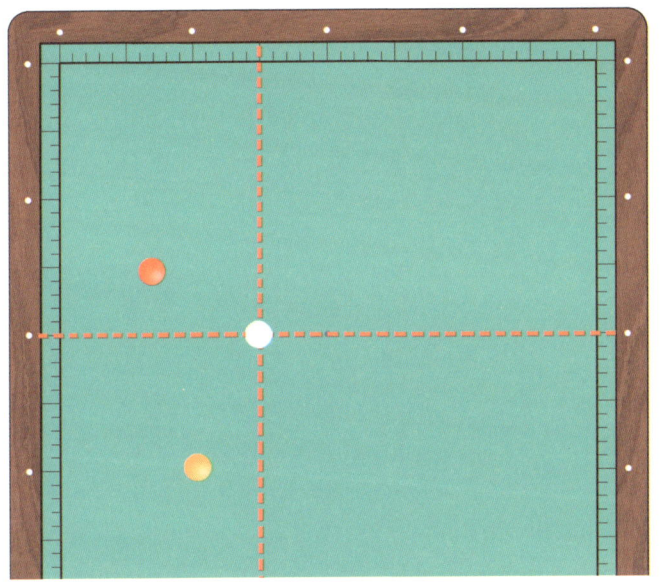

물론 뒤돌리기를 선택할 것이다. 그러나 그것은,
딱히 마땅한 다른 대안도 없어 마지못해 선택한 결과이다.
왜냐하면 당신은 이미 당연히 키스아웃이라 결론졌기 때문이다.
과연 그럴까?

키스~ 키스~

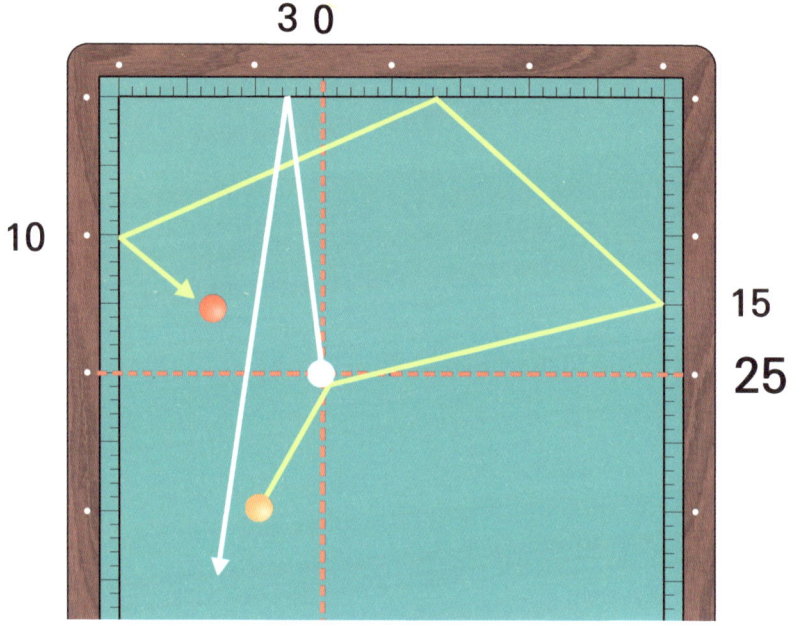

시스템으로 계산된 제1쿠션지점은 15이므로
큐볼은 제1목적구 위도를 기점으로 5포인트 올라간다.
그렇다면 제1목적구의 도착지점은 자신의 경도를 기점으로
왼쪽으로 3포인트 이동할 것이다.
어이없게도 완전 여유롭게 키스가 빠져나갈 수 있었던 것이다.

물론 완벽한 두께조절이 쉽진 않겠지만 큐볼을 정확히 원하는
지점으로만 보낸다면 키스는 생각보다 쉽게 빠진다. 왜냐하면 큐볼이
5를 향해갔다면 제1목적구도 반드시 3으로 갈 수 밖에 없기 때문이다.
분리각 불변의 법칙이다.

<절체절명의 위기 타계!!>

일 났다. 이건 정말 지독하다.
하필이면 큐볼이 제1목적구와 코너를 잇는 선분위에 정확히
위치해 버린 것이다. 큐볼, 제1목적구, 그리고 코너, 이렇게 3요소가
나란히 한 선분에 위치할 때는 90% 키스아웃이다. 당구상식이랄까.
혹시 모르니까 일단 무조건 공략해보자. 아니나 다를까.

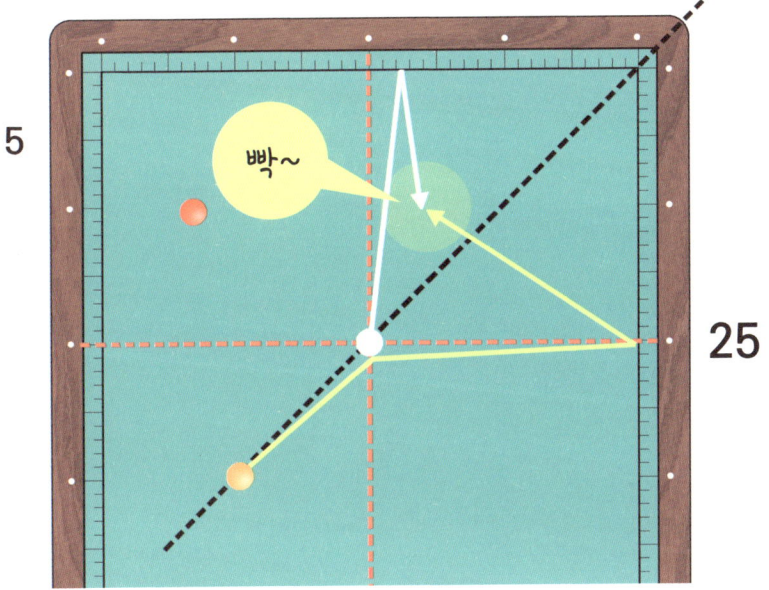

소리도 경쾌하지. 어쩌면 그리 타이밍도
기막힌지 모르겠다. 키스만 빠지면 무조건
득점이건만 눈뜨고 도둑맞는 꼴이랄까.
잠깐, 잠깐!!
무작정 책장만 넘기지 말고 당신이라면
어찌할지 고민해보자!!

역시나 기대를 저버리지 않는 당신!! 그렇다.
치환값 5를 추가하여 강력한 스핀 샷으로 위기탈출!!

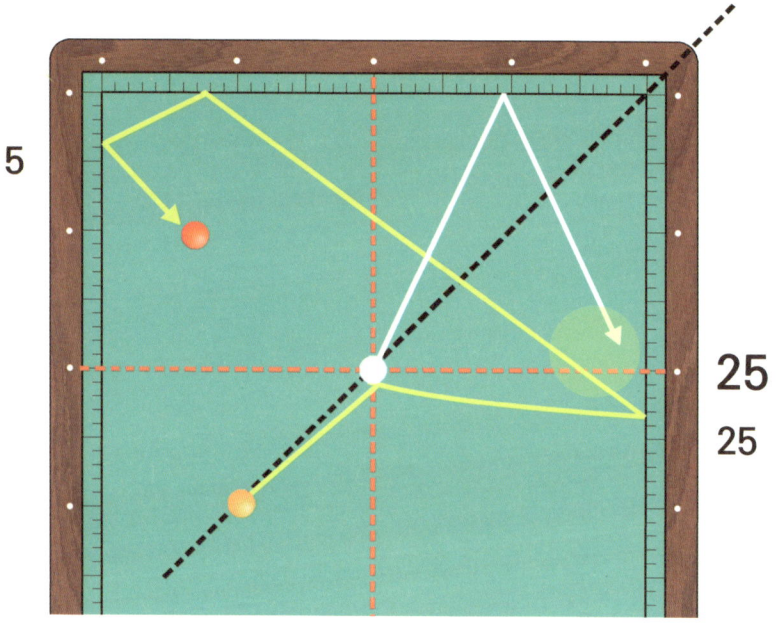

이때 제1목적구는 자신의 위도를 기점으로 -10포인트 지점에 도착한 후 다시 큐볼 쪽으로 향하겠지만 큐볼의 반응속도가 조금 더 빨라 무리없이 키스위험지역을 빠져나온다. 아싸~1점!!

한 가지 의문점은 치환값 5를 추가하여 제1쿠션지점을 2.5로 설정하여 정확히 그곳으로 보내고자 했지만 정작 큐볼은 2.5를 향하지 않는다는 것인데.
걱정 말자, 충돌 순간 분명 2.5를 향해 분리각을 만들었지만 밀림현상으로 인해 큐볼의 앵글라인이 살짝 휘어진 때문이다.

<제1목적구가 기본위치 15지점보다 더 안쪽에 있다?>

가장 까다로운 배치이다. 스트로크 난이도 또한 만만치 않다.
그렇다고 얼렁뚱땅 대충 구사할 수는 없는 일.
지금부터 헝그리정신을 발휘해보자!!

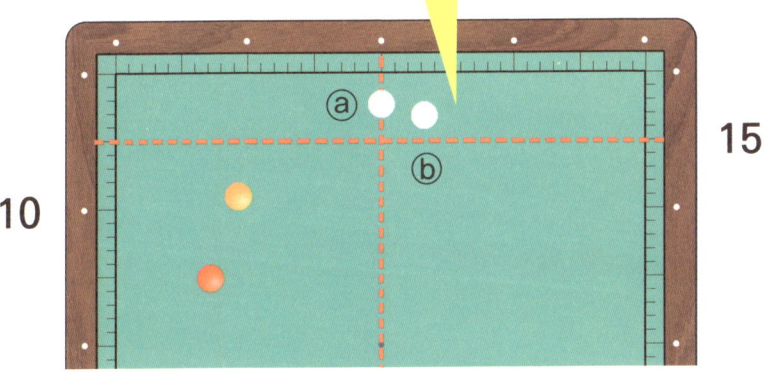

제1목적구가 15안쪽이라면 ⓐ든, ⓑ든 그 위치값을 무조건 10으로 계산한다.

제1목적구가 위치값 15안쪽인 경우 구사할 수 있는 샷은 극히 제한적이다.
강력한 회전력을 자랑하는 스핀 샷이다.
때문에 사용당점도 8시 30분 방향 맥시멈 3팁 당점이다.

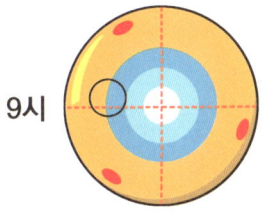

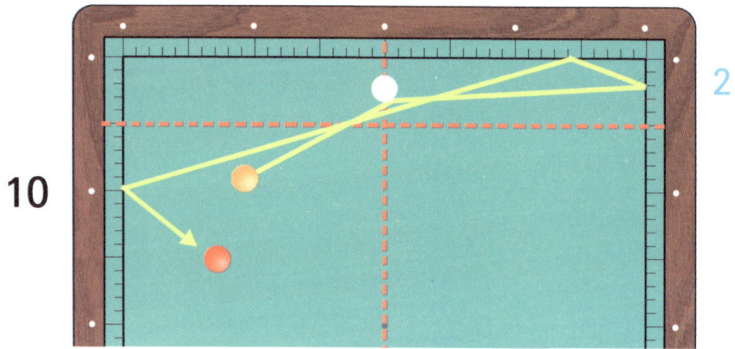

위의 앵글라인은 기존 계산방법으로 찾은 제1쿠션지점에
스페셜 보정값 -2를 추가해 만든 앵글라인이다. 근사하다.
사실 이렇게만 만들어진다면 걱정이 없다.
문제는 그렇게 간단히 만들 수 있는 앵글라인이 아니라는 것인데.

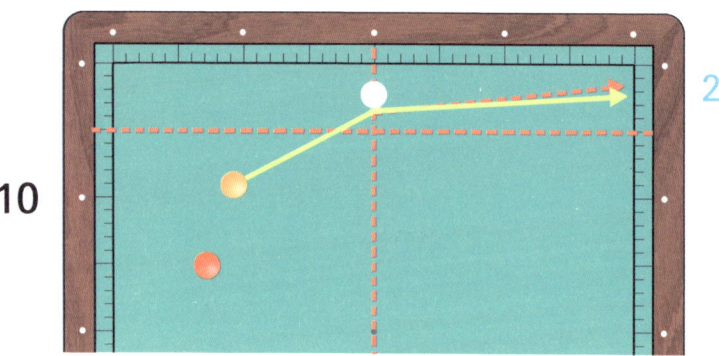

가장 까다로운 부분은 제1쿠션지점까지 과연 직선으로 보낼 수 있는가 이다.
아주 예민한 두께로 인해 샷 컨트롤이 조금만 어긋나도 큐볼은
안쪽으로 꺾이고 만다. 제1쿠션지점은 더욱 코너와 가까워질 것이고
미친 반사각이 튀어나올 확률만 높이는 꼴이지.

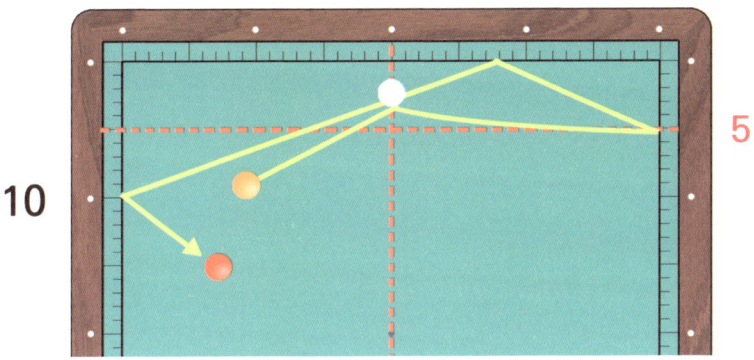

때문에 치환값 5를 더해 강력한 스핀 샷으로 구사하는 것이
득점확률을 높이는 가장 좋은 방법이다.
현명한 자의 탁월한 선택이랄까.

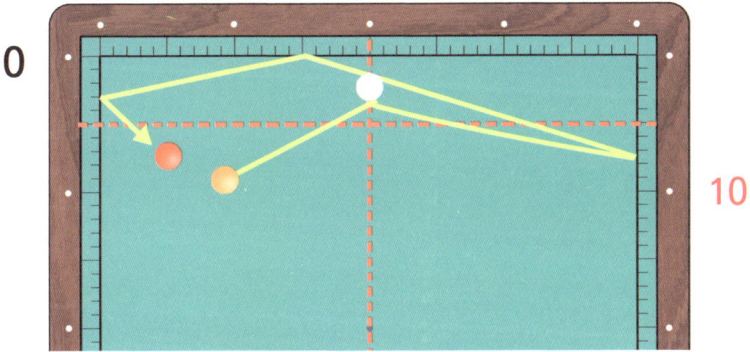

난이도 만점인 배치이다. 두께를 정했다면 오직 내공의 당점만
바라보고 과감하게 샷을 찔러넣자.
어쩌면 당신이 생각했던 것보다 훨씬 쉽게 득점앵글라인이
만들어 질 것이다.

〈난공불락??〉

실전에서 가끔 마주치는 깜찍한 녀석이다. 제2목적구
바깥쪽 공간이 좁아 만만치 않지만 그렇다고 난공불락은 아니다.

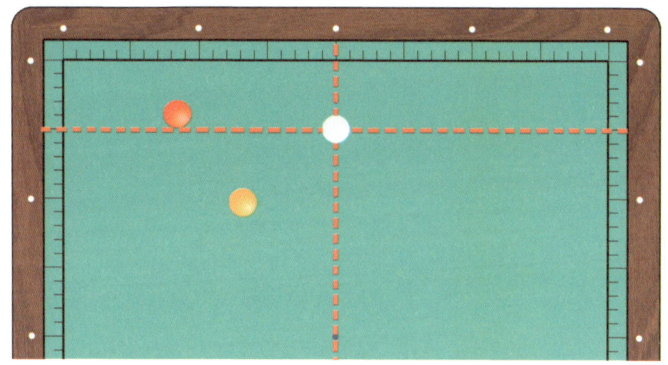

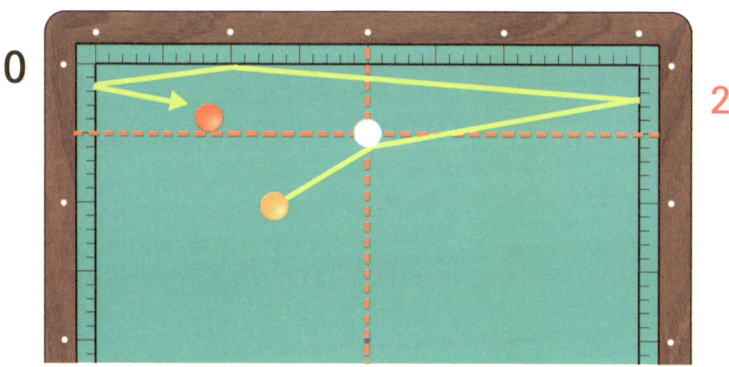

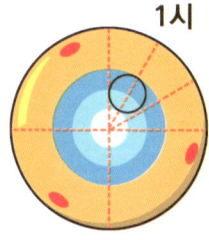

역회전 1팁의 당점으로 큐볼을 최대한 코너 깊숙이
보내준다면 어렵지 않게 득점앵글라인이 만들어질 것이다.
주의할 점은 샷의 세기가 조금만 넘쳐도
제2목적구를 직접 강타한다는 것. 요령은
임팩트 순간 가볍게 툭~ 업 샷으로 커트시켜
직진력을 최소화시켜주는 것이 포인트.

⟨당점에 따른 스핀 샷의 한계값⟩

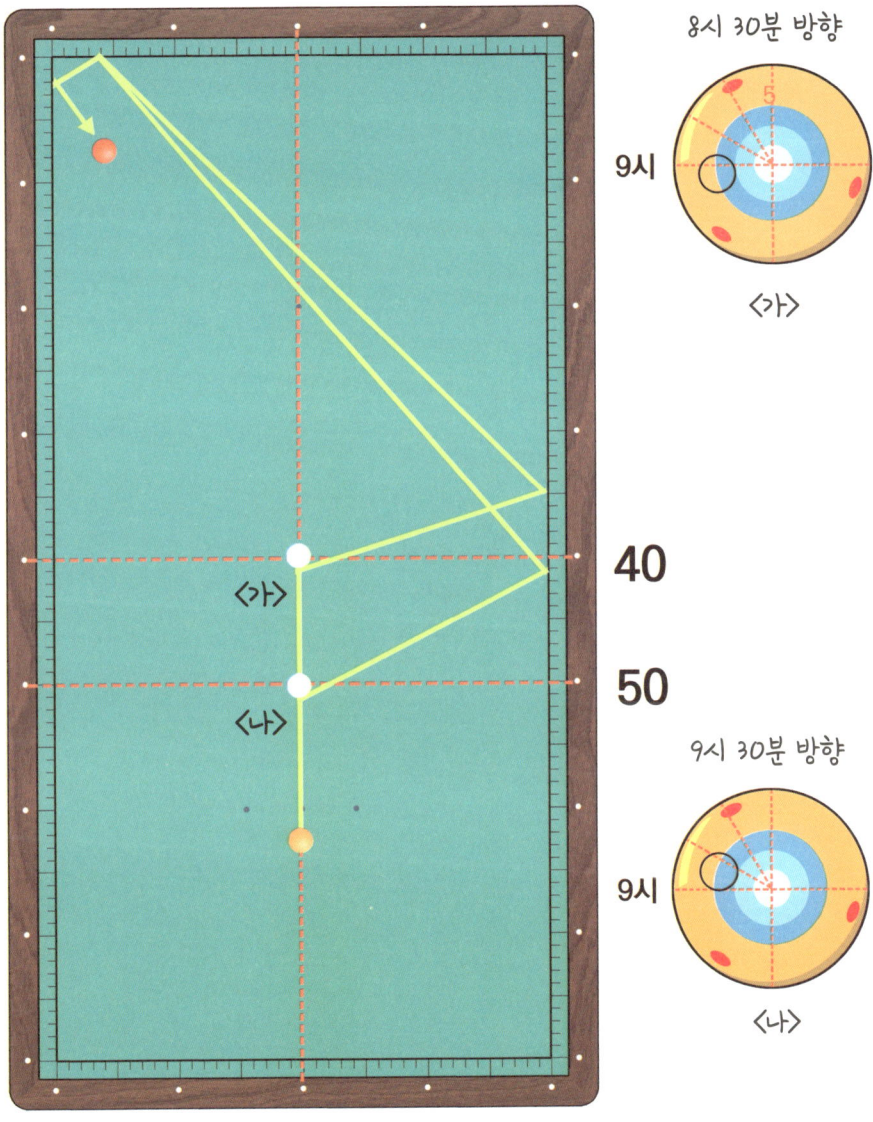

제1목적구가 쿠션에 가깝게 위치할 때

<키스아웃일까? 아닐까??>

아래의 전개도를 보자. 이전 배치와는 사뭇 다르다.
이와 같은 배치에서의 공략방법은 상당히 까다롭고 제한적이다.

전개도의 득점앵글라인에서 사용된 두께는 1/2두께이며 이때
제1목적구가 만드는 앵글라인을 보자.
물론 <가>의 위치라면 키스아웃 걱정은 필요 없다.
그러나 <나>의 위치라면 심각하다.

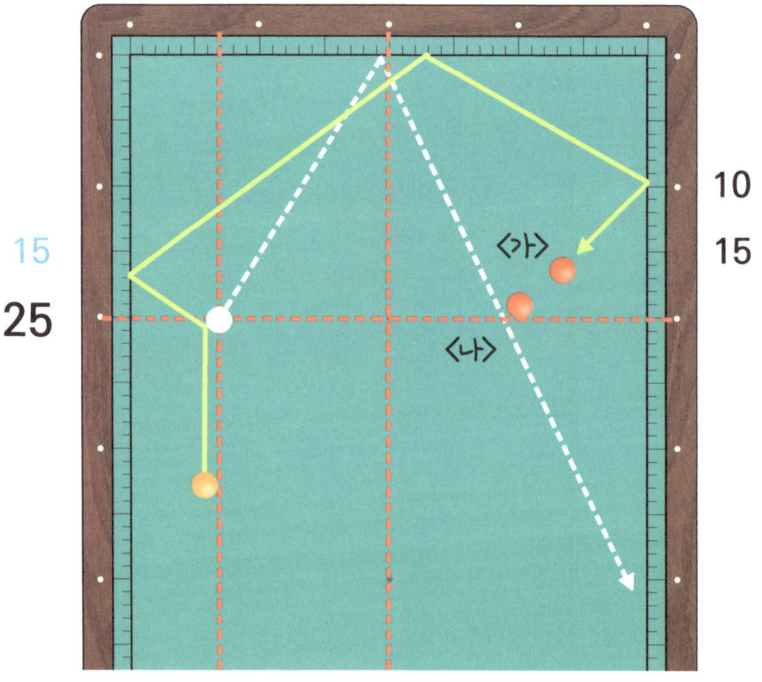

제2목적구의 위치가 바뀌었다. 이번엔 제3쿠션지점이 15이다.
시스템을 이용해 완벽한 앵글라인을 그렸다.
웬걸, 정확히 키스아웃이다.

시스템이 요구하는 앵글라인을 그리려면 어쨌든 두께를
변화시켜 줘야 한다. 그런데 문제는 큐볼의 앵글라인뿐아니라
제1목적구의 앵글라인도 함께 변한다는 것이다.

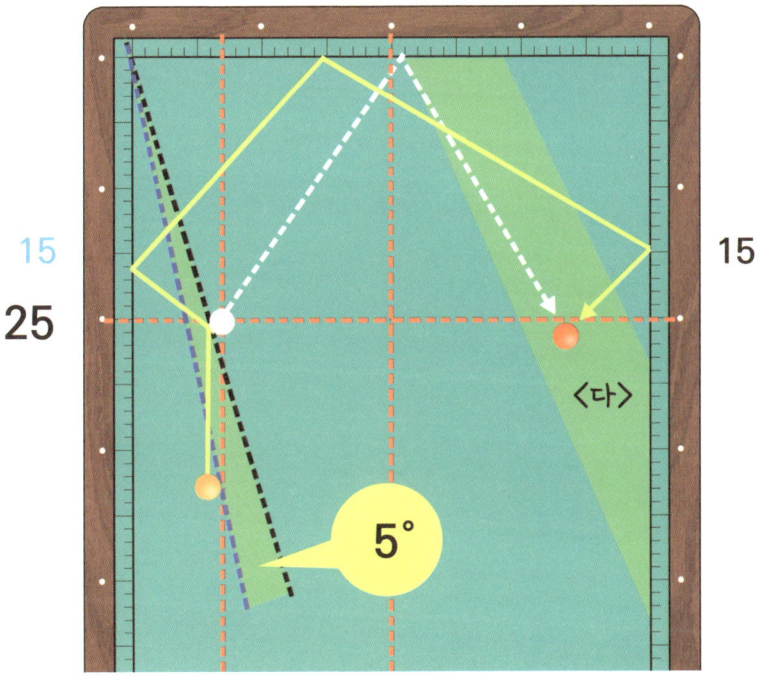

때문에 〈다〉의 영역은 두께를 설정함에 있어
아주 큰 골칫거리가 아닐 수 없다.

<제1목적구의 앵글라인을 먼저 읽자!!>

현재의 배치에서 1/2두께를 사용한다면 제1목적구의 앵글라인은
<가>지점으로 향할 것이다. 그렇다면 제2목적구가
각각 ⓐ, ⓑ, ⓒ 지점에 위치할 때 무조건 두께를 1/2로 고정시켜
공략한다면 키스아웃은 절대 없다는 것이다.

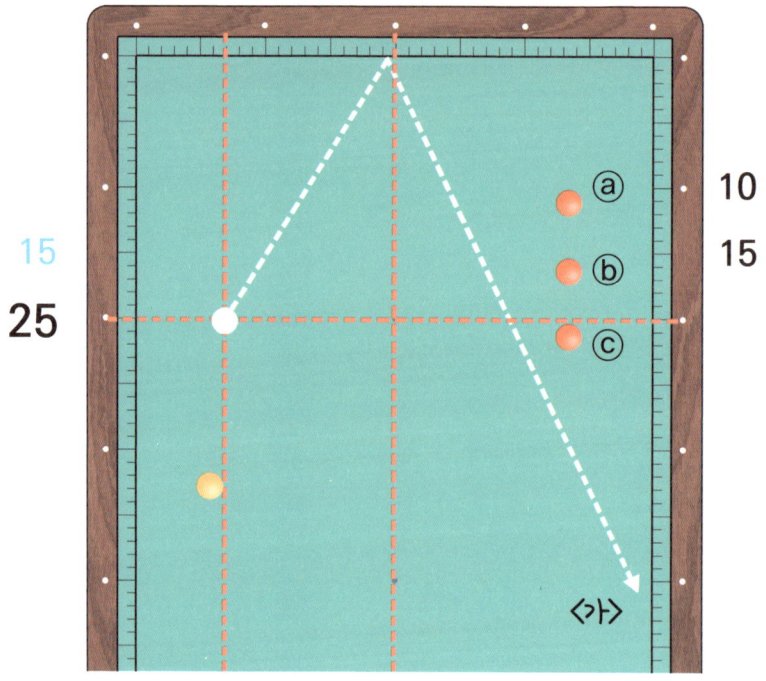

위의 배치도를 공략할 때 가장 먼저 해야 할 일은
득점앵글라인을 찾는 것도, 당점설정도 아닌 완벽한 키스아웃을
배제시킬 수 있는 제1목적구의 앵글라인을 읽는 일이다.
그리고 이때 사용되는 제1목적구의 앵글라인은 1/2두께 앵글라인이다.
읽기 쉬울뿐만 아니라 무엇보다 앵글라인을 만들기 위한 두께조절이
가장 완벽할 수 있기 때문이다.

<두께를 고정하고 당점에 변화를 주자!!>

그렇다. 지금까지와는 완벽히 반대되는 공략방법이다.
이것은 테이블 위에서 끝없이 변화하는 상황들을 유기적 대응으로
돌파하기 위한 궁극의 비기인 것이다!!

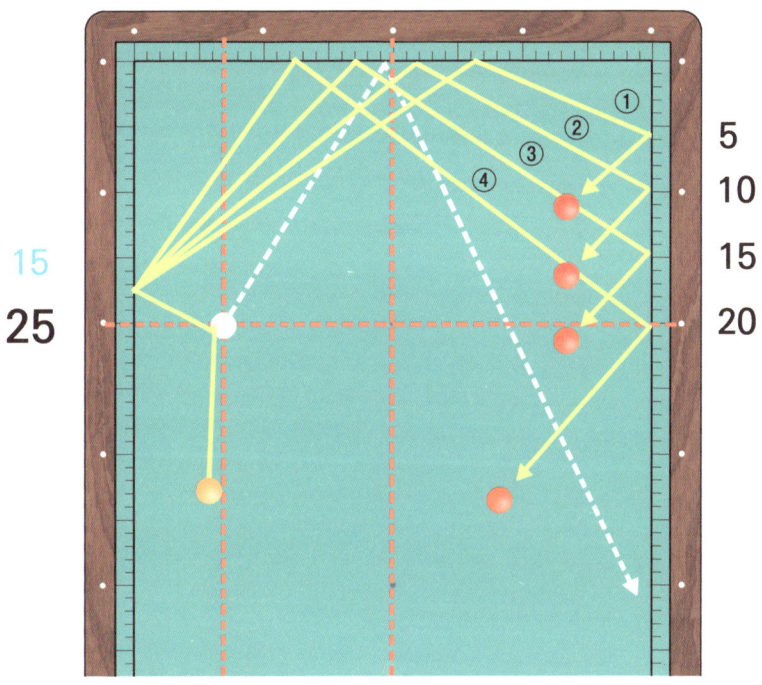

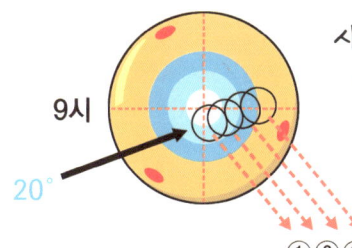

사용당점도 새롭다. 약 하단 1팁을 기준으로
하여 20° 위쪽방향으로 6mm씩 증가한다.
이 같은 당점을 사용하는 이유는 큐볼의
밀림현상을 최대한 억제시키기 위함이다.
현재의 배치도를 공략할 때 샷이 약할 경우
밀림현상이 커지므로 주의할 것.

스페셜 보너스!!

제4쿠션 앵글라인 알아두기!!

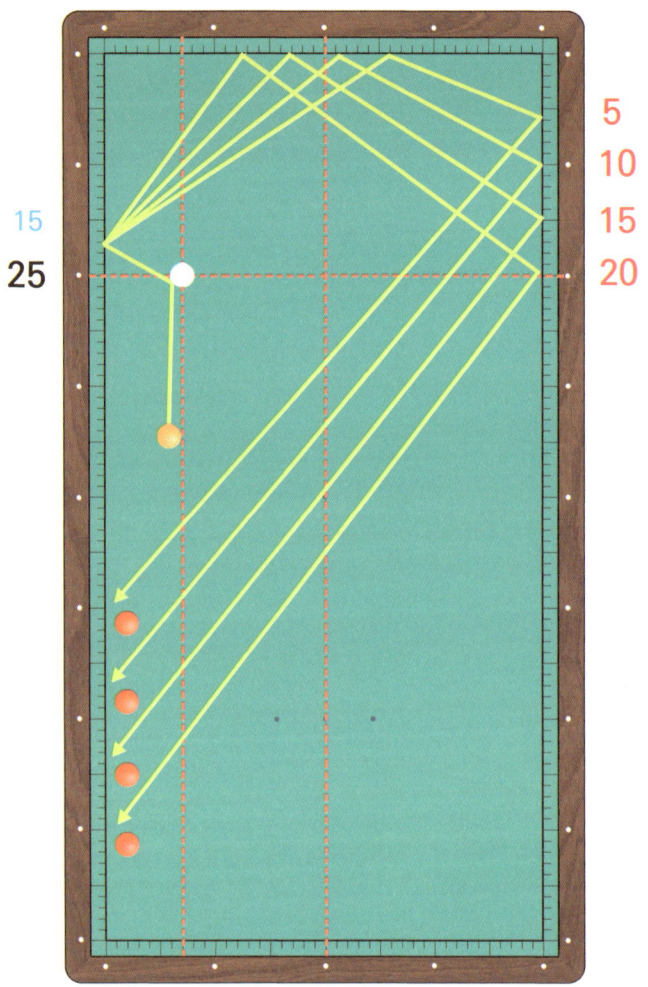

<라인값으로 공략하기!!>

오른쪽 코너로 부터 왼쪽 장축 포인트를 잇는 선분들은
각각 포인트 간격만큼 10, 20, 30, 40의 라인값을 갖으며
이들 라인값은 제1목적구가 <가>지점 에 위치할 때 아주 요긴하게 쓰인다.

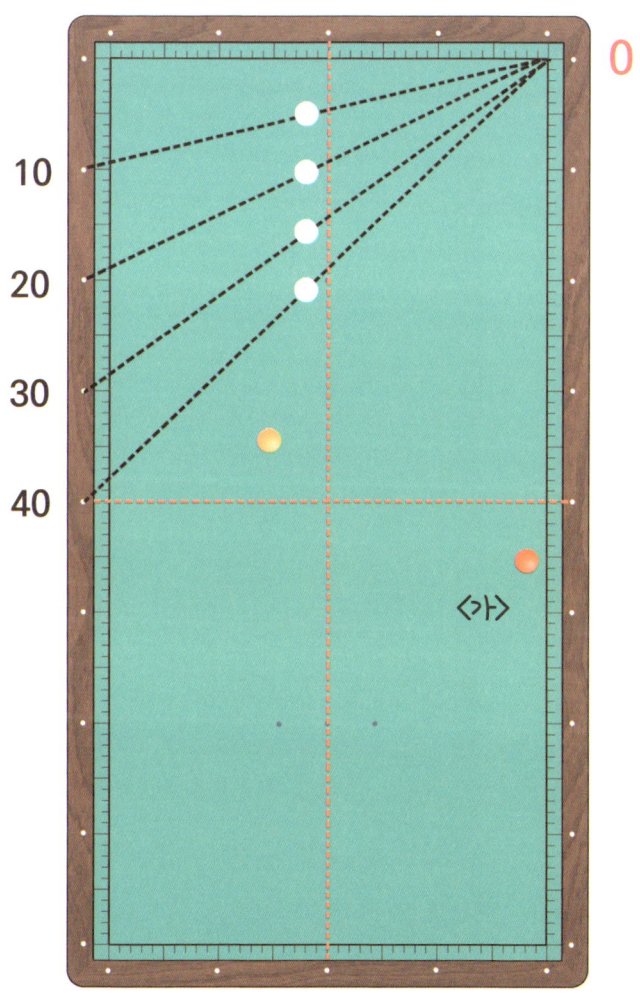

10라인으로 공략하기!!

제1목적구가 10라인에 위치해있다.
이때 큐볼의 위치는 밀림현상이 발생하지 않는 이동각 10°이내의 위치라고 할 때 아래의 당점으로 제1쿠션 3포인트를 향해 부드럽게 팔로우샷을 구사해주면 정확히 10포인트로 도착한다.

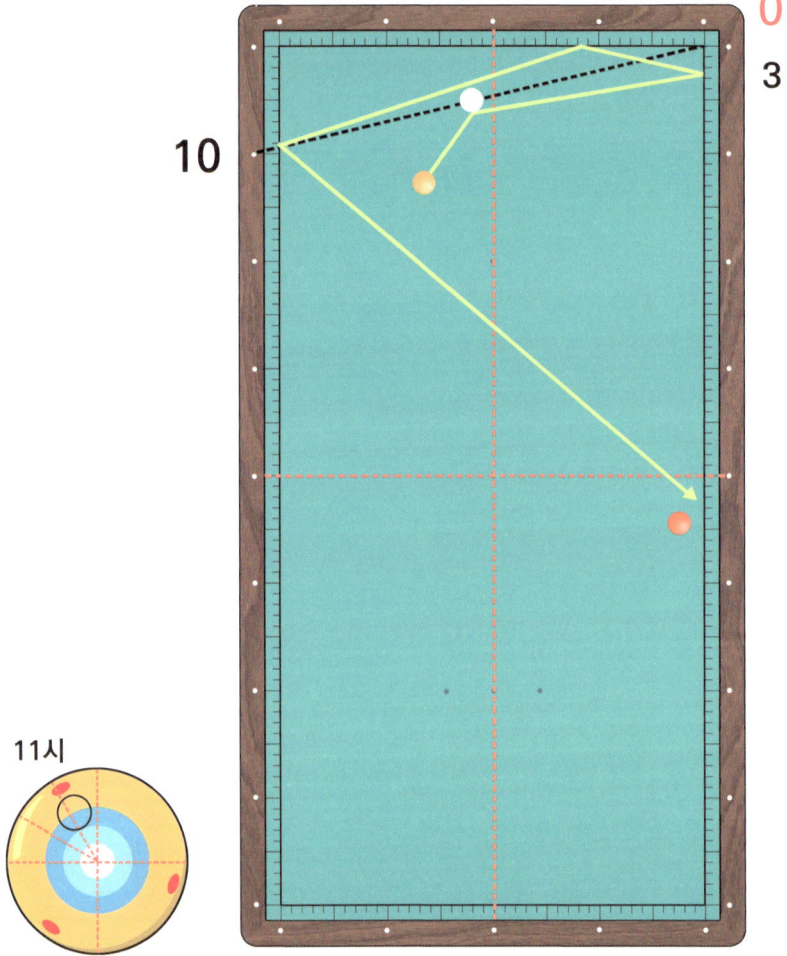

20라인으로 공략하기!!

제1목적구가 20라인에 위치할 때,
제1쿠션지점은 이전과 동일한 3포인트로 고정하여
당점만 하나 더 추가해주면 정확히 20포인트로 도착한다.

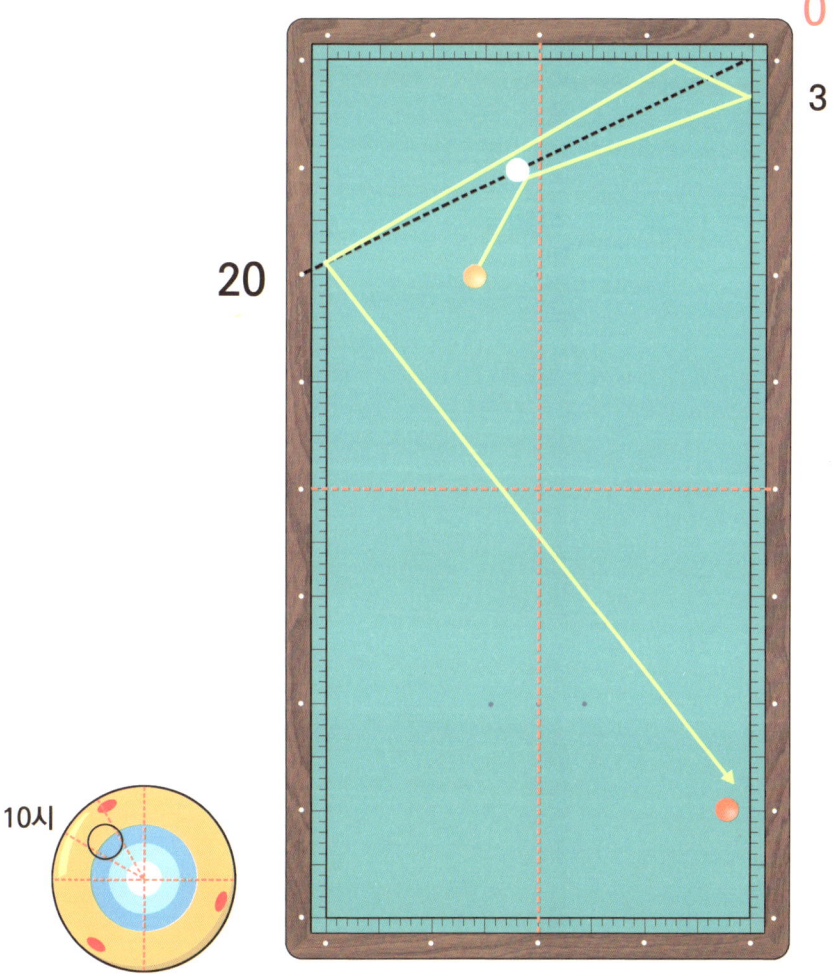

30라인으로 공략하기!!

제1목적구가 30라인에 위치할 때,
제1쿠션지점은 역시나 동일하게 고정한 상태에서
당점만 또 하나 추가해주면 정확히 30포인트로 도착한다.

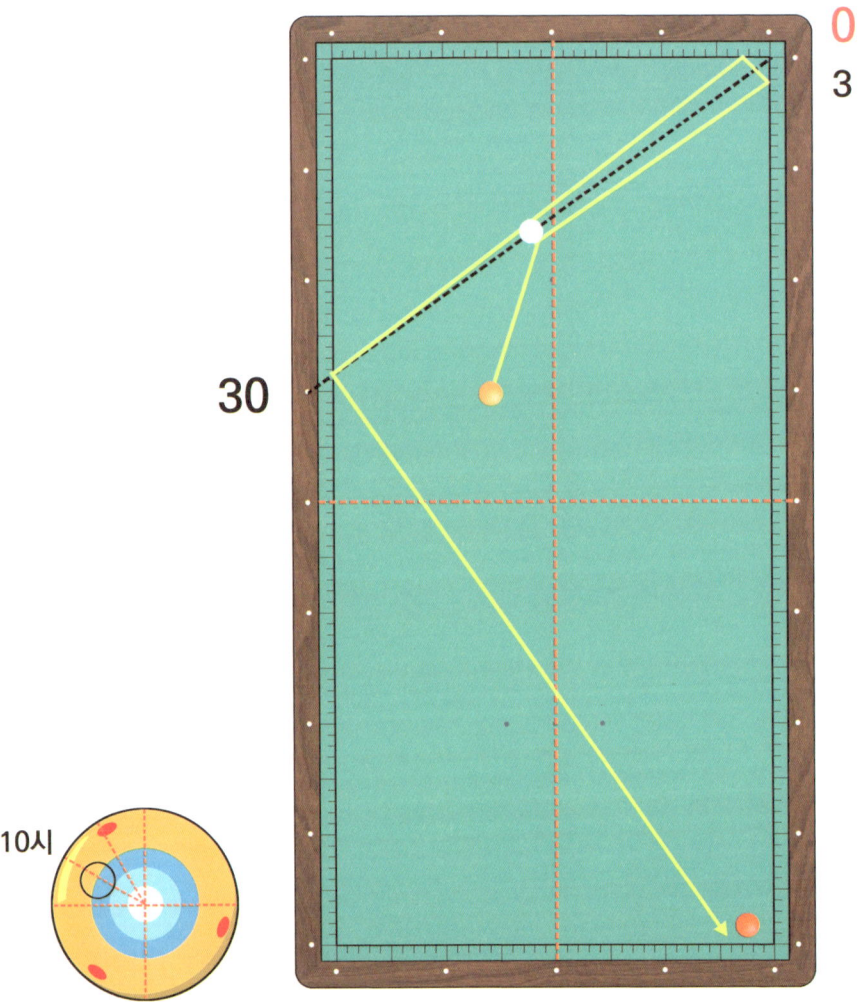

40라인으로 공략하기!!

제1목적구가 40라인에 위치할 때,
이때는 제1쿠션지점을 0으로 이동시켜주고
회전력도 최대로 올려주면 정확히 40포인트로 도착한다.

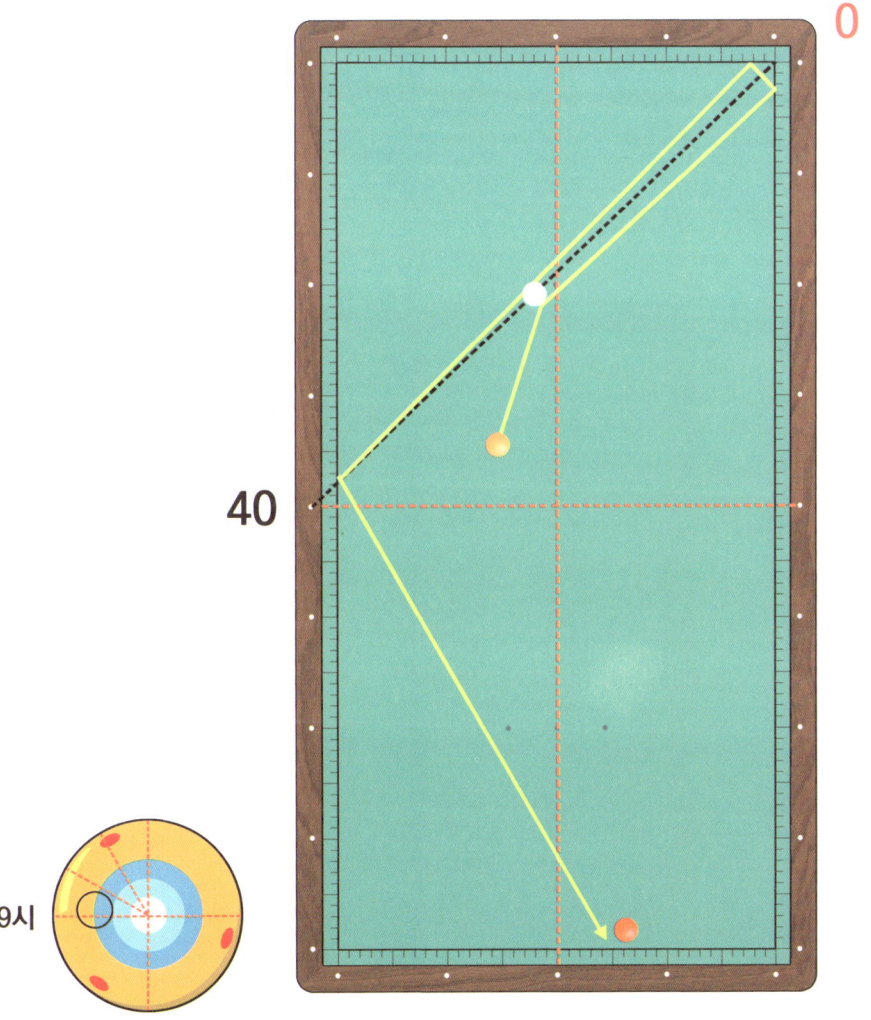

<작열의 짧은 각 뒤돌리기>

짧은 각 뒤돌리기 배치 중 까다롭고 난해하기로 소문난 배치이다.
구름관성의 억제, 회전량 조절, 샷의 완급 등 신경 써야 할 부분이
한 둘이 아닌 배치이다. 아무리 고점자라도 한방에 성공하기는 만만치 않다.
먼저 이와 같은 배치에서도 시스템은 적용되느냐이다. 불가능하다!!
시스템이란 가장 이상적인 즉, 누구나 쉽게 만들 수 있는 각의 기초가 되는
앵글라인이기 때문이다. 아래의 전개도에서처럼 큐볼이 지독히 멀리
떨어져 있다면 어떤 시스템으로도 계산 불가이다. 때문에 감각적인 부분이
무엇보다 중요하며 이를 위해 각각의 요소들에 대한 완벽한
이해를 하지 않으면 안 되는 것이다.

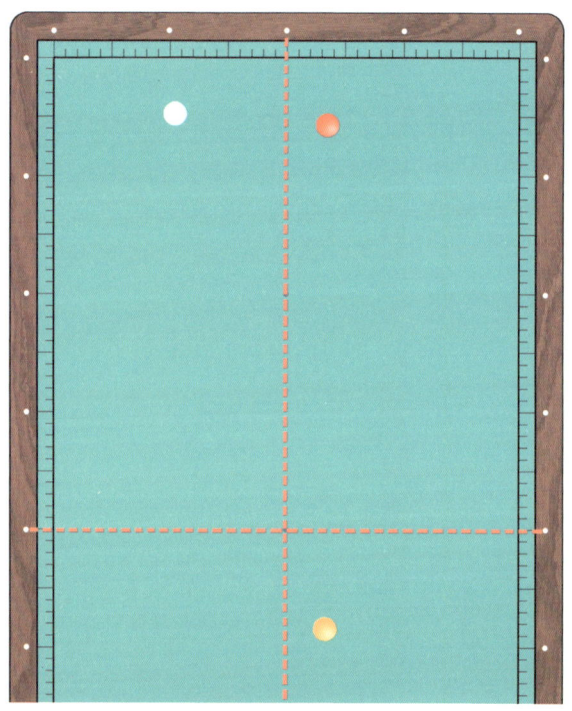

<역회전이 필요한 이유>

이 배치에서 사용되는 당점은 9시 방향 2팁이다.
만약 무회전 당점으로 공략한다면 어떻게 될까?
큐볼은 곧장 코너로 곤두박질 칠 것이다.
밀림현상 때문이다.
구름관성으로 인해 불가분적으로 발생되는
밀림현상을 억제하기 위해 반드시 필요한 요소이다.

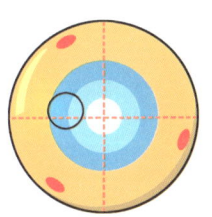

9시

9시

그러나 역회전만으로는 아직 부족하다.
구름관성에 의한 밀림현상은 역회전이든,
혹은 정회전이든 회전방향에 상관없이
발생한다. 때문에 반드시 요구되는
두번째 요소는 강한 타격이다.

꽝!!!

당점과 스트로크의 세기는 결정됐다. 남은 것은 제1쿠션지점 찾기!!
이를 위해서는 약간의 준비 작업이 필요하다.
앵글의 가장 기본이 되는 무회전 시스템을 장착하는 일이다!!

<코너각 무회전 시스템(No English System)>

12시 방향 3팁의 당점과 약 2레일 스피드에 의해 만들어지는 무회전 코너각 시스템 앵글라인이다. 이것만 외워도 수지 한 단계쯤 그냥 업된다. 외우기도 완전 쉽다. 무조건 큐볼값의 1/2이 제1쿠션값이다.

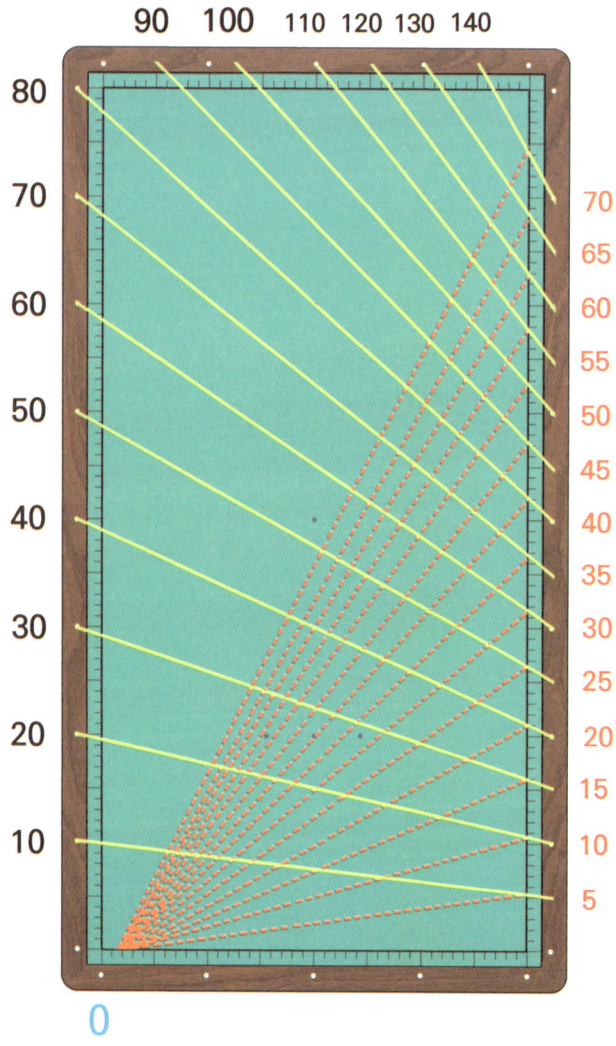

이제 무회전 코너각 시스템을 이용해 제1목적구와 가장 가까운 앵글라인을 찾아보자. 10-5-0의 앵글라인이다.
이때 큐볼이 <나>의 지점에 위치한다면 방금 찾은 앵글라인으로 공략하면 될 것이다. 그러나 우리들 큐볼 위치는 까마득히 멀기만한 <가>지점이라는 것이 문제이다.

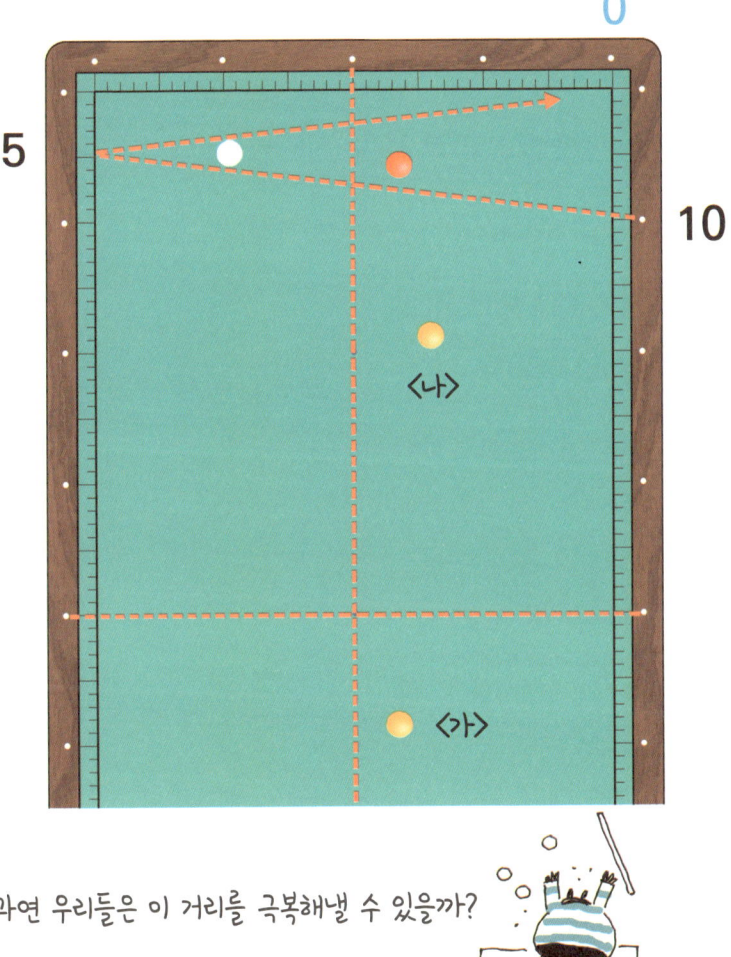

과연 우리들은 이 거리를 극복해낼 수 있을까?

나쁜 예감은 언제나 적중하기 마련인걸까?
제1쿠션지점이 시스템값보다 좀 더 아래쪽이다. 역회전 당점에
작열의 타격으로도 결국 밀림현상을 완벽하게 억제할 수는 없는 것일까?

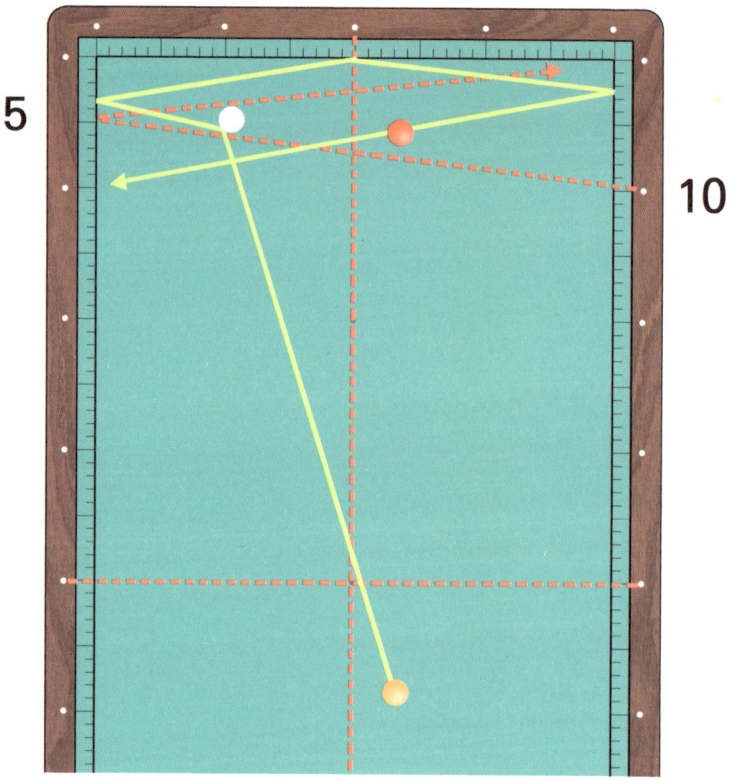

그런데 사실 이것으로 충분하다.
천만다행으로 제1목적구의 위치는 쿠션과 아주 가깝다. 이 조건이라면
밀림현상이 시작된 그 순간 벼락같이 쿠션과 충돌할 수 밖에 없다.
쿠션의 강력한 탄성이 그냥 두고 볼리 만무하다는 것이지.
뜻밖에도 쿠션과 제1목적구의 거리 속에 이아페토스의 아들
프로메테우스가 숨어있었던 것이다.

제2목적구의 위치가 변했다면?

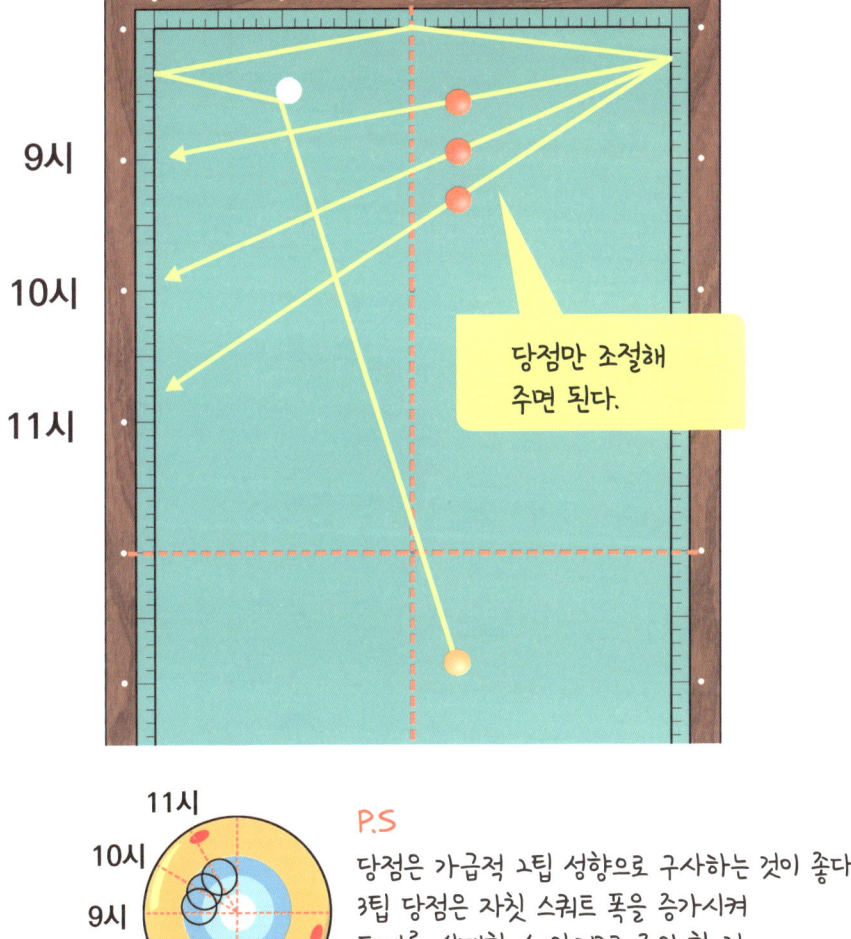

당점만 조절해 주면 된다.

P.S
당점은 가급적 2팁 성향으로 구사하는 것이 좋다.
3팁 당점은 자칫 스쿼트 폭을 증가시켜 두께를 실패할 수 있으므로 주의 할 것.

옆돌리기, 이상하게 그게 그렇지가 않다

〈옆돌리기, 이상하게 그게 그렇지가 않다.〉

아하!!

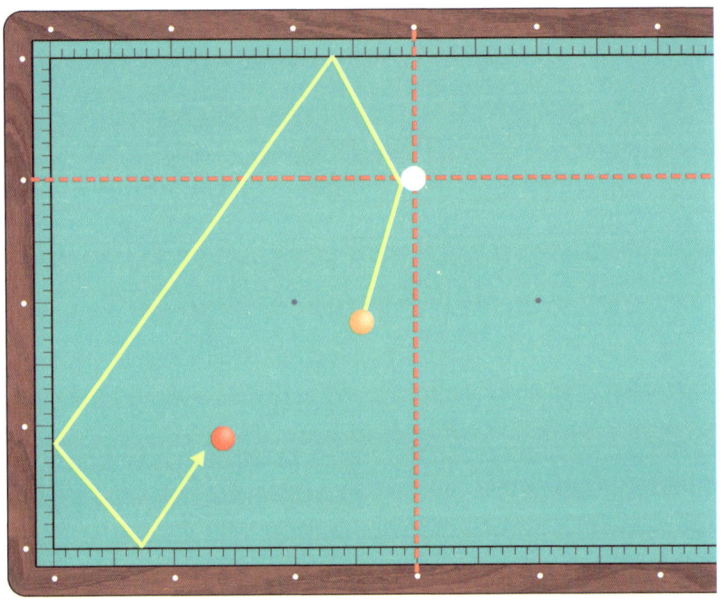

이건 뭐 그냥 딱 봐도 보인다.
3쿠션 득점앵글라인 중 이보다 쉬운 건 없으니까!!
그런데, 막상 공략해보면 이상하게 그게 그렇지가 않다.

누군가는 이렇게 말한다.
뒤돌리기가 잘되는 날은 옆돌리기가 안되고,
옆돌리기가 잘되는 날은 뒤돌리기가 안 돼.
미치고 환장하겠어!!
어째 무척이나 공감이 가는 내용이란 말이지.

뒤돌리기(Outside Angle Shot)에서
큐볼과 제1목적구의 충돌과정을 보자.

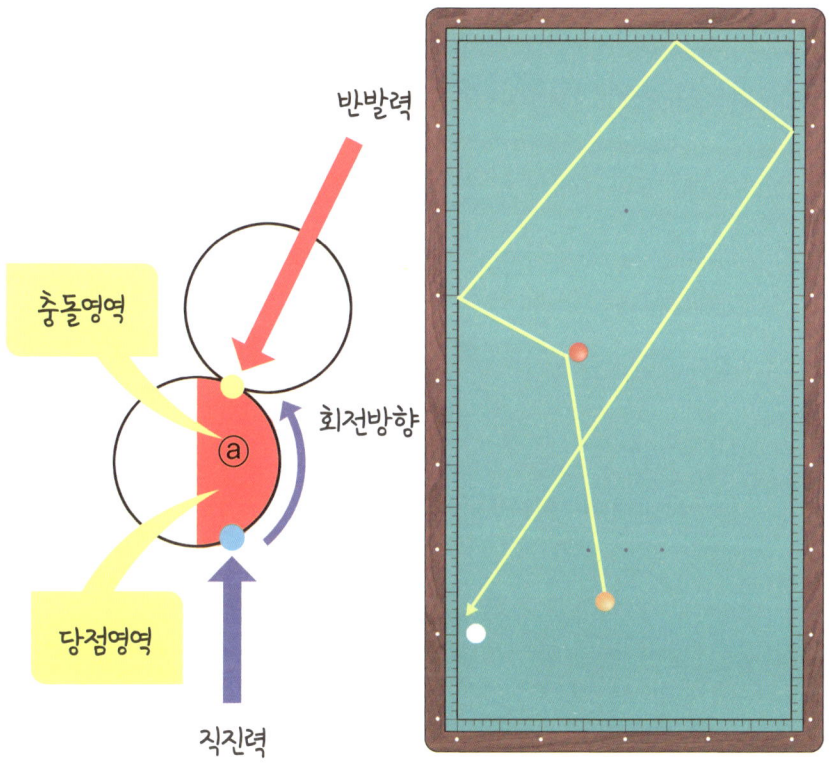

당점영역과 충돌영역이 동일한 ⓐ의 영역에 위치한다.
이는 충돌 시 강력한 저항력을 만들어 큐볼의 직진력과 회전력을
감소시키는 절대적 요인이다. 때문에 원하는 직진력과 회전력을 얻으려면
강한 팔로우 샷이 반드시 필요하다.

그렇다면 옆돌리기(Side Angle Shot)는??

당점방향과 제1목적구의 충돌방향이
완벽히 반대방향이다.
어떤 식으로든 충돌은 직진력을 감소시킨다.
그러나 이 경우 회전력만큼은 반대로 증가한다.
제1목적구의 반발력이 회전속도를 증가시키기 때문이다.

그렇다!!
뒤돌리기와 옆돌리기의 샷은 그 성격 자체가

완벽히 달랐던 것이다.

아자아자!!!

초심자의 경우 구질을 만드는 다양한 샷 컨트롤 능력이 부족하기에
팔로우 샷이 잘된다면 거의 모든 배치를 팔로우 샷 하나만으로 공략한다.
당연히 옆돌리기가 제대로 구사될 리 없다.
반대로 옆돌리기가 잘된다는 것은 잽 샷 컨트롤이 좋다는 뜻이고
이는 모든 배치를 잽 샷으로 공략한다는 것이므로 팔로우 샷이 필요한
뒤돌리기와 같은 배치에서의 득점확률은 그만큼 떨어질 수밖에 없는 것이다.

뒤돌리기만 달라니까!!

편식은 몸과 지갑을
축내는 주범이랄까~

실전이란 끝없이 변화하는 상황들의 연속이다.
뒤돌리기 배치가 섰나싶더니 어느새 옆돌리기가 서고, 횡단샷인가
싶으면 대회전이 선다. 구질이 전혀 다른 배치들의 무한반복이다.
고점자의 하이런은 그래서 무서운 것이다.

⟨옆돌리기에 적합한 샷 컨트롤능력을 장착하자!!⟩

그렇다면 어떤 거창한 기술을 장착해야 할까?
그리고 과연 그런 기술이 있기는 한 것일까?
그런 거 없다!!
그냥 브리지 거리만 좀 더 짧게 조종해주면 된다.
짧아진 브리지 거리는 상대적으로 백스윙 폭도 짧게 만들므로
그만큼 큐볼에 전달되는 물리력도 줄어든다.
때문에 옆돌리기와 같은 절제력이 요구되는 샷에 그만이다.

브리지 거리 짧게, 짧게, 더 짧게!!

15cm 이내로 짧게 잡는다.

이때 브리지가 앞쪽으로 당겨진 만큼
그에 비례하여 그립위치도 앞쪽으로 당겨줄 것.

어쩌면 당신도 이미 오래 전부터 알고 있는 내용일 것이다.
그러나 너무 익숙해진, 그래서 습관적으로 잡는 고정된
당신만의 브리지 거리가 문제인 것이다.
옆돌리기를 완벽하게 공략하고 싶다면 브리지 거리만큼은
반드시 수정해야만 한다!!

그런데 만약 지독한 습관으로 브리지를 짧게 잡는 것이 도저히
적응이 안된다면?? 사실 반드시 짧게 잡아야만 하는 것은 아니다.
백스윙의 길이를 짧게 제한하여 물리력전달을 최소화하는 것이
그 목적이므로 브리지를 길게 잡고도 이를 표현해 낸다면 크게 문제는 없다.

<긴 브리지에서의 잽 샷 스트로크 방법!!>

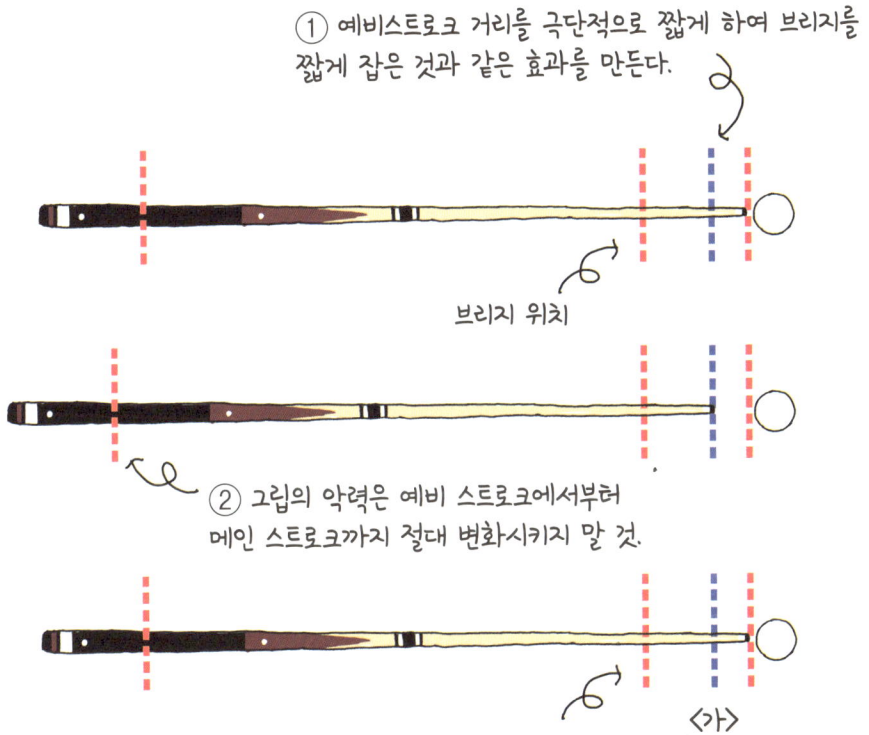

① 예비스트로크 거리를 극단적으로 짧게 하여 브리지를
짧게 잡은 것과 같은 효과를 만든다.

브리지 위치

② 그립의 악력은 예비 스트로크에서부터
메인 스트로크까지 절대 변화시키지 말 것.

<가>

③ 메인 스트로크의 백스윙을 최대한 절제해 줄 것.
가능한 예비스트로크의 백스윙지점에서 곧바로 샷을 출발시켜야 한다.
<가>의 지점이 곧 짧은 브리지 거리이므로 백스윙이 <가>지점을 넘어갔다면
완전 목적없는 샷이 되고 만다. (살짝 넘는 건 상관 없음.)

 ## 옆돌리기에서 사용되는 샷 종류!!

어떤 배치든 그 배치를 공략하기 위한 샷으로 오직 한 가지 방법만 있는 것은 절대 아니다. 뒤돌리기에서 큐볼의 위치가 어디냐에 따라 팔로우 샷, 혹은 드로우 샷이 사용 되는 것처럼 옆돌리기 또한 큐볼의 위치에 따라 샷 방법은 확연히 달라진다.

위 전개도의 ⓐ, ⓑ, ⓒ, ⓓ는 각각 샷 구사방법이 조금씩 다르다. 여기서 ⓓ는 강력한 드로우 샷이 필요한 꼴 보기 싫은 상황이므로 논외로 하고 가장 일반적인 ⓐ, ⓑ, ⓒ에서 사용되는 샷 구사방법을 알아보자.

<가장 위험한 위치!!>

두께와 당점이 조금만 틀어져도 완전 험악하게 반응하는 아주 까다로운 위치이다. 완벽한 샷 절제력이 요구된다.

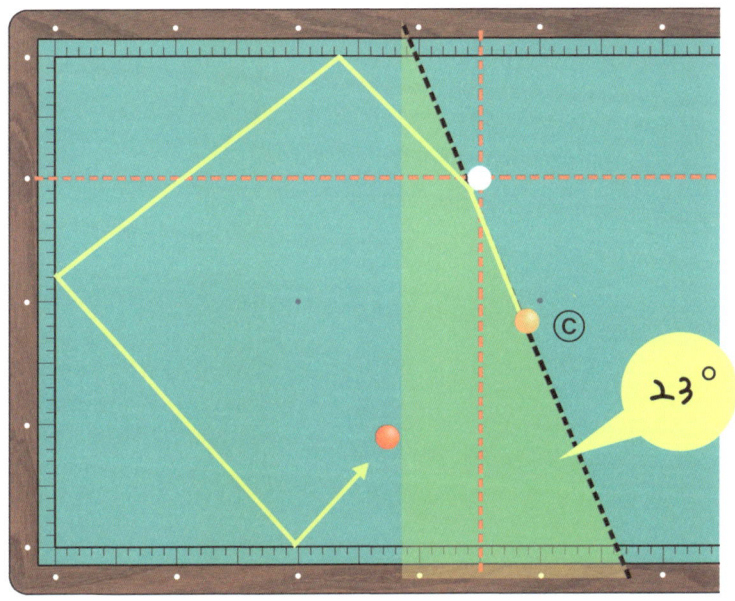

약 1/4의 얇은 두께가 사용되므로 샷의 세기는 그레일 스피드면 충분하다.
큐 끝을 당점에 가볍게 툭~ 대준다는 느낌으로 구사할 것.
전형적인 잽 샷(Jab Shot)이다.

큐 끝을 최대한 임팩트 지점에서 멈춰주는 게 유리하다.

<가장 무난한 위치!!>

가장 편한 위치이면서도 의외로 실수가 많은 배치이다.
약 1/3두께를 사용하며 밀림현상, 혹은 끌림현상을 경계해야 한다.

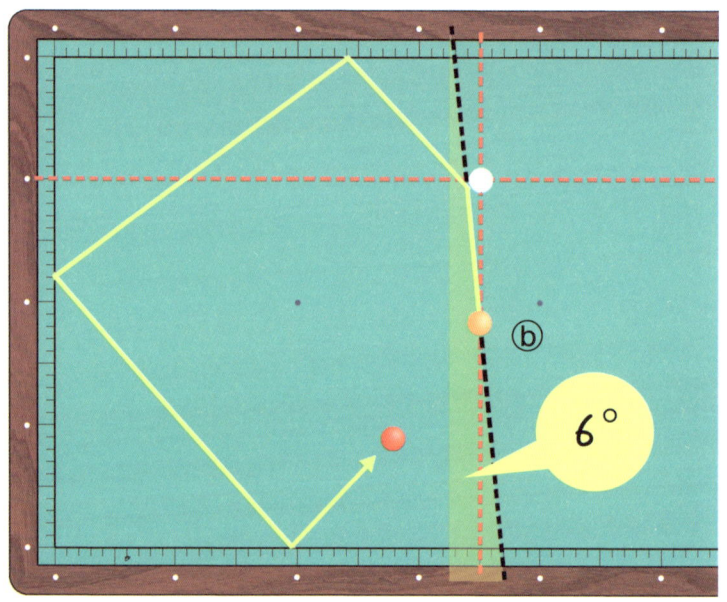

약 3레일 스피드로 툭~ 하는 정도의 가벼운 타격감을 실어주는 것이 좋다.
타격의 목적은 탄성충돌이다.
탄성충돌에서는 밀림현상 혹은 끌림현상이 만들어지지 않기 때문이다.

공 절반정도 지점에 큐 끝을 꽂는
느낌으로 임팩트 시킨 후 샷을 끝내야 한다.

<과감함이 필요한 위치!!>

조금은 끌림의 특성이 필요하다. 이때 큐볼의 입사각을 부담스럽다 느끼면 어처구니없이 끌려버리는 고약한 위치이다.

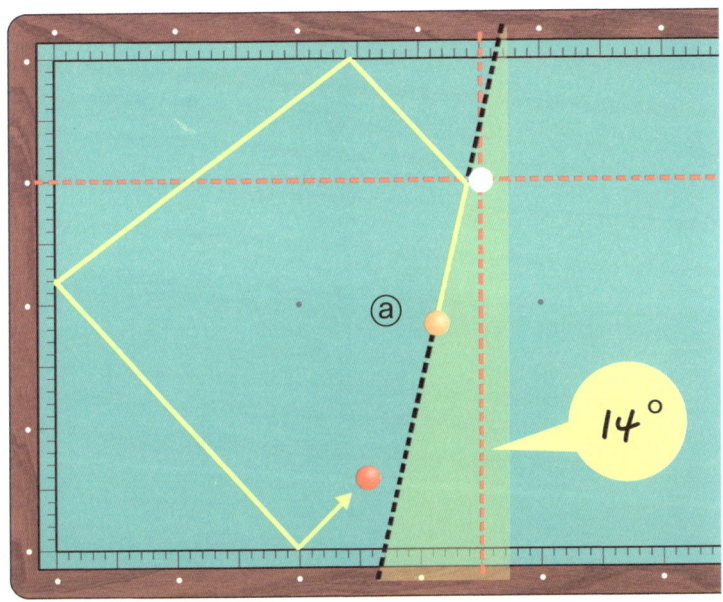

입사각에 따른 큐볼의 밀림쯤은 과감히 무시하자. 신경 쓰면 더 불리하다. 그냥 뒤돌리기를 구사한다는 마음으로 묵직한 팔로우 샷을 날려주자!! 공략키워드는 뒤돌리기용 팔로우 샷이다.

임팩트지점을 큐볼의 앞쪽으로
설정한 후 묵직하게 밀고 나갈 것.

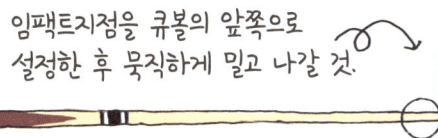

폴드랑의 심플 옆돌리기(Side Angle Shot) 시스템!!

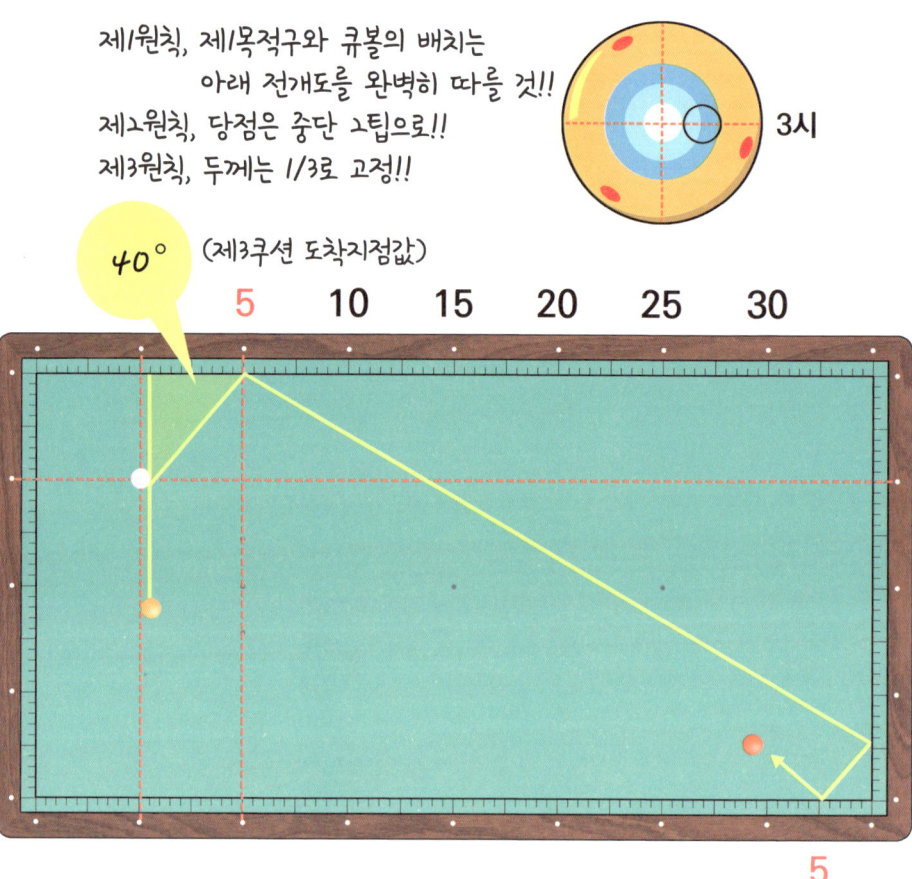

위쪽 장축 포인트값 5, 10, 15, 20, 25, 30은 큐볼의 최종 도착지점인 제3쿠션값이다. 예제에서 제1목적구와 큐볼의 배치에서 정확히 1/3두께와 약간의 타격감으로 위쪽 5의 값으로 보낸다면 큐볼은 정확히 아래쪽 장축 5의 값에 도착한다. 이때 큐볼의 분리각은 정확히 40°이며 정확히 10포인트 이동한다. 이를 옆돌리기 기준원칙으로 정한다.

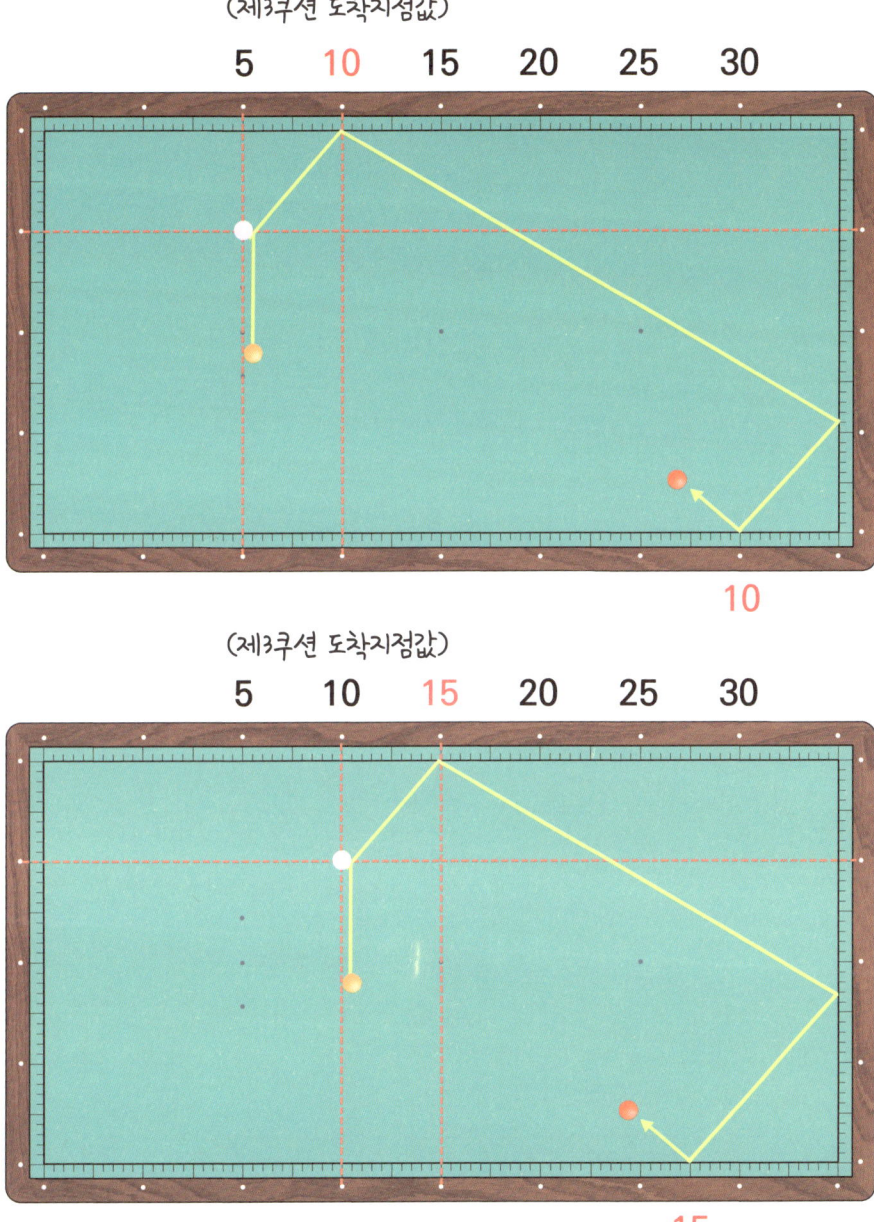

59. 폴드랑의 심플 옆돌리기(Side Angle Shot) 시스템!!

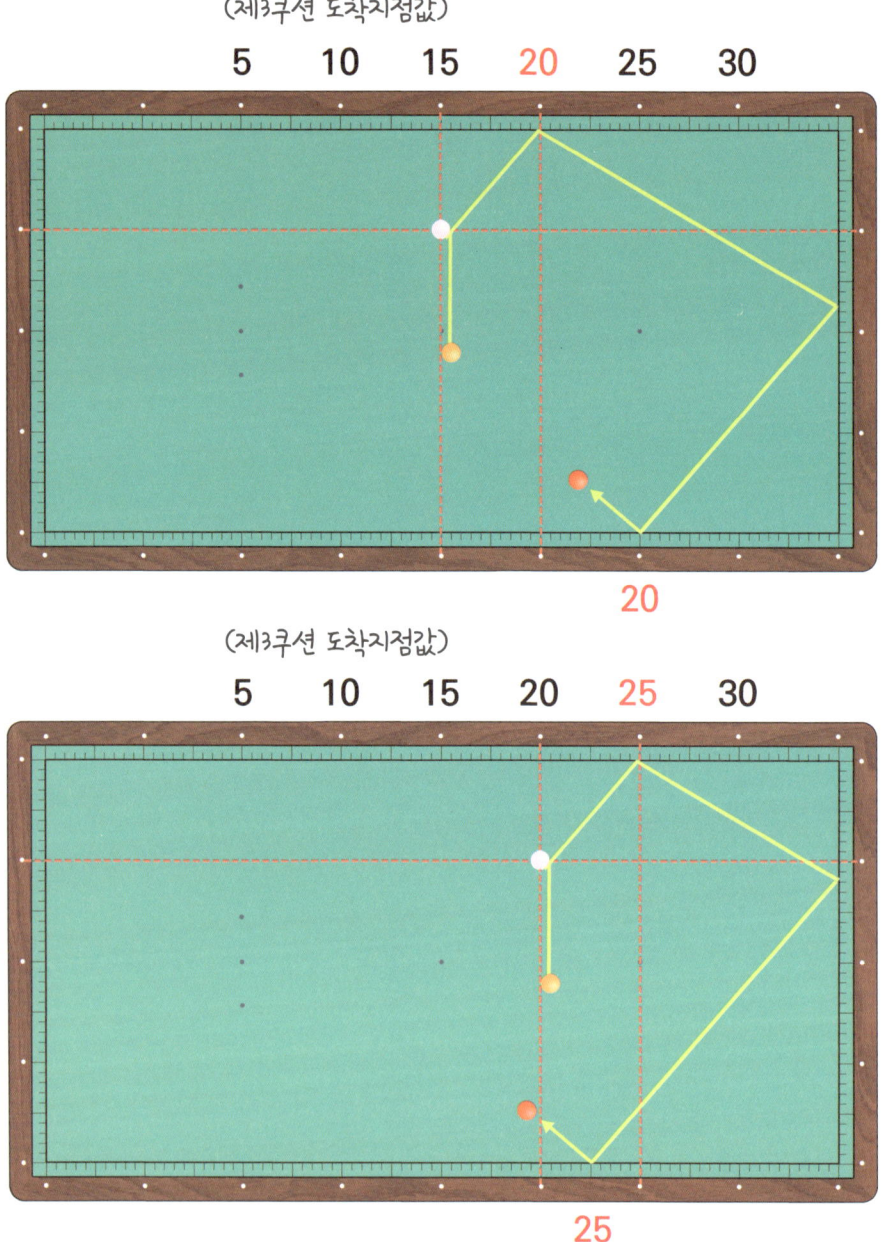

(제3쿠션 도착지점값)
5   10   15   20   25   30

30

각각의 값들이 어떻게 앵글라인을 그리는지 알아보았으니
지금부터 본격적으로 실전에 써먹어보자!!

당구.. 수학이였냐??

그래서 치매를 예방해준다는군.

고래???

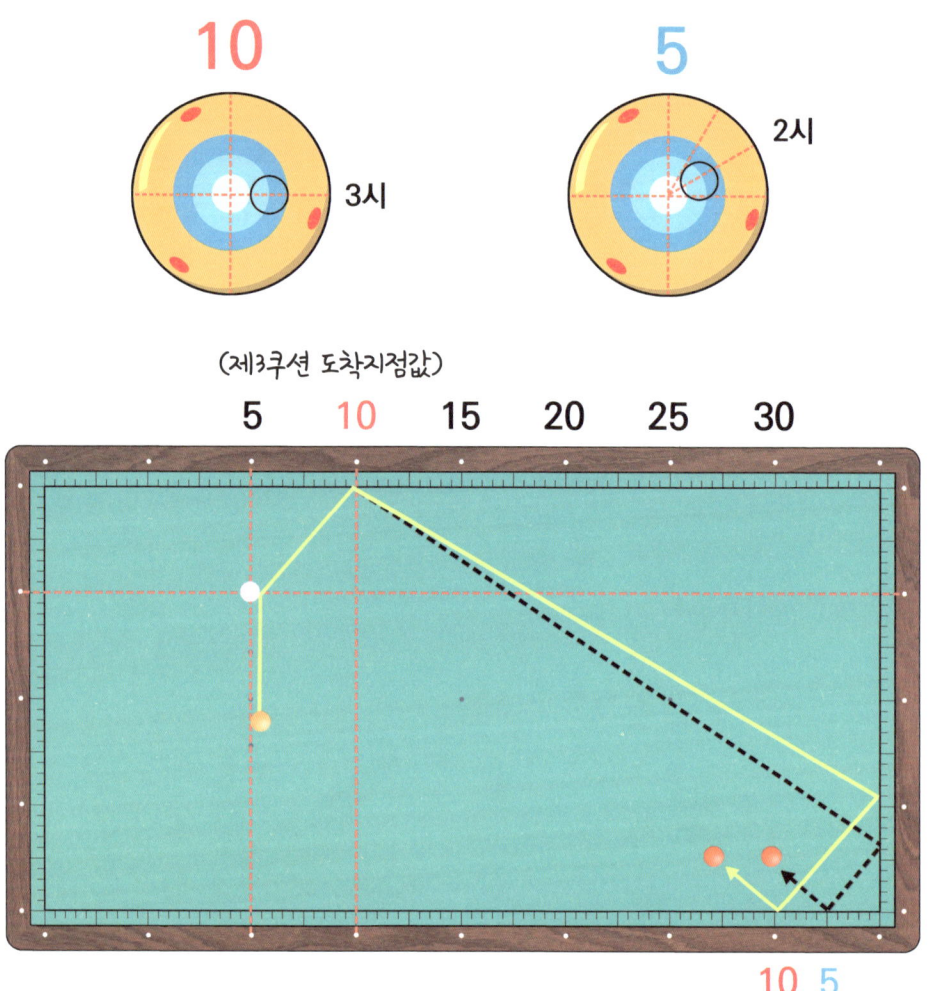

제1목적구가 15가 아닌 10, 혹은 5의 지점에 위치한다??

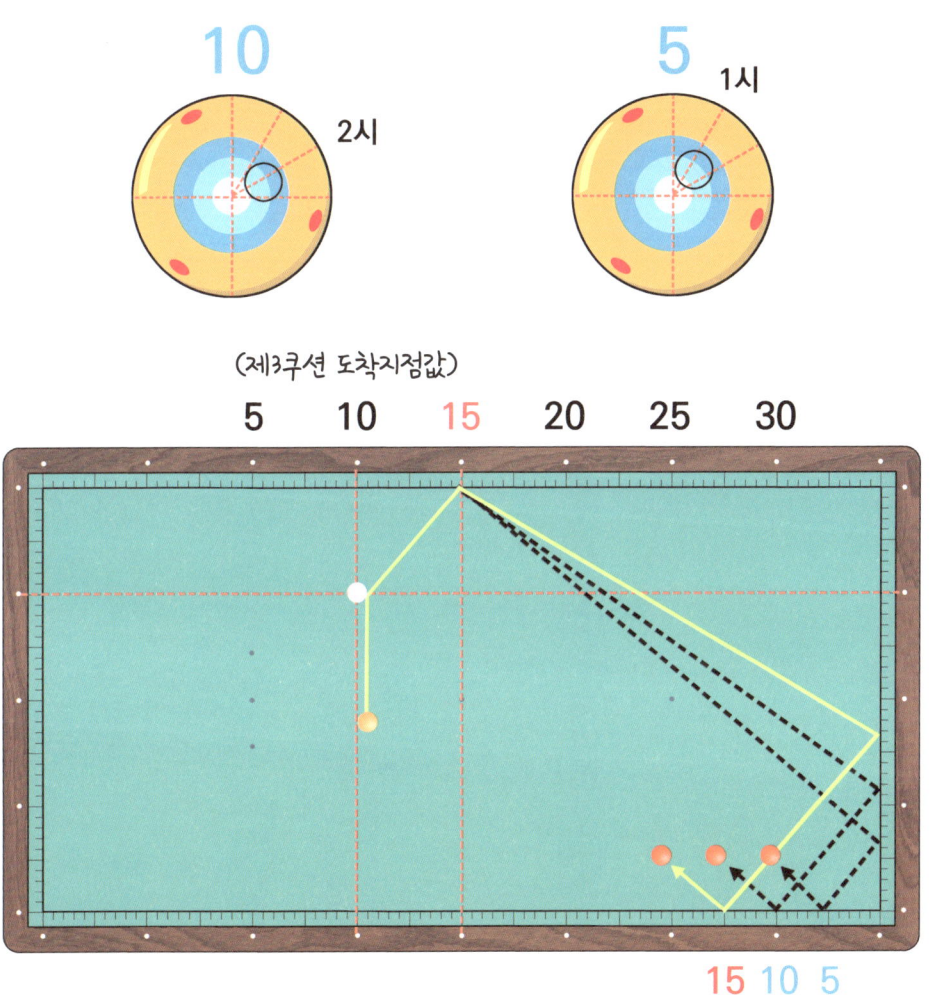

59. 폴드랑의 심플 옆돌리기(Side Angle Shot) 시스템!!

제1목적구가 20이 아닌 15, 혹은 10, 5의 지점에 위치한다??

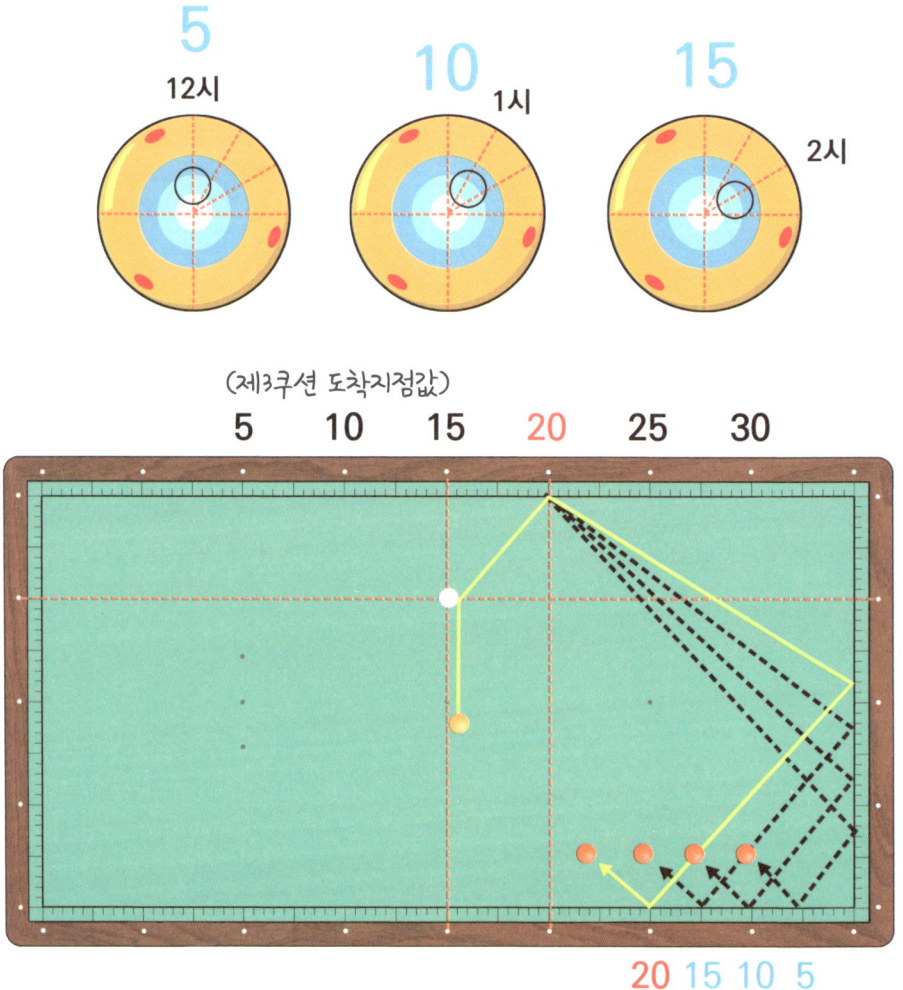

어떤 배치를 공략하기 위해서 제일 먼저 할 일은 가상의 득점앵글라인을
그리는 일이다. 그런데 이 가상의 앵글라인을 그리기 위해서는 두께와 당점,
거기에 스트로크와 레일 스피드까지 추가해 아주 꼼꼼히 체크해야만 한다.
초심자에겐 여간 곤혹스런 일이 아닌 것이다.
그중 가장 큰 골칫거리라면 역시나 두께, 오만가지 배치를 하나씩 신경써
두께를 설정하는 일은 아무리 고점자라 해도 끔찍한 일이다.
때문에 두께를 한 가지로 고정한다는 것은 연인의 속삭임처럼 달콤하다.
그뿐인가, 제1쿠션까지 자연스럽게 결정된다.
남은 것은 당점과 스트로크, 두려움은 순식간에 자신감으로 바뀐다.

3시, 2시, 1시, 12시, 이들 시계당점은 각각 제3쿠션지점을
약 5포인트 간격으로 감소, 혹은 증가시킨다.

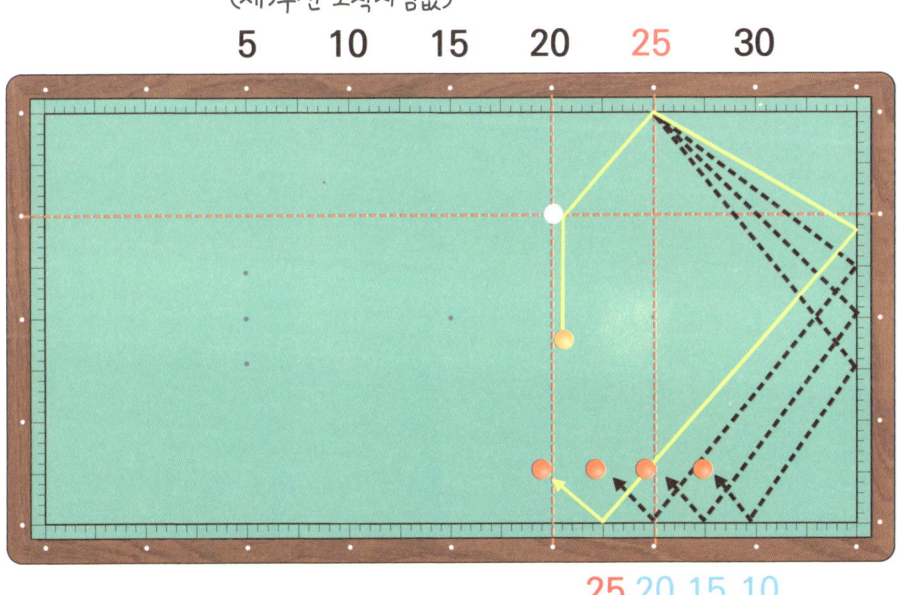

<시스템 활용법 단계별 분석!!>

① 먼저 1/3두께에서 분리각 40°를 찾아 제1쿠션값을 찾는다.
약 23이다. 시스템 기준 당점인 시계방향 3시 2팁당점으로 공략할 때 큐볼의 제3쿠션도착지점은 23이다.

② 제2목적구의 위치는 18이다. 5를 감소시켜야 한다.
1팁 줄어든 2시방향 2팁당점이다.

③ 이제 경쾌한 잽 샷으로 약간의 타격감만 더해주면 끝!!

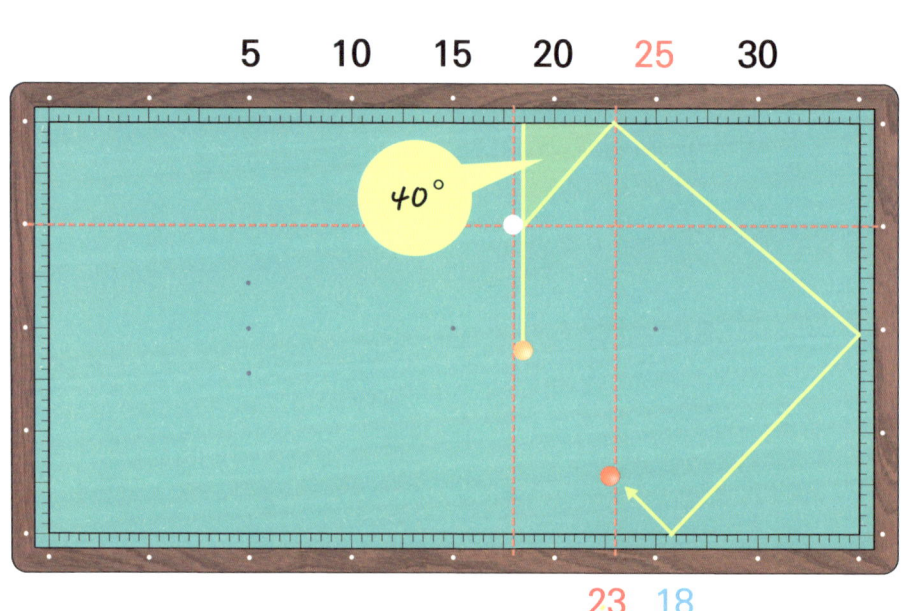

<시스템 사용 당점의 이해!!>

실패의 원인은 다양하다. 두께가 얇았다거나 당점이 과했다거나, 혹은 샷의 세기가 너무 강했다거나 심할 경우 총체적난국에 빠져 허우적대기 일쑤다. 실패의 원인을 모르면 언제까지고 실패를 답습할 뿐이다. 때문에 실패의 원인을 찾는 일은 그것이 무엇이든 가치있는 일이다.

"한 번 실패와 영원한 실패를 혼동하지 말라." (스콧 피츠제럴드)

옆돌리기의 실패요인은 뜻밖에도 아주 단순하다.
쉬운 배치인 만큼 두께설정도 쉽고 샷도 단순해서 이 둘의 설정미스는 아무리 초심자라해도 거의 없다. 문제는 당점이다.
앞 페이지에 설명되었던 것처럼 제1목적구와 큐볼의 충돌방향으로 인한 회전력 증가폭을 가늠치 못하기 때문이다.
옆돌리기는 제1목적구와 충돌할 때 무조건 1팁이 증가한다.
무심코 설정한 3팁 당점은 맥시멈 4팁의 극악무도한 회전력으로 미치고 환장할 앵글라인만 그릴뿐이다.

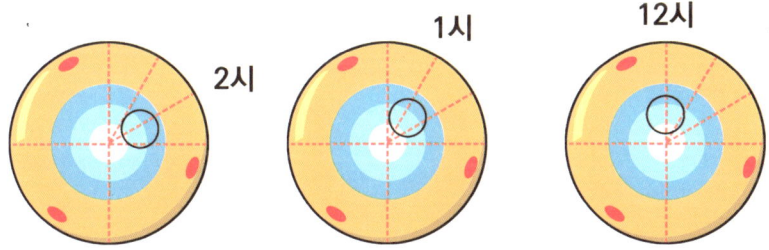

옆돌리기를 구사할 때는 무조건
2팁 성향의 당점으로 구사할 것!!

<제1목적구의 위치가 변했다??>

언제나 그렇듯 실전은 결코 녹록치 않다.
제1목적구가 중앙으로 껑충 뛰었다?? 당황할 필요 없다.
차분하게 1/3두께에서의 분리각 40°를 찾자.
1/3두께의 분리각 특징은 제1목적구를 기준으로 언제나
정사각형을 그리므로 찾기도 쉽다.
제1쿠션지점은 25이다.
득점가능한 제3쿠션지점은 약 16으로
9를 감소시켜주어야 한다.
정답은 1시방향 2팁당점이다!!

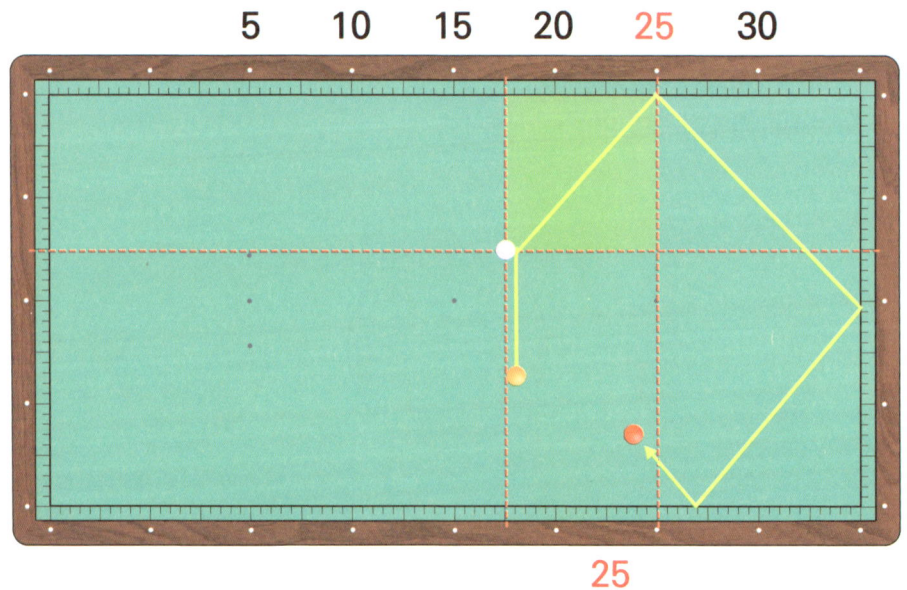

제1쿠션지점은 15이다.
득점가능한 제3쿠션지점도 15이다.
시스템값이 완벽히 일치한다.
그렇다면 정답은 3시방향 2팁당점이다!!

어머~
쉽다, 쉬워~~

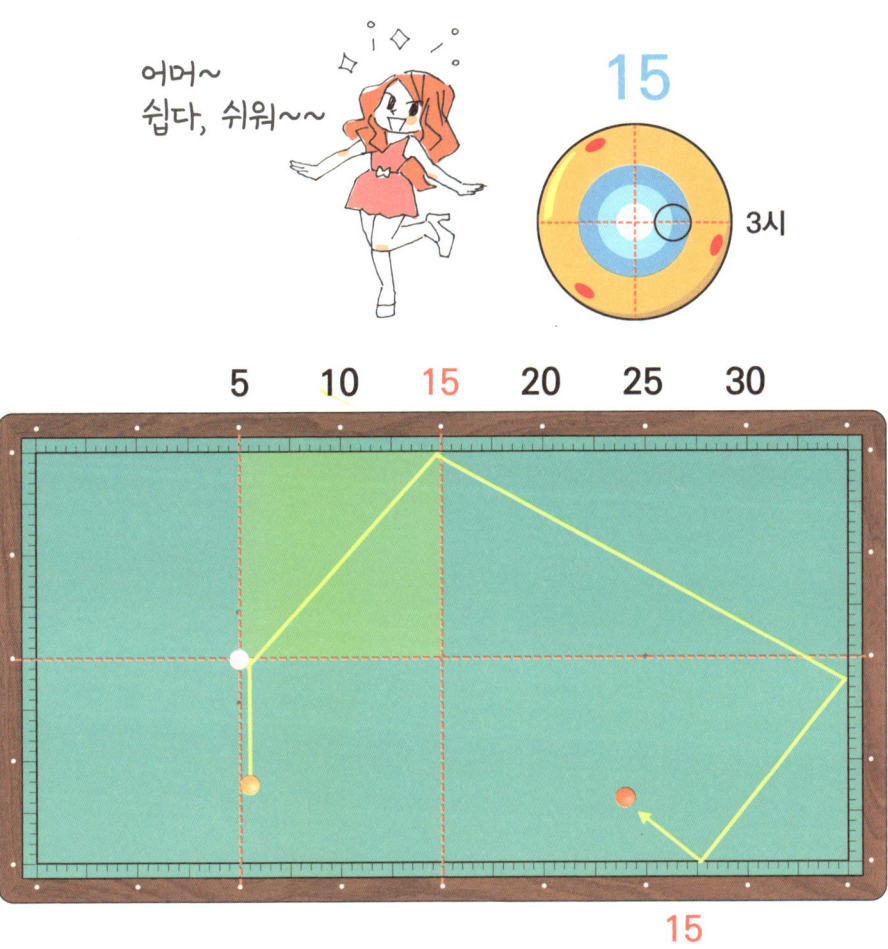

59. 폴드랑의 심플 옆돌리기(Side Angle Shot) 시스템!!

⟨이번엔 큐볼 위치가 달라졌다??⟩

사실 옆돌리기가 어려운 이유도 이것이다.
큐볼의 위치가 어디냐에 따라 난공불락의 철옹성인양 우리들 심장을 옥죄니 말이다.
앞 페이지에서 미리 설명되었던 것처럼 ⓐ, ⓑ는 각각 샷 특성을
달리해주어야 한다. 하지만 그것만으로는 충분치 않다.
큐볼의 최초진행방향에 따른 관성력이 당점의 고유회전량을
무너트릴 뿐만 아니라 달라지는 두께로 인한
밀림현상과 끌림현상이 창졸지간
불쑥 불쑥 튀어나오니 말이다.

(제3쿠션 도착지점값)

5   10   15   20   25   30

20

<큐볼의 이동각이 순방향 일 때!!>

큐볼 ⓐ의 이동각은 약 10포인트인 14°이다.
약 1/4두께가 필요하다. 샷은 그레일 스피드로 가볍게 툭~
대주는 정도로 충분하다. (가장 짧은 잽 샷이다.)
완벽한 두께와 스트로크라면 크게 문제가 없겠지만 그렇지 않다면
기준 시스템 당점에서 1팁 감소시켜주는 좋다.
그시방향 그팁이다.
이것으로 완벽한 1/4두께를 구사하지
않더라도(살짝 두꺼워져도) 문제없다.

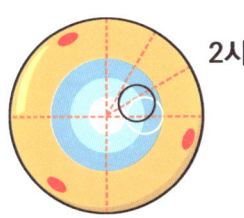

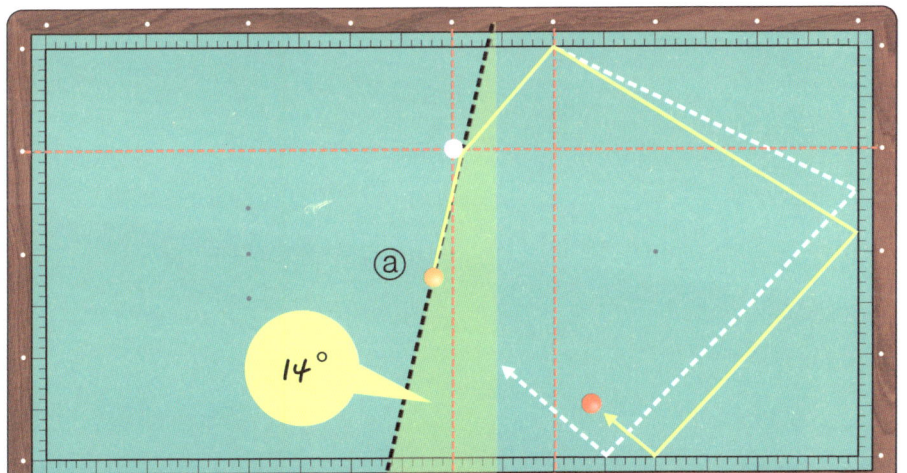

<큐볼의 이동각이 역방향일 때!!>

큐볼 ⓑ의 이동각은 역방향으로 약 10포인트인 14°이다.
약 1/2두께가 필요하다. 샷은 3레일 스피드로 묵직한 팔로우샷이다.
(뒤돌리기와 동일한 느낌으로 구사 할 것.)
이 위치에서의 가장 큰 실패요인은 입사각의 부담감을 극복하고자
무심코 선택한 3팁 당점이 문제이다.
1/2로 두꺼워진 두께에서 3팁 당점의 회전력증가량은 생각보다
훨씬 더 무지막지하다.
(강력한 끌림의 특성을 만든다.)
3~4시방향 사이의 2팁이 적당하다.

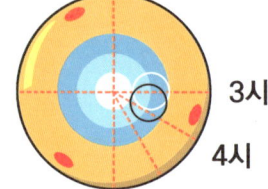

(제3쿠션 도착지점값)

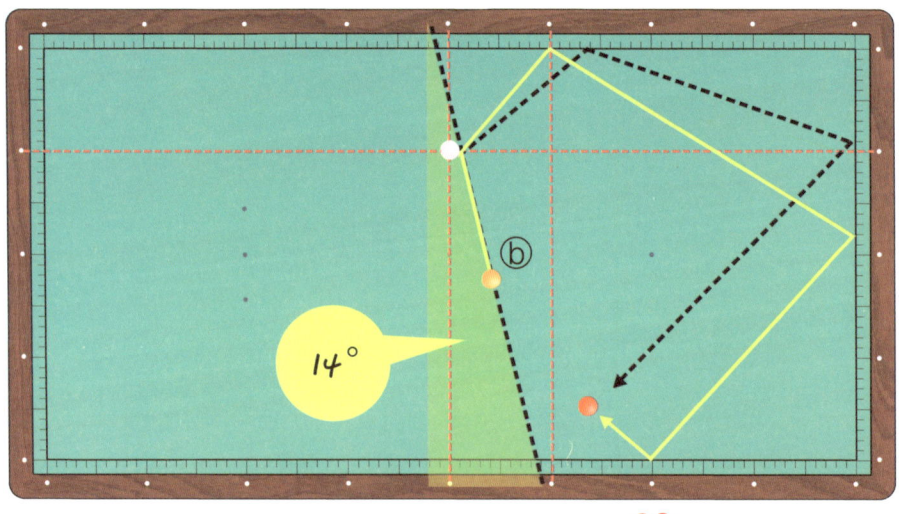

<그런데 큐볼이 멀리 떨어져있다면??>

이때는 밀림현상을 경계해야 한다.
큐볼의 진행거리가 길어질수록 회전관성의 힘도 증가하기 때문에
두께에 상응하는 분리각이 잘 만들어지지 않는다.
그렇다고 무작정 당점을 하단으로 내리는 것은 최악의 선택이다.
당점과 두께를 그대로 유지한 상태에서 샷 스피드를 3레일에서
4레일 스피드로 올려주자.
속도가 높을수록 제1목적구의 반발력은 증가한다.
제1목적구의 반발력을 높여 밀림현상을
억제하는 것이 가장 좋은 방법이다.

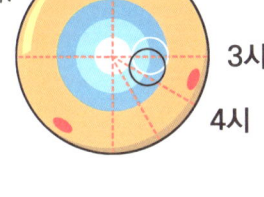

3시
4시

(제3쿠션 도착지점값)
5   10   15   20   25   30

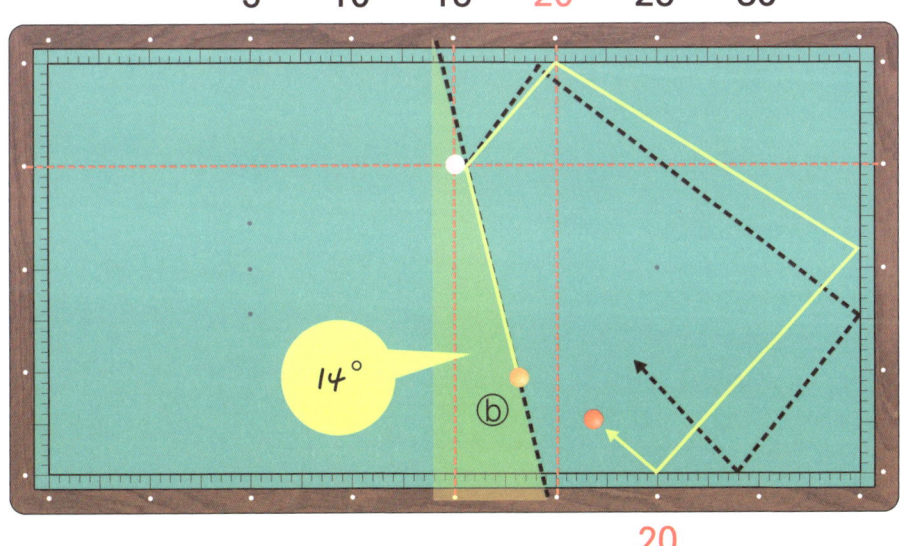

14°
ⓑ
20

<제3쿠션지점이 시스템값을 넘는다면??>

아래 전개도는 기준 시스템값 20이지만 제3쿠션지점은 이보다 큰 25이다.
5포인트가 부족하다. 어떻게 확장시키는 것이 좋을까?

옆돌리기를 구사할 때 사용가능한 최대 두께는 1/2이다.
(의도적으로 밀림현상이나 끌림현상을 이용하지 않는 배치에 한함.)
시스템에서 사용되는 기준 두께는 1/3두께이며 1/3두께는 2cm, 1/2두께는 3cm이다.
1cm의 두께를 더 사용할 수 있는 것이다.
1/2두께에서의 45°분리각은 정확히 제3쿠션지점을 5포인트 확장시킨다.

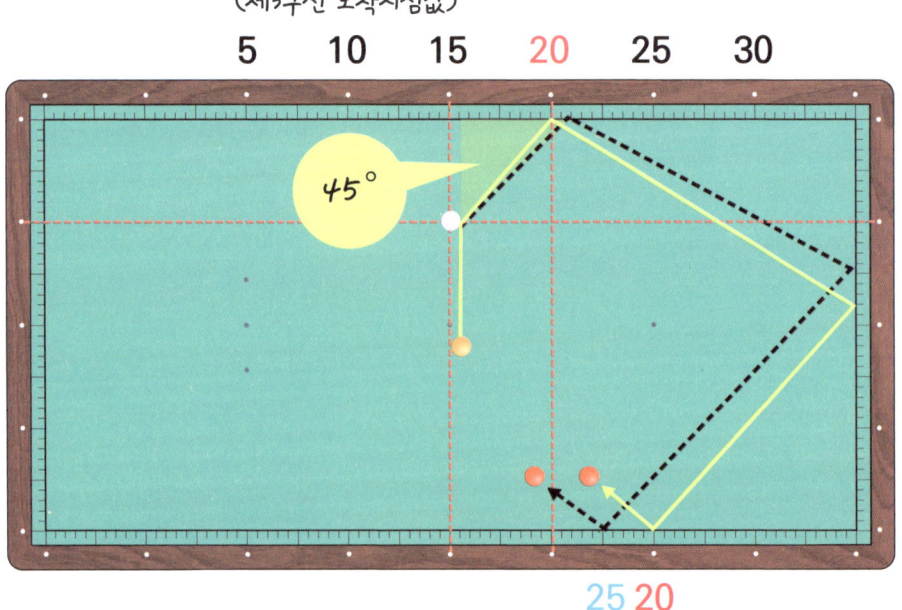

아래 전개도는 제3쿠션지점이 10포인트 증가한 30이다.
무려 10포인트를 확장시켜주어야 한다. 두께 여유는 더 이상 없다.
뭐가 남아 있을까? 그렇다, 맥시멈 3팁 당점이다.
1/2두께와 맥시멈 3팁의 당점은 기준 시스템값에서 정확히 10포인트를 확장시켜준다.
(상황에 따라 맥시멈 4팁의 당점도 사용할 수 있겠으나
거의 비슷한 앵글라인을 그리므로 큰 차이는 없다.)

P.S
1/2두께에서 맥시멈 3팁 당점은
분리각을 살짝 증가시킨다.
미세한 끌림현상이 만들어지기 때문이다.

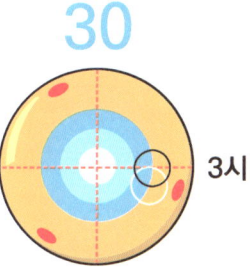

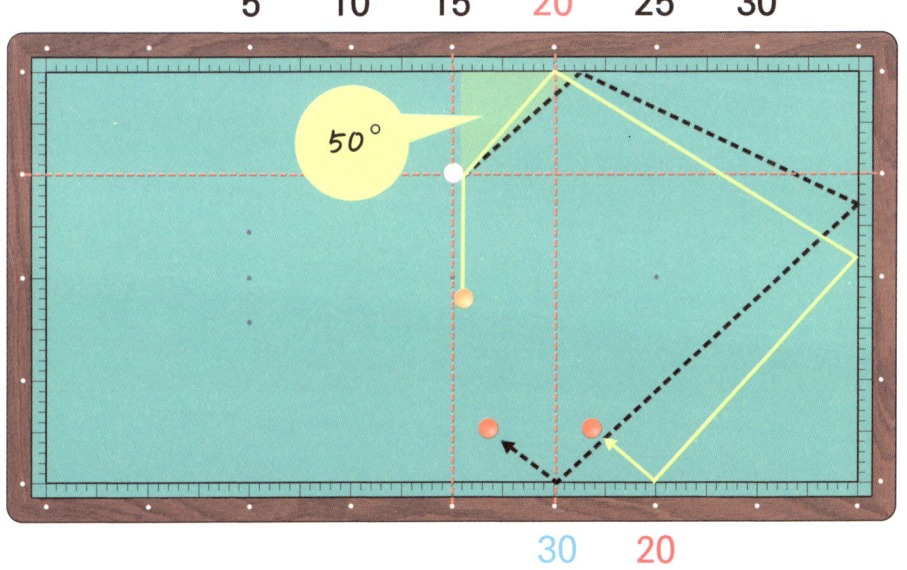

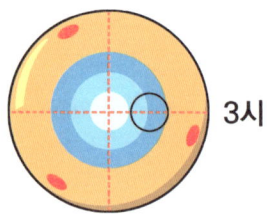

3시

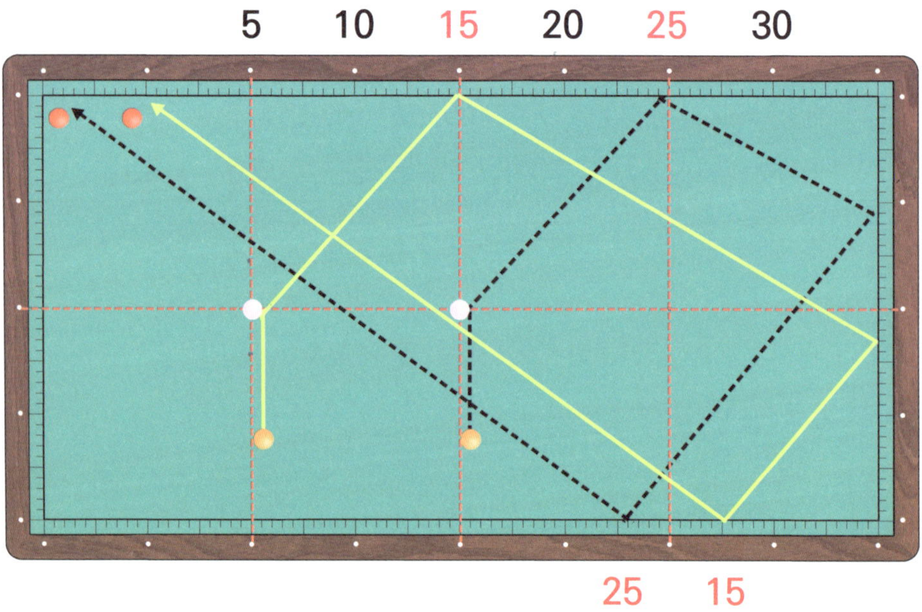

5　　10　　15　　20　　25　　30

25　15

긴 각 옆돌리기 공략방법!!

다음의 전개도를 보자.
이건 뭐 실패가 완전 생활화된 배치랄까.
득점앵글라인이 워낙 길다보니 한 눈에 들어오지 않는 이유도 있겠지만
무엇보다 큐볼의 입사각이 완전 부담스러운 것이다.
두께를 살짝 빼면 훅~ 밀려 짧게, 그렇다고 두께를 더하면
쭉~ 끌리며 길게 빠진다. 어쩌다 득점되면 더 당황스럽다.
대체 어떻게 하면 득점확률을 높일 수 있을까?

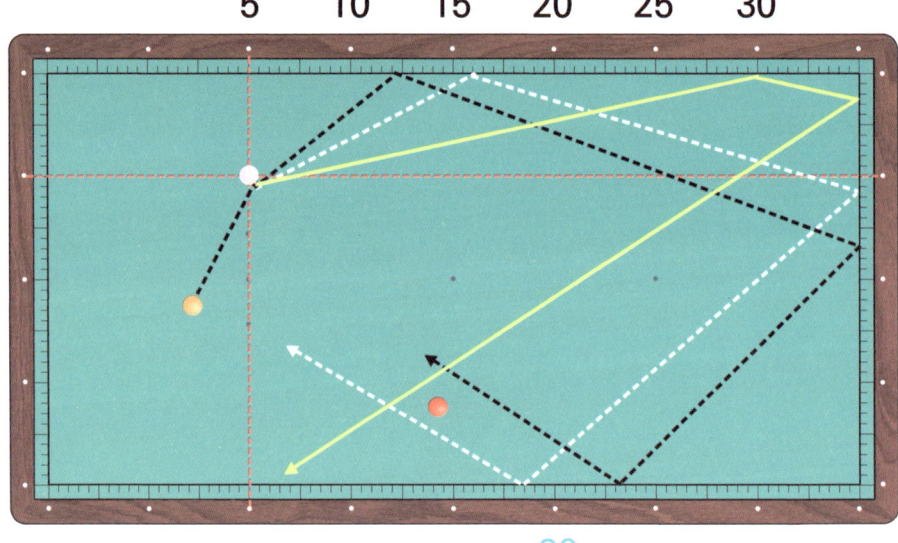

P.S
제3쿠션 도착지점이 30이므로 위쪽 제1쿠션값을
30으로 착각하면 일 난다. (노란색 앵글라인)
이는 시스템을 잘못 이해했다는 증거이므로
1페이지부터 다시 읽기 요망.

<두께를 1/3로 고정시키자!!>

1/3두께는 시스템 기준두께이며 분리각은 약 35°~40°이다.
큐볼이 긴 거리를 진행할 때 나타나는 밀림, 혹은 끌림현상을 최소화 시키기에 가장 적합한 두께이다.

① 먼저 제1목적구의 위치선으로부터 1/3두께에서의 제1쿠션지점값을 찾자. 10이다.

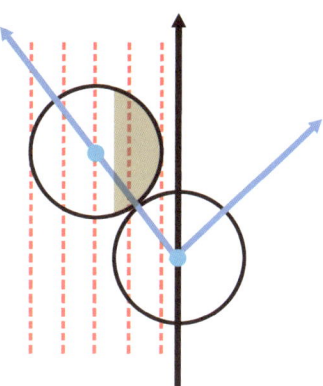

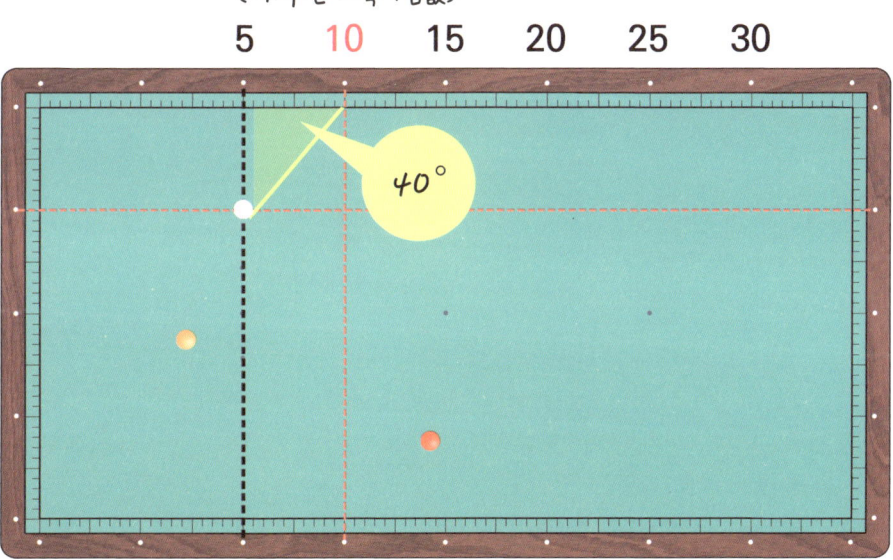

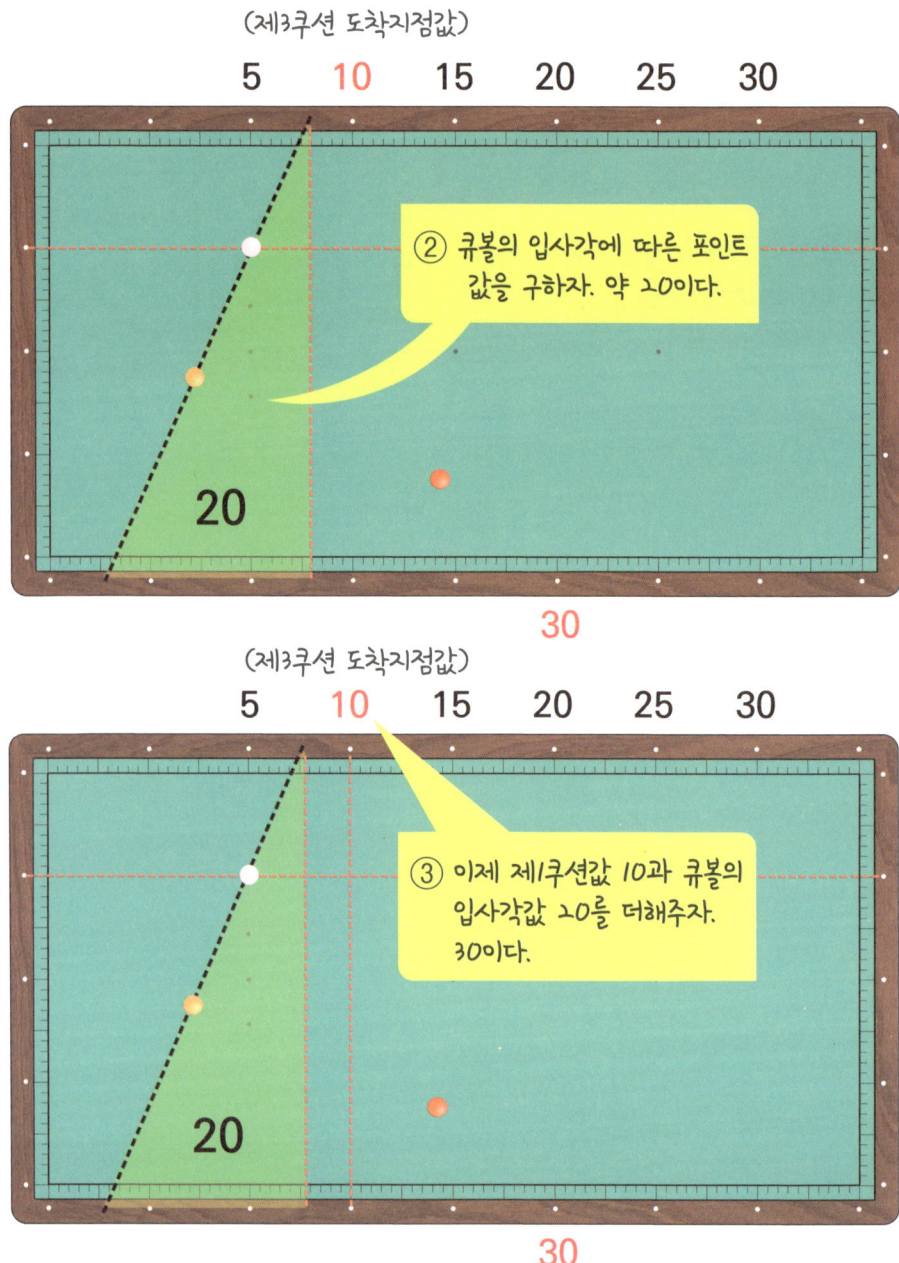

제1쿠션값과 큐볼의 입사각값을 합한 30는 1/3두께로 공략했을 때
최종적으로 큐볼이 도착하는 득점지점값이 된다.
이제 전개도에서 필요한 득점지점값을 찾자. 약 30이다.
기막힌 우연인지 득점지점값과 도착지점값이 같다.
두께는 1/3두께, 당점은 3시방향 2팁으로!!

큐볼의 진행거리가 길 때 가장 경계해야 할 것은
밀림과 끌림현상이다. 때문에 안정적인 두께 선택이
그 어떤 테크닉 보다 득점확률을 높여 준다.
지금 당장 구사해보자.
신기할 정도로 득점이 잘 될 것이다.

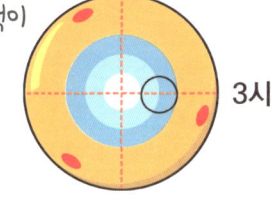
3시

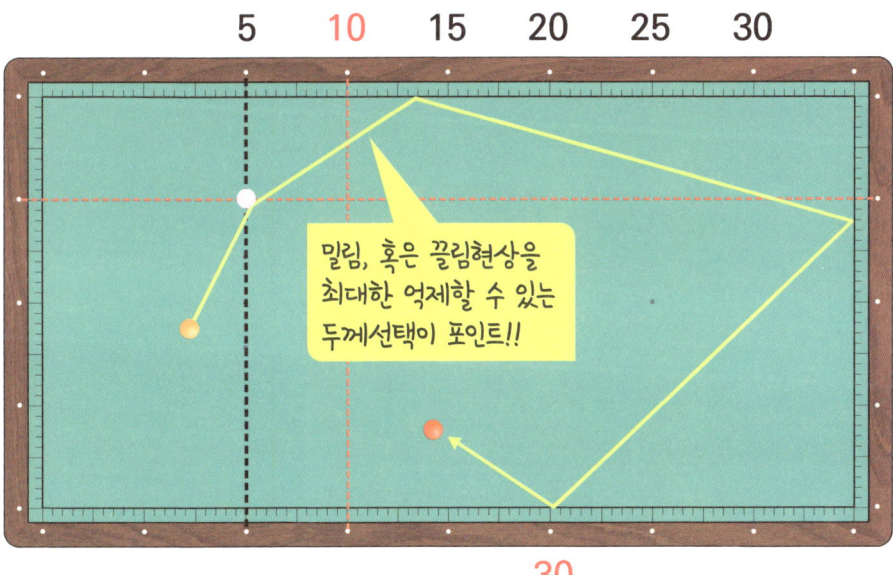

(제3쿠션 도착지점값)
5 10 15 20 25 30

밀림, 혹은 끌림현상을
최대한 억제할 수 있는
두께선택이 포인트!!

30

<연습해보기!!>

15+20=35

5포인트를 확장시켜주어야 하므로
당점을 3시방향 맥시멈으로!!

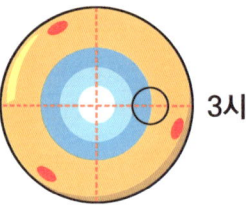

3시

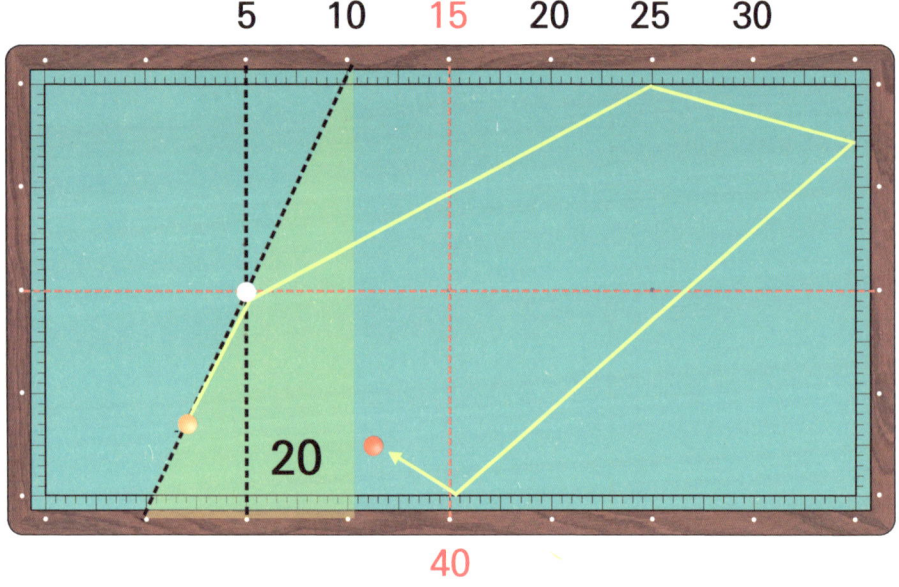

20+27=47

득점지점값이 3 부족하다.
두께는 1/3두께,
당점을 맥시멈으로!!

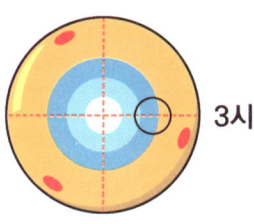
3시

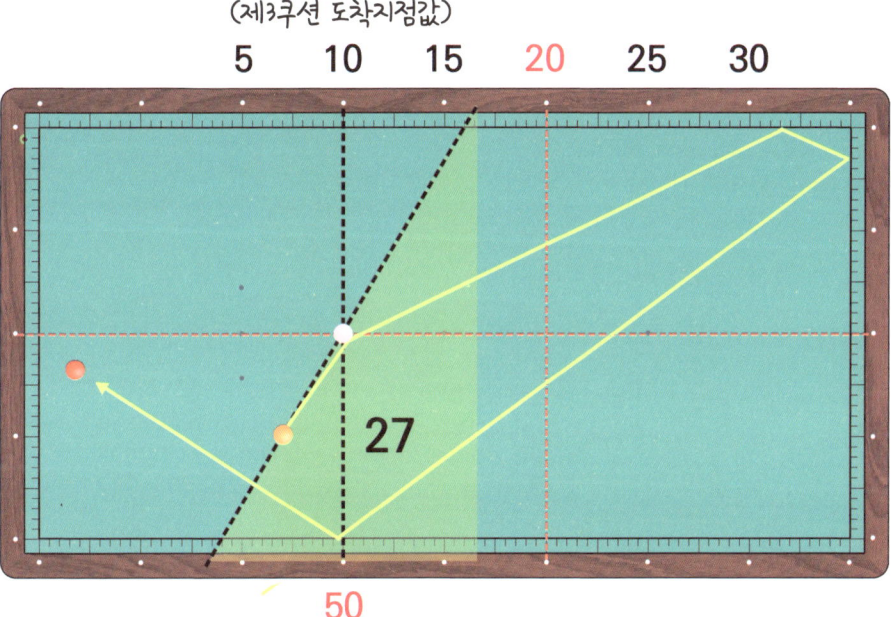

13+45=58

득점지점값이 살짝 넘었다.
이쯤은 득점에러폭이 속하므로
굳이 당점을 바꿀 필요없다.
두께는 1/3두께,
당점은 3시 방향 그립으로!!

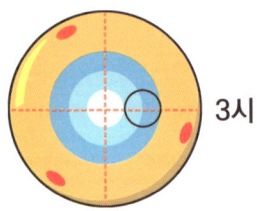
3시

(제3쿠션 도착지점값)

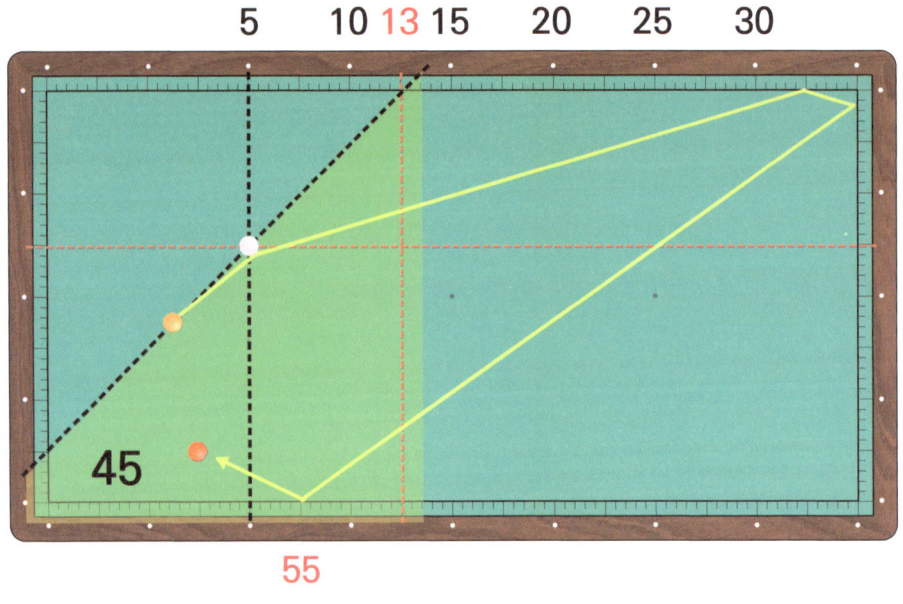

45

55

 ## 두께 공략에 대한 이해

<가>와 <나>를 동일한 1/3두께로 공략한다면 두 분리각 모두 완벽히 일치하는 40°이어야 할 것이다. 그러나 막상 구사해보면 <나>의 분리각이 조금 더 크다. 이것은 과연 두께실패일까? 반드시 꼭 그렇지만은 않다.
<가>의 경우 제1목적구 위치가 쿠션과 가깝다. 때문에 제1쿠션지점도 상대적으로 가까워 밀림현상을 크게 걱정하지 않아도 된다. 그만큼 샷 컨트롤 부담이 적다.

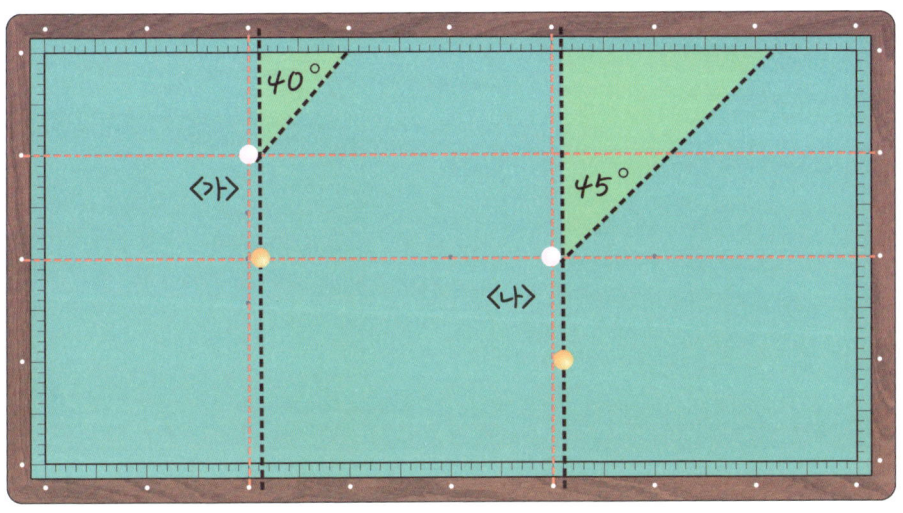

하지만 <나>는 쿠션과 아주 멀리 떨어져있다.
제1쿠션도착지점이 아주 멀다는 사실이다. 우리는 경험적으로 잘 알고 있다.
이 정도 거리라면 반드시 밀림현상이 발생한다는 것을.
때문에 이를 대처하고자 당신은 샷의 세기를 아주 조금 더 추가할 것이다.
그것이 분리각에 어떤 영향을 줄지는 미처 생각지 못한 채 말이다.
사실 그 정도만으로도 분리각은 40°에서 45°로 넘뛰기에 충분한 것이다.
결국 의도치 않게 <나>의 분리각이 좀 더 증가하게 된다.

해법은 과감히 두께를 빼주는 것이다. 1/4두께를 사용해 보자.
1/3두께는 2cm, 1/4두께는 1.5cm이다.
분명 이 두께에서는 결코 40° 분리각이 만들어질 수 없다.
그럼에도 불구하고 40°분리각은 만들어진다.
왜냐하면 큐볼은 절대 직진하지 않기 때문이다.
약 5mm의 스쿼트가 자연스럽게 1/3두께를 만든다.
별 거 아닌 것 같은 이 조그만 차이가 코너를 돌게 하는 비책이다.

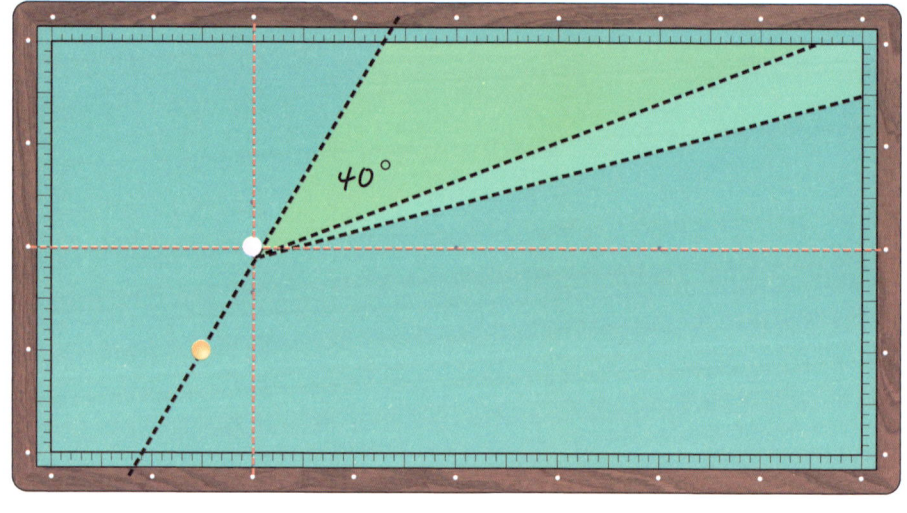

TIP!!

제1목적구가 쿠션에서 멀리 떨어져 있을 때는
1/4두께를 사용하여 경쾌한 샷(의도적으로
스쿼트 현상을 만든다.)으로 구사하는 것이
두께실패를 줄이는 멋진 방법이다.

미필적 고의랄까~

옆돌리기 볼 시스템(Ball System)

<옆돌리기 볼 시스템(Ball System)>

안정적인 두께 선택의 중요성을 이해하기 위한 가장 좋은 시스템 중 하나이다.
(단, 계산방법이 복잡하므로 많은 연습이 필요하다.)
지금은 두께의 중요성을 이해하는 것만으로도 충분하다.

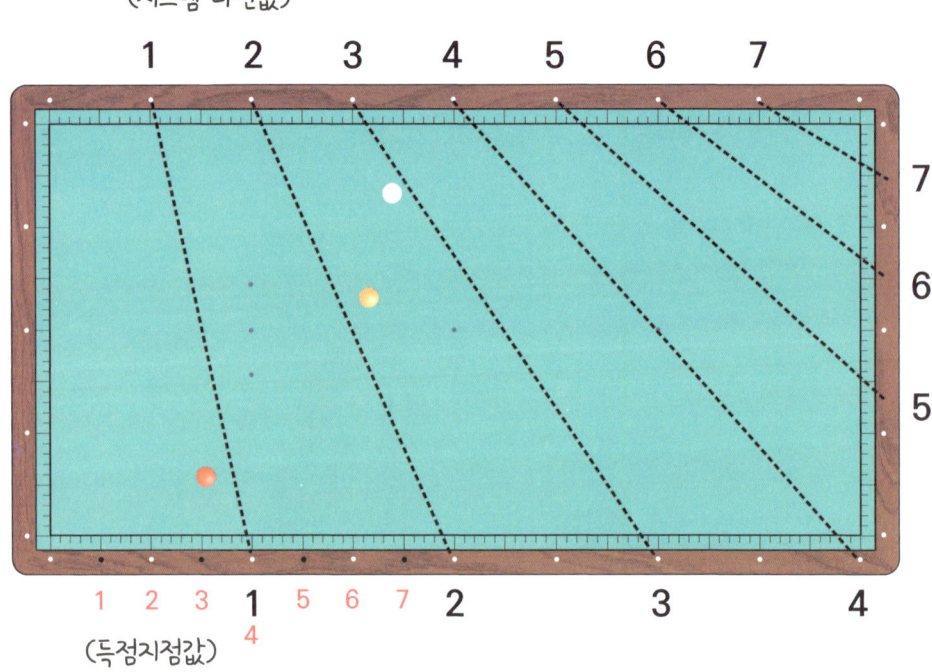

> 검은색 선은 볼 시스템에서 사용되는 시스템 라인이며
  각각의 라인값은 제1목적구 위치에 따른 값을 부여하기 위해 사용된다.
(전개도에서 제1목적구가 3라인에 가까이 위치하므로 제1목적구값은 3이 된다.)
> 아래쪽 장축 붉은색 숫자는 득점지점값이며 5포인트 간격으로 증가한다.

볼 시스템 큐볼값!!

제1목적구를 기준으로 큐볼이 입사하는 각도에 따라 그 값이 정해져있다.

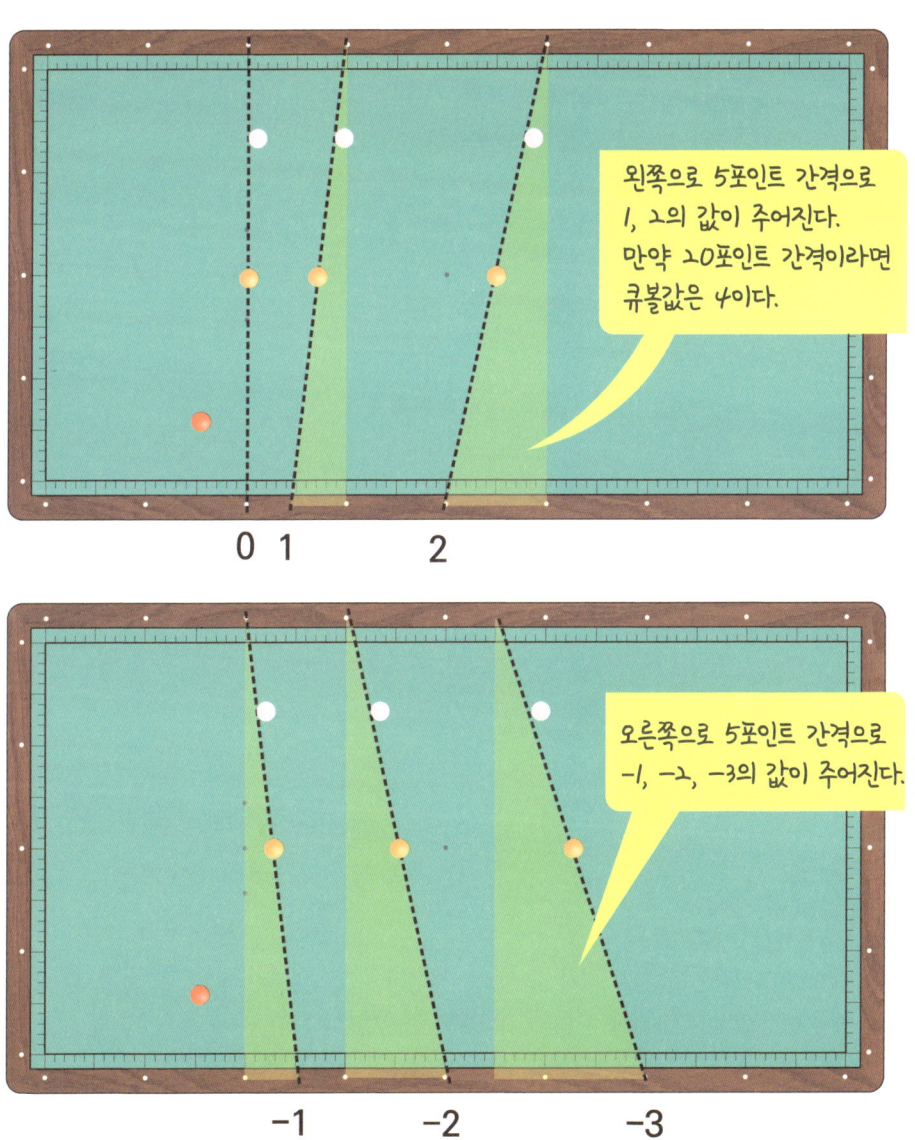

옆돌리기 볼 시스템 계산법!!

시스템 라인값, 득점지점값, 큐볼의 기울기값, 이 세 가지 값을 모두 합한다.

<1> 제1목적구의 위치가 3라인에 가깝게 위치하므로 제1목적구값은 3이다.
<2> 득점지점값은 2이다.
<3> 큐볼의 입사각 값은 약 반포인트로 1이다.

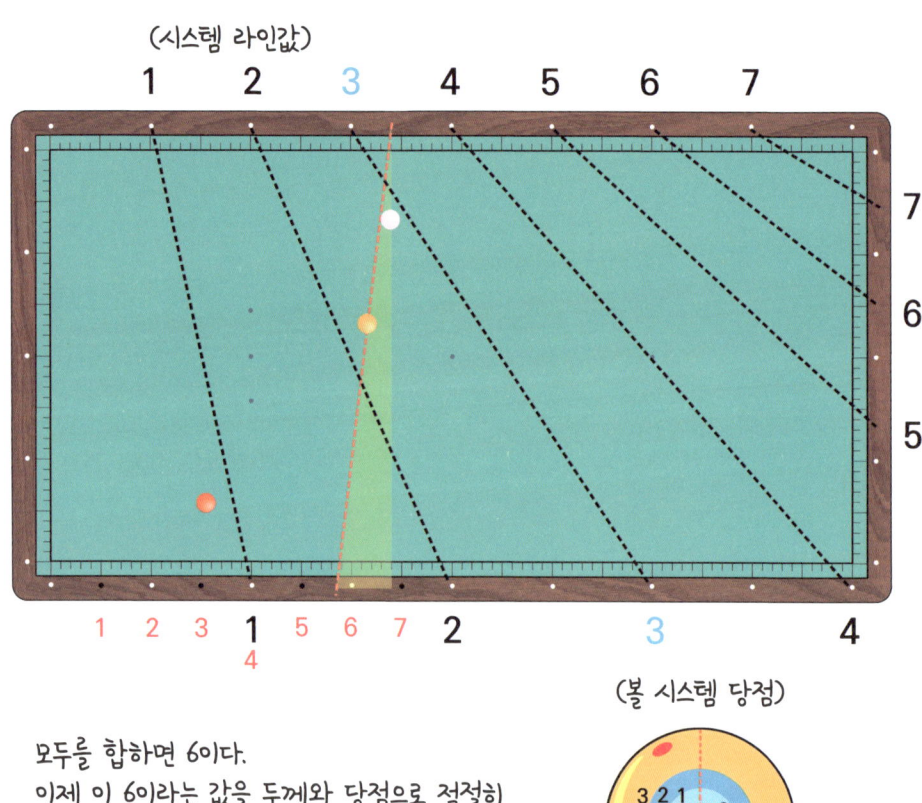

모두를 합하면 6이다.
이제 이 6이라는 값을 두께와 당점으로 적절히
배분하여 공략하면 된다. 그런데 느닷없는 돌발상황..
배분을 어떻게??

볼 시스템에서 사용하는 두께값은 다음과 같다.

<볼 시스템 두께값>

1/8=1	2/8=2	3/8=3
4/8=4	5/8=5	6/8=6

자, 이제 6을 배분해보자!!

<볼 시스템의 두께와 당점 배분법!!>

배분할 수는 6이다.
두께값과 당점을 각각 아래와 같이 배분하자.

① 두께 = 2/8(2), 당점= 맥시멈 4팁(4)
② 두께 = 3/8(3), 당점= 3팁(3)
③ 두께 = 4/8(4), 당점= 2팁(2)

아래 전개도는 3가지 배분을 모두 사용해서 만든 앵글라인이다.
노란색은, ① 두께 = 2/8(2), 당점= 맥시멈 4팁(4)
붉은색은, ② 두께 = 3/8(3), 당점= 3팁(3)
흰색은, ③ 두께 = 4/8(4), 당점= 2팁(2)이다.

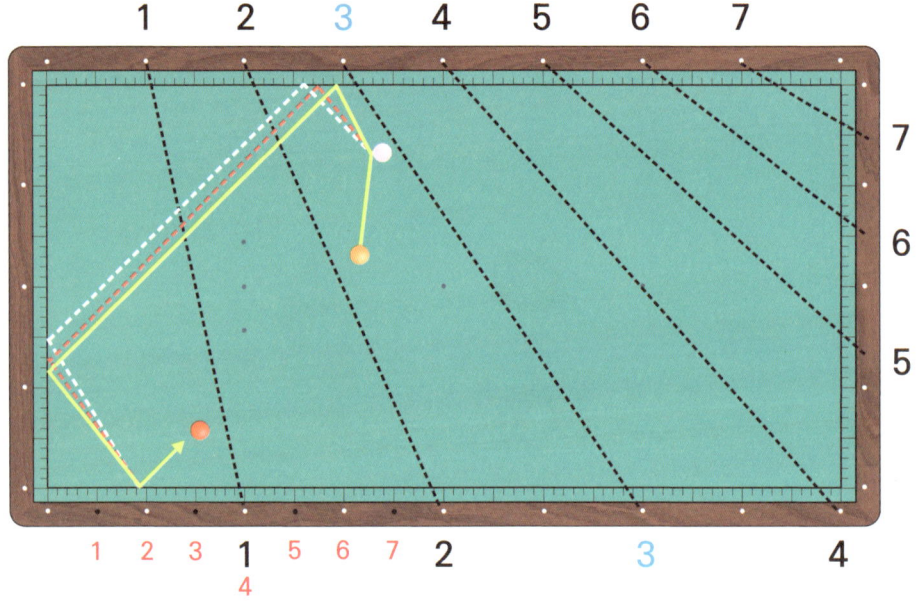

전개도에서 알 수 있듯 ①, ②, ③ 중에서 무엇을 선택하든 당점과의
조합이 완벽하므로 3가지 방법 모두 완벽히 득점앵글라인을 그린다.
볼 시스템의 가장 큰 장점이다.
시스템을 완벽하게 활용하기 위해서는 1/2, 1/3, 1/4, 이 3가지 두께를
완벽히 컨트롤 할 수 있어야겠지만, 무엇보다 당신이 가장 자신 있는 두께를
사용하는 것이 득점확률을 높이는 최고의 비결이다.
그리고 그 두께는 1/3이다.

연습해보기 ①

<1> 제1목적구는 2라인에 가깝게 위치하므로 값은 2이다.
<2> 득점지점값은 1이다.
<3> 큐볼의 입사각값은 전혀 없으므로 0이다.

배분할 숫자는 3이다.

① 두께 = 2/8(2), 당점= 1팁(1)
② 두께 = 3/8(3), 당점= 0팁(0)

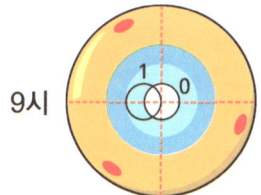

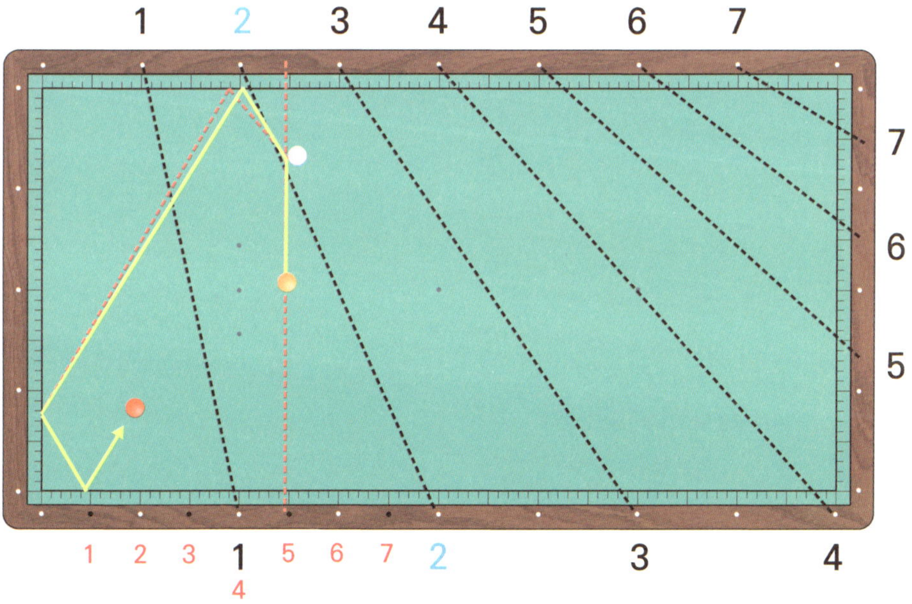

연습해보기 ②

<1> 제1목적구는 2라인에 가깝게 위치하므로 값은 2이다.
<2> 득점지점값은 1이다.
<3> 큐볼의 입사각값은 약 9포인트이므로 2이다.
(2~3정도의 오차는 크게 상관없으므로 반올림, 또는 반내림 한다.)

배분할 숫자는 5이다.

① 두께 = 3/8(3), 당점= 2팁(2)
② 두께 = 4/8(4), 당점= 1팁(1)

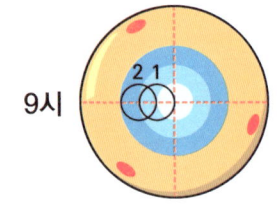

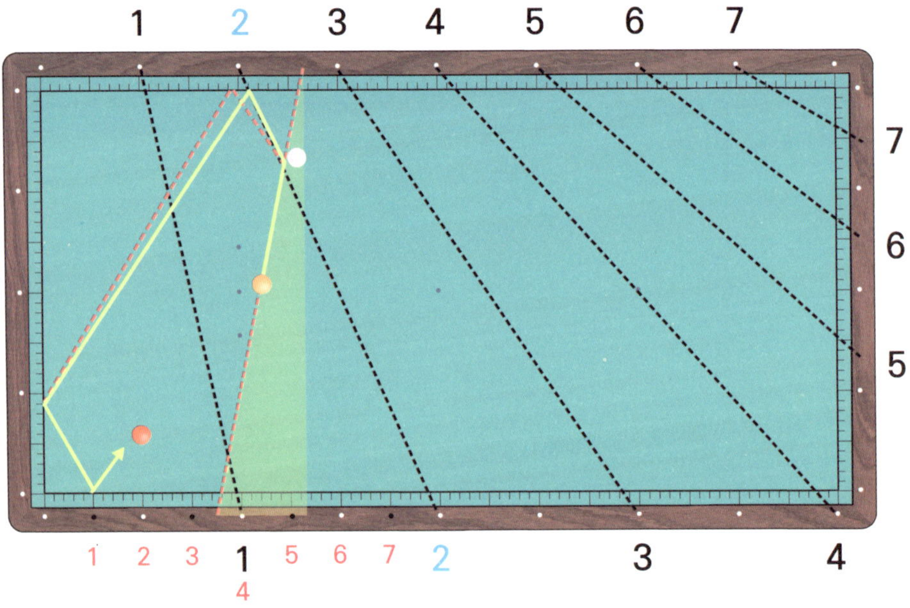

<두께와 당점의 최대 허용치!!>

<1> 제1목적구는 2라인과 3라인의 중간지점에 위치하므로 제1목적구값은 2.5이다.
<2> 득점지점값은 2이다.
<3> 큐볼의 입사각값은 2포인트로 4이다.

배분할 숫자가 무려 9.5이다??

① 두께 = 6/8(6), 당점= 맥시멈 4팁(4)

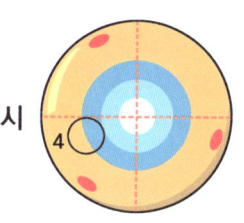

이는 최대 허용 두께와 최대 회전력을 몽땅 퍼부어야 겨우겨우
배분할 수 있는 끔찍한 수치이다. 샷 난이도 또한 상당히 높다.

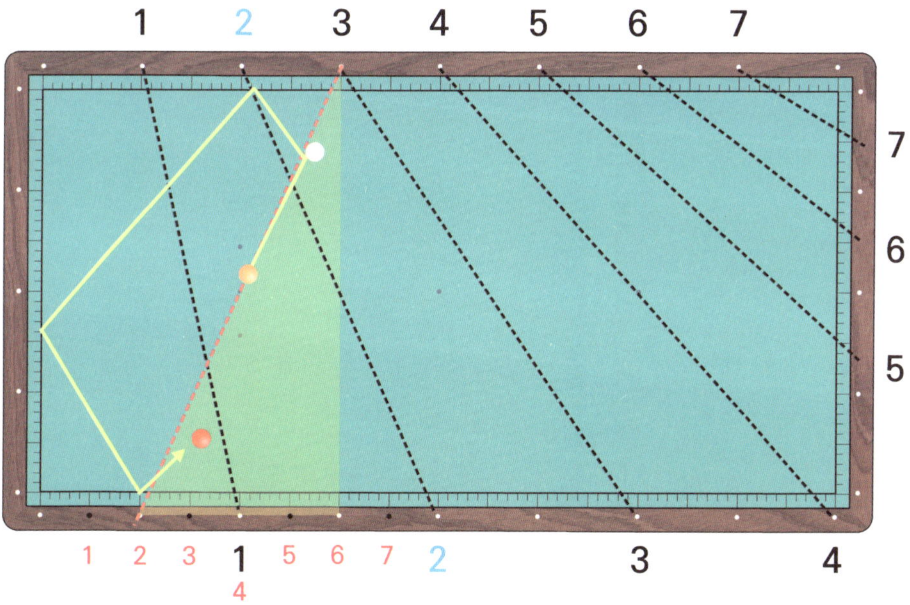

6/8이라는 두께는 사실 굉장히 두꺼운 두께이다.
여기에 맥시멈 4팁의 당점이라니, 플레이어의 등줄기엔 땀이 흐른다.
ⓐ와 ⓑ는 하루에도 수십 번씩 등장하는 정말 꼴보기 싫은 앵글라인이다.
이와 같은 배치에서의 실패요인은 사실 단순하다.
큐볼 입사각의 부담감이다. 이 부담감은 자신도 모르게
당점을 하단으로 조금 더 끌어내린다.
이것이 끌림의 특성을 강하게 만들어 ⓐ의 앵글라인을
만들게 되는 가장 큰 실패요인이다.
이렇게 실패하고 난 후의 두 번째 샷은 그야말로
타격도 밀기도 아닌 완전 자신감 상실샷이 되고 만다.
결국 첫 번째 실패요인이 ⓑ의 앵글라인까지
만들게 되는 것이다.

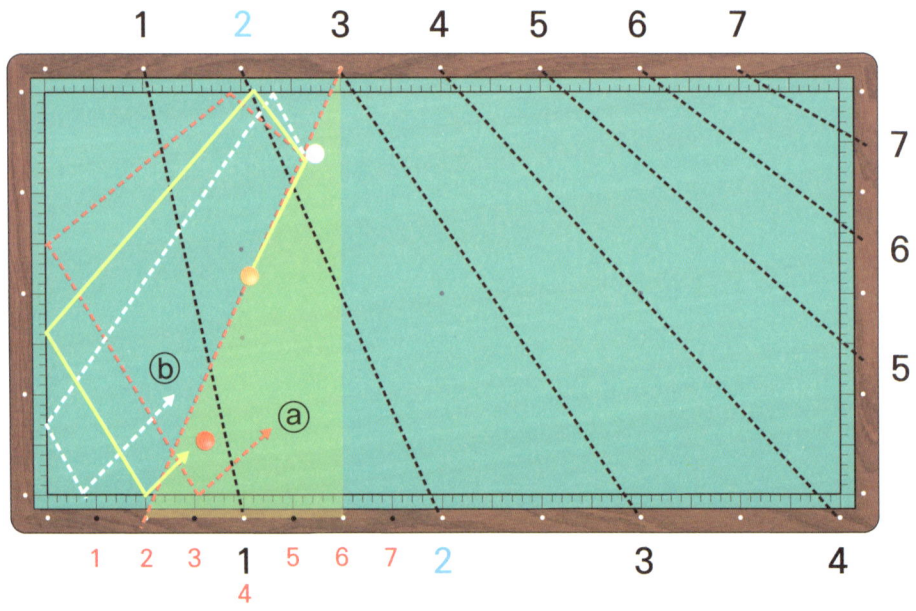

<입사각을 정복하자!!>

제1목적구와 큐볼을 다음과 같이 배치시키자. 완벽한 45°배열이다.
이제 1/2두께와 12시방향 2팁의 당점, 그리고 약 4레일 스피드로
강력하게 밀어 쳐보자. 이때의 샷 느낌은 강력한 뒤돌리기를 공략한다는 느낌이다.

<가>는 샷의 완벽한 상태를 나타낸다.
큐볼의 입사각에 따른 밀림현상을 완벽히 억제하고 있다.
하지만 <나>의 경우 기준선에서 한참 밀려났다.
밀림현상이 나타난 것이다.
때문에 <나>의 앵글라인을 만든다면 정말 곤란하다.
<가>의 앵글라인을 목표로 연습하자!!

스트로크는 다운 샷으로!!

12시

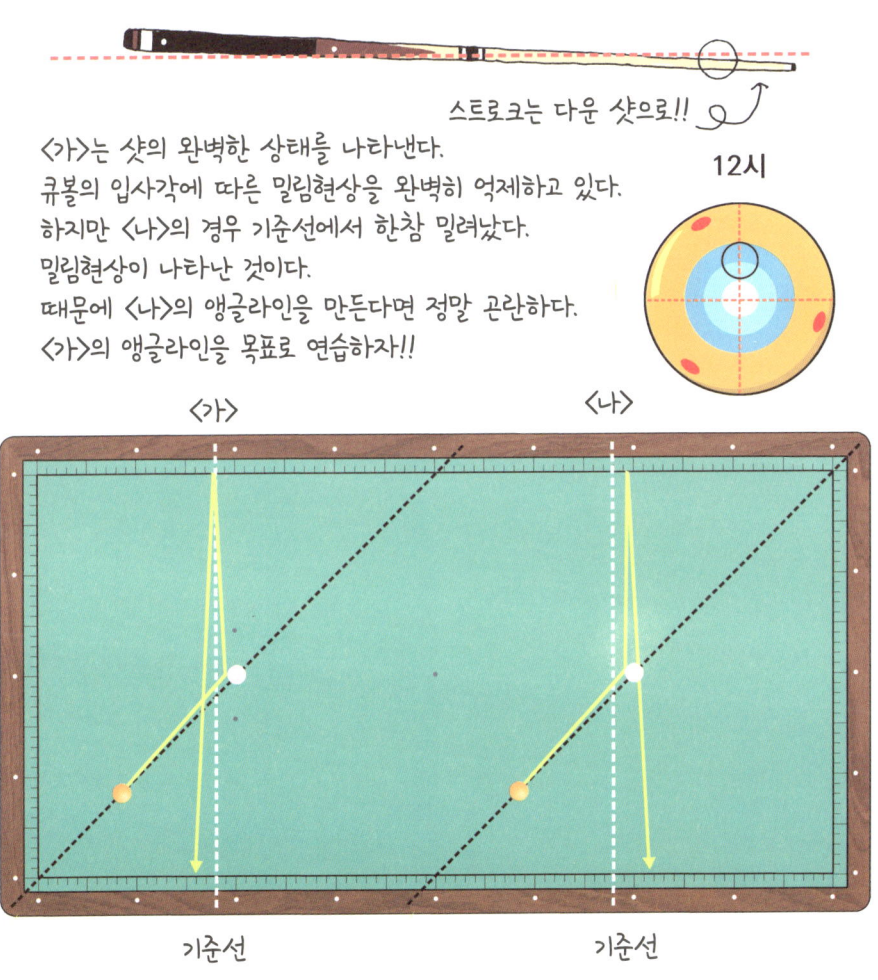

61. 옆돌리기 볼 시스템(Ball System) 217

이제 당점을 1팁씩 바꿔가며 다음의 앵글라인도 만들어보자.
이 연습은 깊은 입사각에 대한 부담감을 단번에 사라지게 만든다.

"자신감 넘치는 샷이 입사각을 정복하는 비결이다."

완전 쪼잔 샷 표본이랄까~

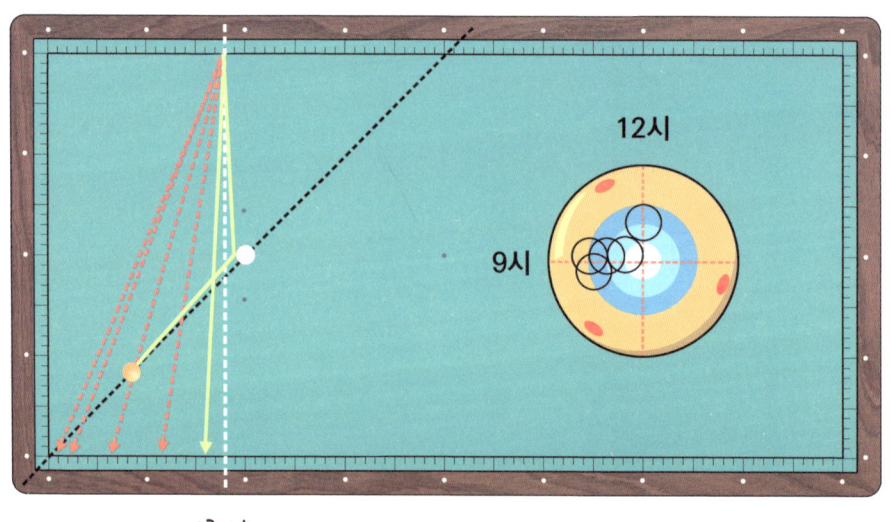

기준선

연습해보기 ③

<1> 제1목적구는 3라인에 가깝게 위치하므로 값은 3이다.
<2> 득점지점값은 1이다.
<3> 큐볼의 입사각값은 3포인트로 6이다.

배분할 숫자는 10이다.

① 두께 = 6/8(6), 당점= 맥시멈 4팁(4)

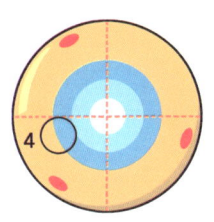

이 배치도를 완벽히 공략했다면
당신은 입사각 정복자!!

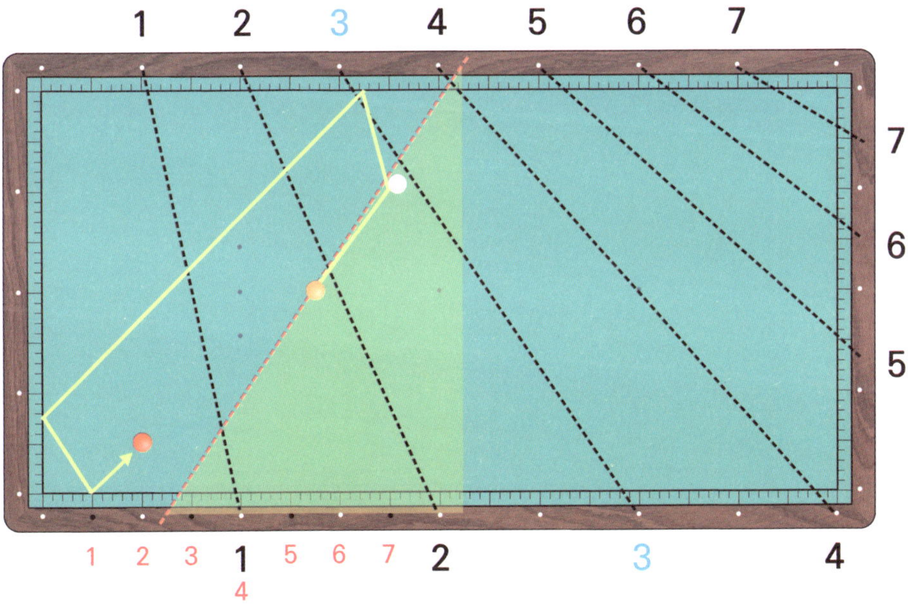

연습해보기 ④

<1> 제1목적구는 3라인에 가깝게 위치하므로 값은 3이다.
<2> 득점지점값은 1이다.
<3> 큐볼의 입사각값은 마이너스각 5포인트이므로 -1이다.

배분할 숫자는 3이다.

① 두께 = 2/8(2), 당점 = 1팁(1)
② 두께 = 3/8(3), 당점 = 0팁(0)

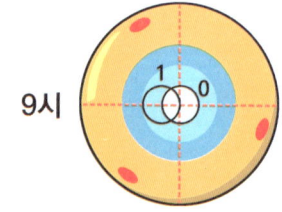

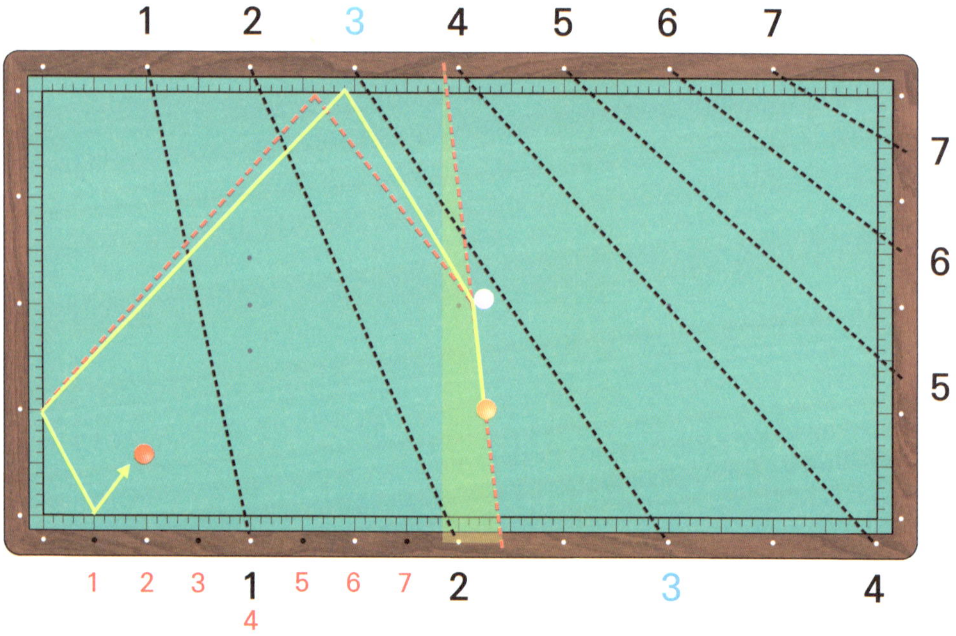

연습해보기 ⑤

<1> 제1목적구는 6라인에 가깝게 위치하므로 값은 6이다.
<2> 득점지점값은 2이다.
<3> 큐볼의 입사각값은 약 5포인트로 1이다.

배분할 숫자는 9이다.

① 두께 = 5/8(5), 당점= 맥시멈 4팁(4)
② 두께 = 6/8(6), 당점= 3팁(3)

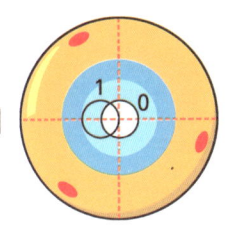

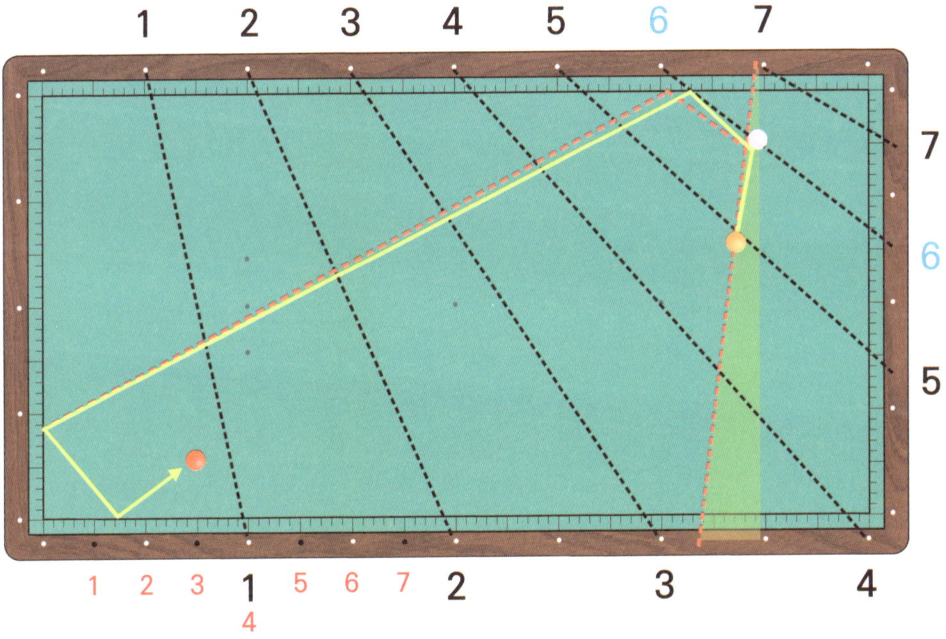

61. 옆돌리기 볼 시스템(Ball System)

이것은 옆돌리기? 세워치기??

참 속 끓는 배치이다.
보기에는 어려워 보이지 않는데 막상 공략해보면 울화통 터진다.
맞을 듯 맞을 듯 애끓게 하고는 나 몰라라 쏠랑 빠져버린다. 진짜..

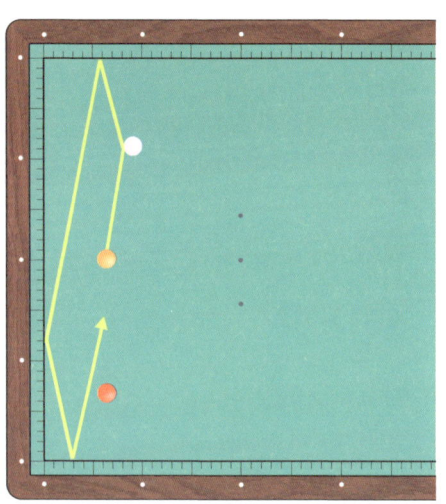
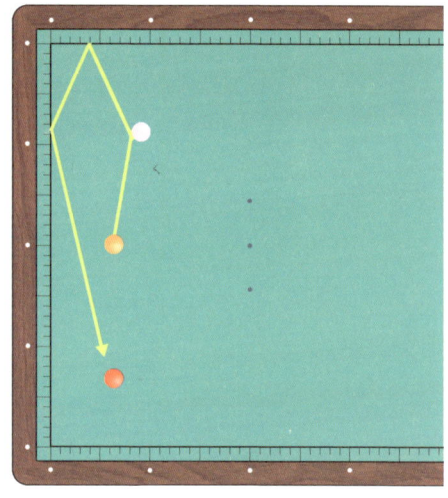

이건 답 없다. 내가 이러려고 당구를 배웠나..
자괴감 들고 괴롭다.

이 형태가 어려운 이유는 무엇일까?

첫 번째는 두께이다. 웬만큼 얇은 두께가 아니면
공략이 쉽지 않다는 것이다.

두 번째는 샷이다.
샷 컨트롤이 조금만 틀어져도 산으로 간다.
산으로, 들로, 바다로...
대지를 아우른달까.

안타깝게도 이와 같은 배치를 공략하는 궁극의 시스템은 없다.
오직 플레이어의 무시무시한 감각만이 있을뿐이다.
두께에 대한 당신의 무시무시한 감각 말이다.

사실 이와 같은 배치에서의 두께와 당점은 정해져있다.
약 1/8의 두께와 12시 방향 무회전 당점이다.

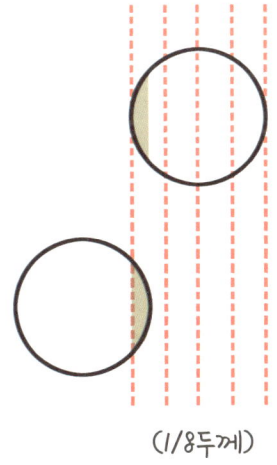

(1/8두께)

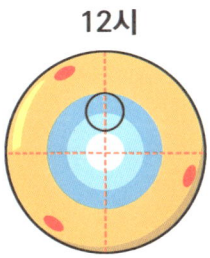

12시

그럼에도 실패한다는 것은 뭔가 심각하게
고민이 필요한 때라는 것이다.

우선 두께를 보자.
1/8두께를 겨냥하는 방법으로는 2가지가 있다.

① 제1목적구 옆쪽으로 약 2.5cm지점에 겨냥점을 찍어 공략하는 방법과
② 큐볼의 오른쪽 끝선과 제1목적구의 왼쪽 끝선을 0.8cm 겹치는 방법이다.
이때 사용되는 당점은 무회전 당점이므로 스쿼트 걱정도 없으므로
최대한 눈에 보이는 두께로 겨냥한다. 둘 중 어느 방법을 사용하든
상관없으며 가장 자신있는 방법을 사용하는 것이 좋다.

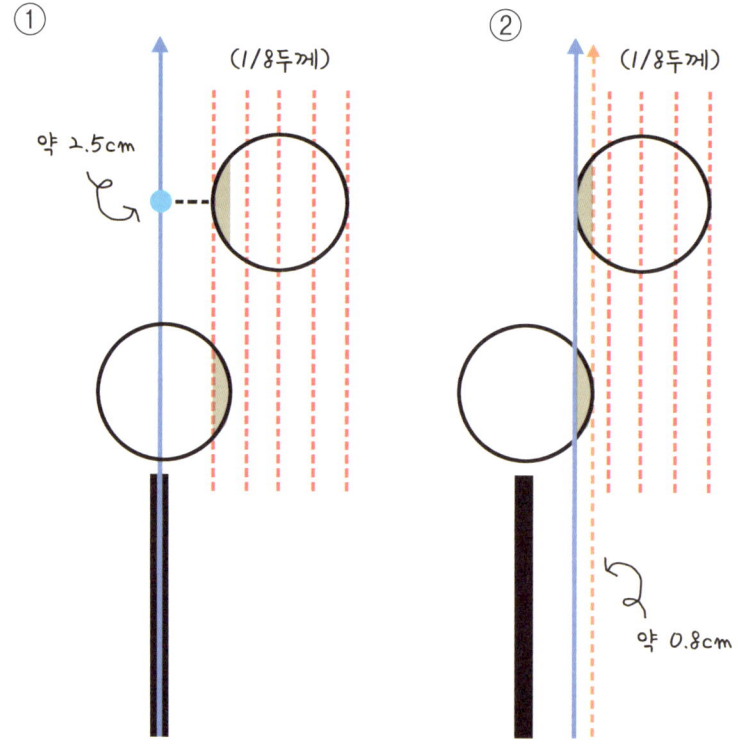

다음은 브리지를 보자.
짧은 스트로크가 유리하므로 브리지도 짧게 잡아주었다.
오픈 브리지이든, 크로스 브리지이든 스트로크가 좌우로 흔들리지만
않는다면 문제없다. 이쯤 되면 완전 퍼펙트랄까.

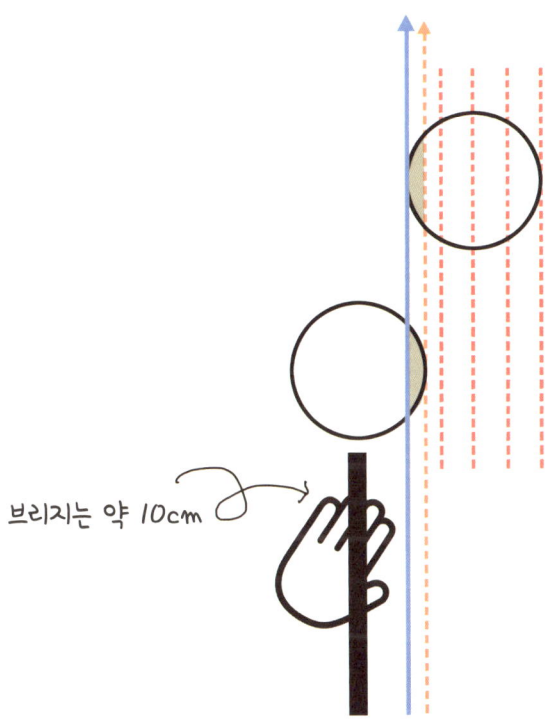

마지막으로 당점체크!!

헐~~

문제는 여기있었군!!

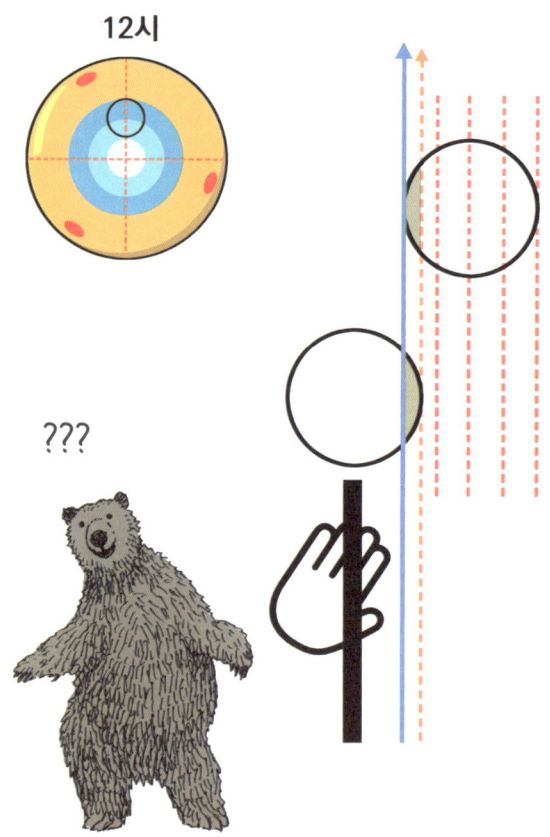

아래의 실패도의 가장 큰 이유는 무엇일까? 바로 무회전 상단당점이다.
1/8의 두께에서는 제1목적구의 반발력이 거의 없으므로 큐볼의 병진운동방향의
상단회전력은 직진력을 더욱 증가시킨다. 때문에 제2쿠션의 반사각은 당연히
증가할 것이며 제3쿠션에 도착한 큐볼은 그 반사각이 거의 꺾이지 않고 올라선다.
만일 두께가 1/8보다 얇아진다면 직진력은 더욱 커져 코너를 돌 수조차 없을
지경이 된다. 무조건 얇게, 무조건 분리각을 좁게 만드는 것이 능사가 아닌 것이다.

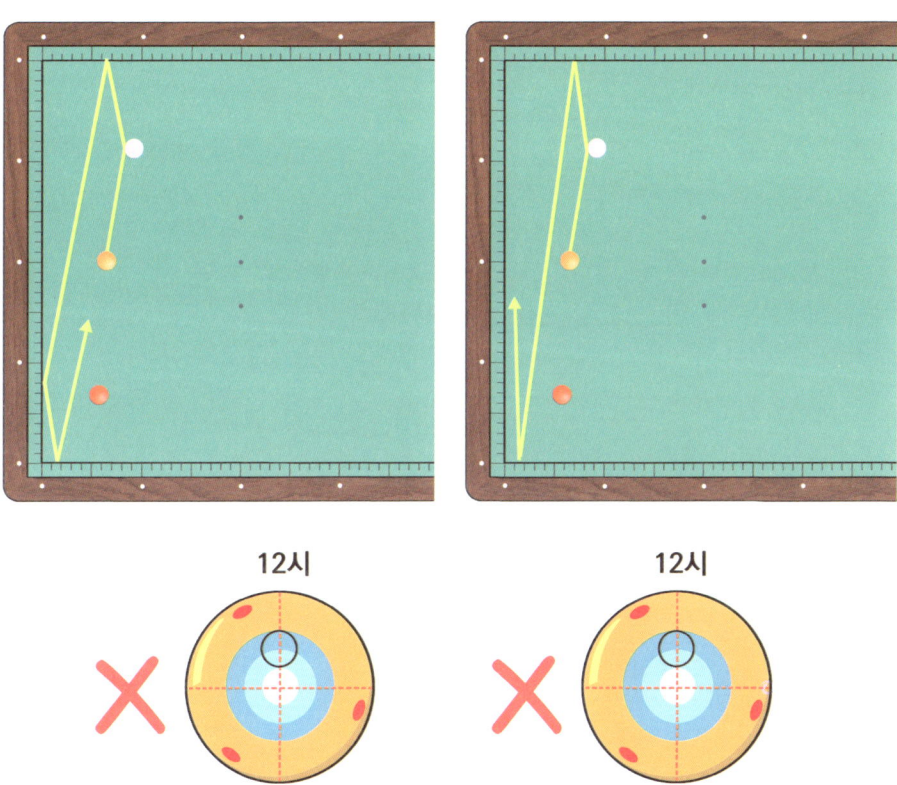

답은 정해졌다. 문제가 되는 큐볼 진행방향으로의 상단회전력을
억제시켜주면 되는 것이다. 바로 정중앙 당점이다.
정중앙 당점은 마치 카멜레온과도 같아서 상황에 따라 상단회전력을,
혹은 횡회전력을 만든다. 전진회전력이 거의 없이 1/8의 두께로 충돌한 큐볼은
제1, 제2쿠션을 진행하는 동안 아주 조금씩 횡회전이 붙는다. 이것이 제3쿠션에
도착한 큐볼의 반사각을 꺾이게 만드는 궁극의 힘이다. 굿 샷이다.

전개도와 같은 예민한 배치를 공략할 때는 가급적 예비 스트로크를 하지 않는 것이 좋다.
예비 스트로크의 횟수가 증가할수록 샷 속도도 빨라지기 때문이다.
두께와 당점을 정확히 설정했다면 차분히 심호흡을 한 후 한 번의 부드러운
백스윙만으로 단 번에 임팩트시켜주자.

> TIP!!

전개도와 같은 예민한 배치를 공략할 때는 가급적 예비 스트로크를 하지 않는
것이 좋다. 예비 스트로크의 횟수가 증가할수록 샷 속도도 빨라지기 때문이다.
두께와 당점을 정확히 설정했다면 차분히 심호흡을 한 후 한 번의
부드러운 백스윙만으로 단 번에 임팩트시켜주자.

12시

굿 샷~!!

그 밖의 위치별 다양한 공략방법!!

<로드리게즈 시스템(Rodriguez System)>

제1목적구와 제2목적구가 나란히 위쪽 장축에 붙어있을 때,
혹은 이와 유사한 상황에서 가장 확실하게 득점할 수 있는 공략법이다.

① 제1목적구의 위치를 0으로 하여 제2목적구 위치까지의
  포인트값을 계산한다. 정확히 40이다.
② 40의 값을 1/2로 나누면 20이다.
  이 20의 값은 제2쿠션도착지점값이 된다.
③ 3시방향 3팁의 당점으로 제2쿠션지점
  20을 목표로 큐볼을 보내주면 끝!!
  (제2쿠션값은 포인트값이 아닌 쿠션날값이다.)

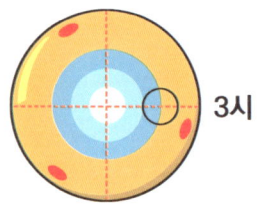
3시

40 (제1, 제2목적구와의 거리값)   0

20
10
0

40

공식: 제1, 제2목적구와의 거리값÷2=제2쿠션도착지점값

<넘어야 할 산!!>

이 "로드리게즈 시스템"을 활용하기 위해서는 넘어야할 산이 하나 있다.
완벽한 1쿠션 공략이 가능해야 한다는 것이다.
이전 방법들은 제1쿠션을 형성시키는데 최소한의 어떤 기준점이 있었다면
이 로드리게즈 시스템에는 그 기준점 자체가 없다.
모든 책임을 플레이어의 1쿠션 컨트롤 능력에 떠넘겼다고나 할까.
물론 1쿠션에 자신 있다면 전혀 문제가 안 되겠지만
초심자에게는 역시나 만만치 않은 시스템이다.
때문에 이 시스템을 활용하기 위해서는 반드시
제2쿠션지점으로 완벽히 컨트롤할 수 있어야만
한다. 자신이 원하는 각각의 지점으로 큐볼을
보낼 수 있다면 이 시스템은 놀라운 득점확률을
보여줄 것이다.

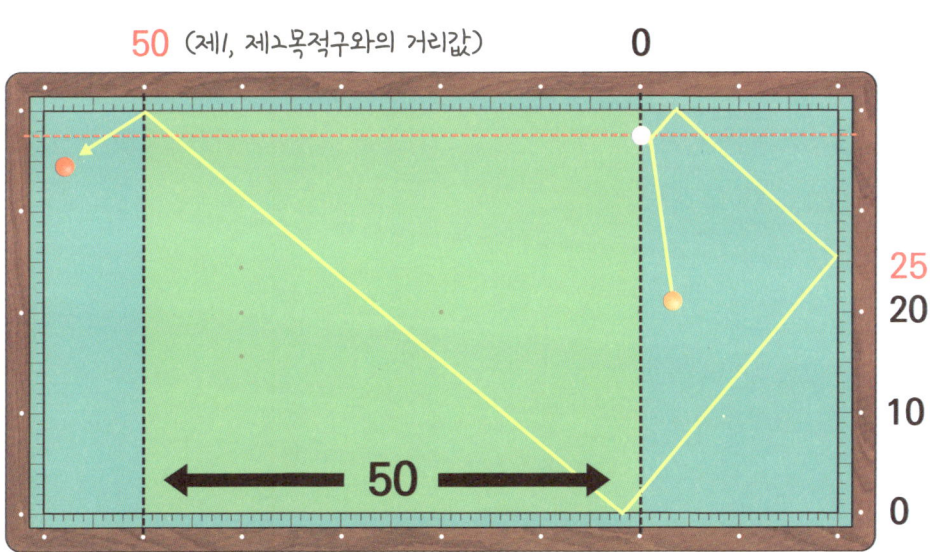

공식: 제1, 제2목적구와의 거리값 ÷ 2 = 제2쿠션도착지점값

63. 그 밖의 위치별 다양한 공략방법!!

<시스템의 한계값!!>

아래 전개도를 보자. 제1, 제2목적구의 거리값은 20이다.
20÷2=10이므로 제2쿠션도착지점값은 10이다. 물론 기막힌 샷 컨트롤이라면
문제 없겠지만 아니라면 ⓐ의 앵글라인으로 실패할 확률이 훨씬 더 높다.
왜냐하면 시스템의 한계값을 넘었기 때문이다.
로드리게즈 시스템의 가장 안정적인 제2쿠션지점의 허용 한계값은 약 13이다.
이를 넘게 되면 급격히 짧아진다.
전개도에서처럼 공략값이 13 이하라면
반드시 보정값을 사용해야 한다. 보정값은 3이다.
이렇게 만들어진 붉은 앵글라인이 이 시스템의
최대 한계값이다. 좀 더 쉽게 설명하자면
제1, 제2목적구와의 거리값이 20이하가 되면
거의 공략불가라는 것이다.
보정값을 사용하더라도 변화가 너무 심하기 때문이다.

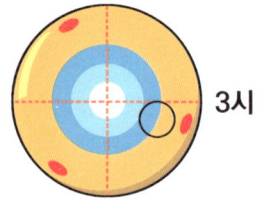

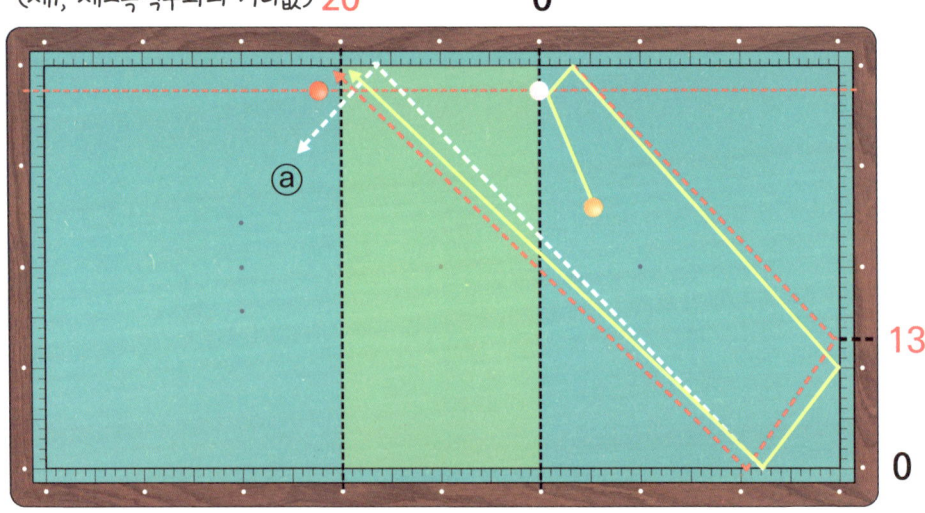

연습해보기 ①

① 제1, 제2목적구의 거리값은 20이다.
② 20÷2=10이므로 제2쿠션도착지점값은 10이다.
③ 큐볼의 입사각이 크므로 맥시멈 4팁의 당점으로!!
  회전력이 충분히 살아날 수 있도록 샷을 아끼지 말 것!!

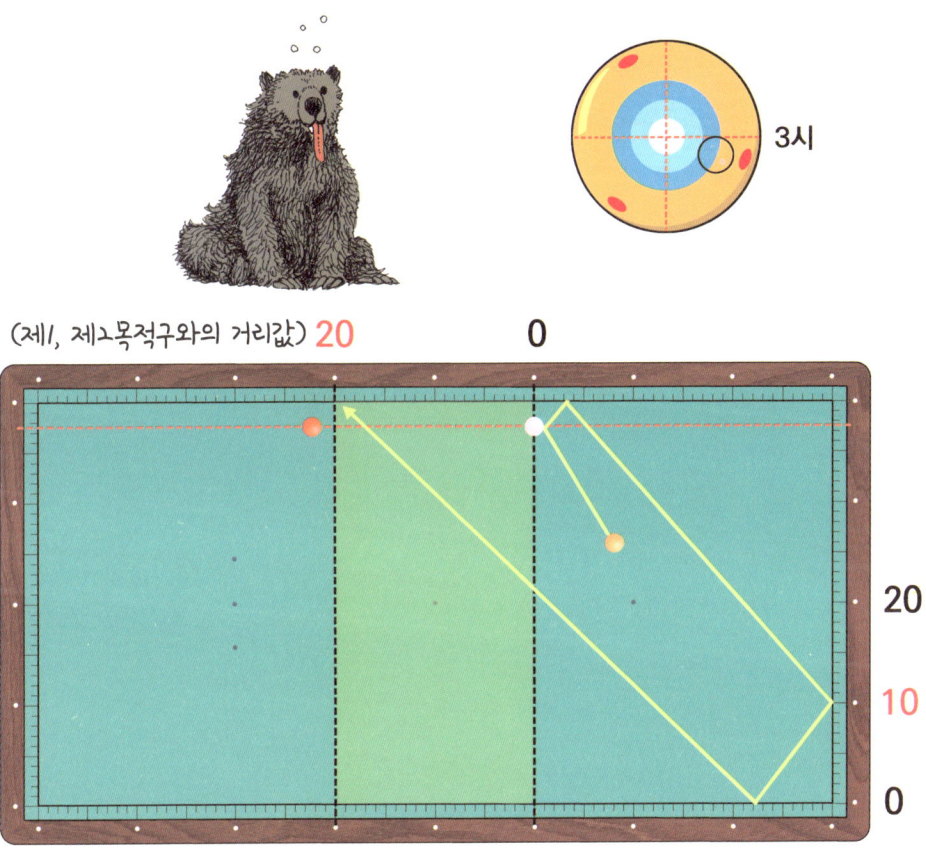

공식: 제1, 제2목적구와의 거리값÷2=제2쿠션도착지점값

<큐볼이 쿠션에 가깝게 위치할 때!!>

이 방법은 큐볼이 쿠션에 가깝게 위치할 때 좀 더 간단하게 계산서를 뽑기 위한 방법이다. 그러나 적용방법이 로드리게즈 시스템과 유사하여 자칫 혼동할 수 있으므로 주의하자.

① 먼저 제3쿠션득점지점값을 찾는다. 40이다.
② 40의 값을 1/2로 나누면 20이다.
   이 20의 값은 제1쿠션지점값이다.
③ 이제 제1목적구의 위치를 0으로 하여
   오른쪽으로 20포인트 이동한 지점이
   제1쿠션지점값이 된다. (포인트값 기준)

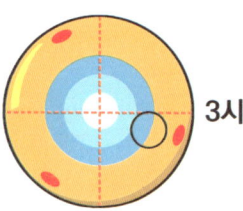

공식: 제1, 제3쿠션득점지점값÷2=제1쿠션지점값

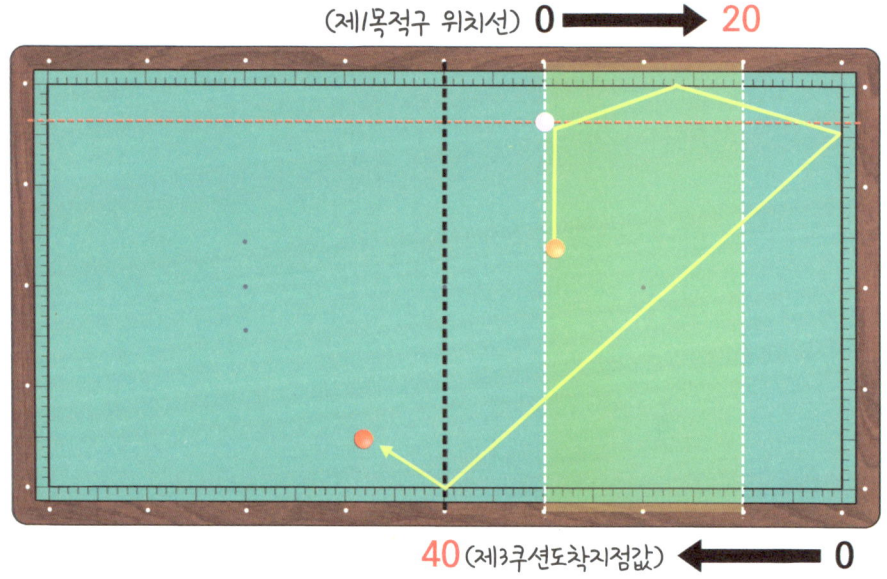

〈또 다시 넘어야 할 산!!〉

이 공략방법 역시 넘어야 할 산이 있다.
제2목적구의 위치에 따라 당점을 달리해 주어야 한다는 것이다.
그러나 어떻게 공략하는지를 알았으므로 이제부터 충분한 연습을 한다면
당점에 대한 센스도 날로 좋아질 테니 걱정하지 말자.

① 제3쿠션득점지점값은 15이다.
② 15의 값을 1/2로 나누면 약 8이다.
③ 이제 제1목적구의 위치를 0으로 하여
　오른쪽으로 8포인트 이동한 지점이
　제1쿠션지점값이 된다. (포인트값 기준)

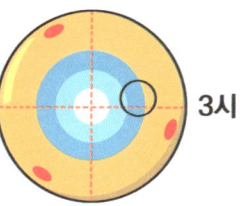

공식: 제1, 제3쿠션득점지점값÷2=제1쿠션지점값

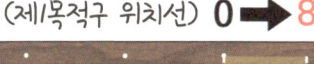

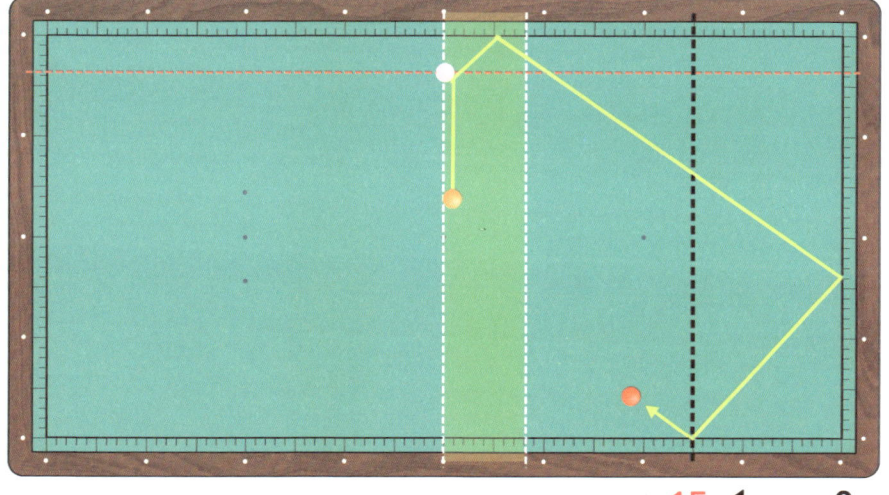

착각은 지갑을 가볍게 한다!!

아래 전개도의 제3쿠션득점지점값은 40이다. 공략값은 20이다.
그런데, 뚫어져라 쳐다봐도 제1쿠션은 15이상 갈 수 없다??

궁극의 시스템이랄 수 있는 "파이브 앤 하프 시스템" 조차도
그 공략 한계값이 존재한다.
특정 궤도를 벗어날 때 시스템 값은 전혀 맞지
않는다는 것이다. 때문에 계산서가 배치도와
맞지 않는다면 그것은 곧 정상적인 공략은
불가능하다는 것을 뜻하므로 다른 공략방법을
찾는 것이 좋다. 다행이 아래 전개도에서는
코너의 특성에 의해 그럭저럭 득점앵글라인이 만들어
지겠지만 그것이 정상적인 앵글라인은 아니라는 것을 정확히 알고 있어야 한다.
단, 지갑을 비우고 싶다면 모르는게 좋다.

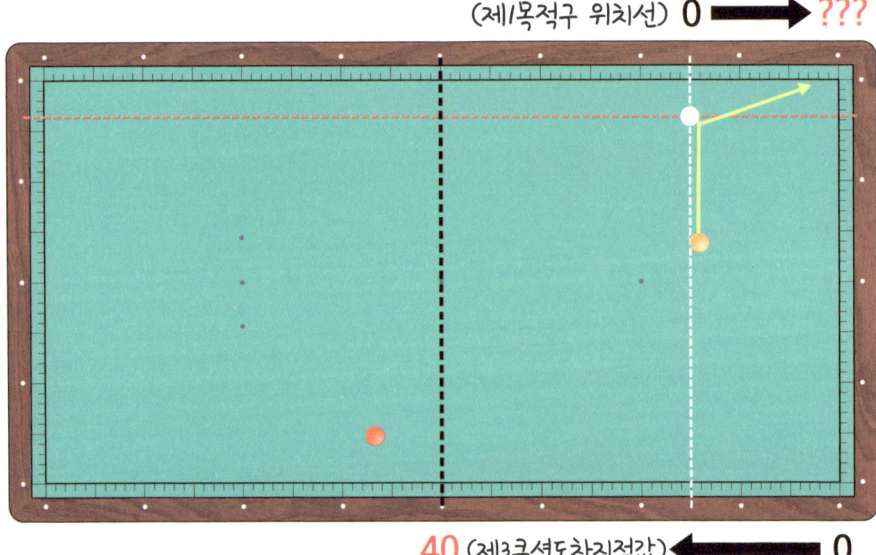

연습해보기 ②

① 제3쿠션득점지점값은 45이다. 이를 1/2로 나누면 약 23이다.
② 제1쿠션지점값은 23, 당점은 분리각이 크므로 맥시멈 4팁으로!!

공식: 제1, 제3쿠션득점지점값÷2=제1쿠션지점값

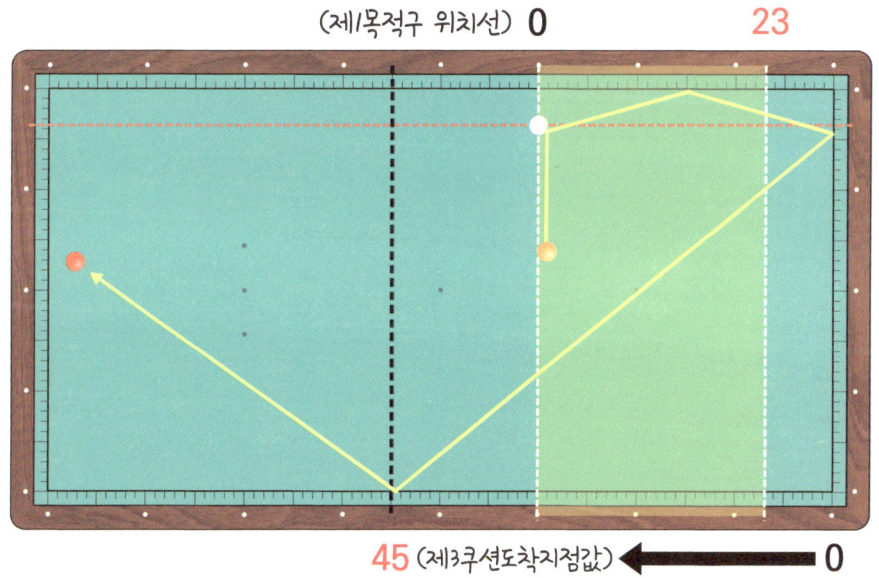

<40 시스템(40 System)!!>

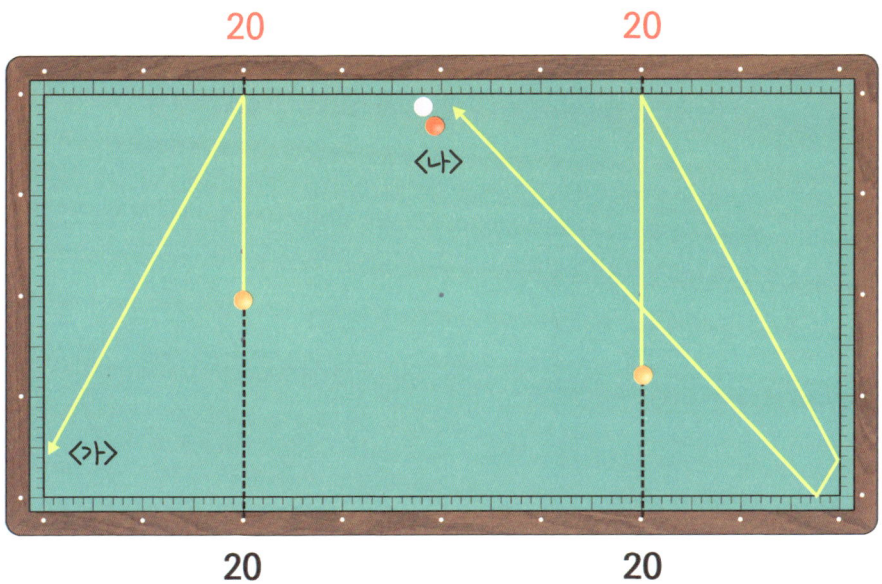

<가>의 큐볼 위치값은 20이다.
이때 맥시멈 4팁의 당점으로 큐볼을 직선으로 보냈다면 그 도착지점은
코너에 가까운 단축 쿠션날값으로 약 3포인트 지점이 된다.
이는 맥시멈 4팁 회전력이 그리는 최대 앵글라인이다.
그리고 이를 활용하여 만든 앵글라인이 <나>의 뱅크샷(bank shot)이다.

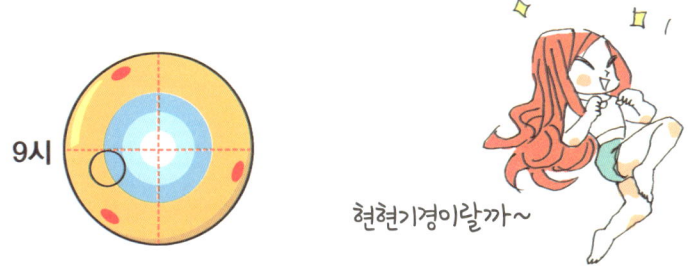

40 시스템을 이용한 옆돌리기!!

40시스템에서 큐볼위치는 20포인트가 한계값이다.
한계값을 넘어가면 코너를 돌 수 없다.
이를 전제로 하여 큐볼이 한계값 안쪽으로 위치할 때 제2목적구가
40포인트에 위치한다면 무작정 일직선으로 쿠션에 입사시키자.
큐볼도 무작정 40포인트로 향한다.
이 시스템의 최대 단점은 두께이다.
큐볼을 일직선으로 컨트롤하기가 너무 어렵다는 것이다.
그렇더라도 이 형태를 꾸준히 연습해보길 바란다.
어쩌면 당신의 두께에 대한 감각이
각성할지도 모르기 때문이다.

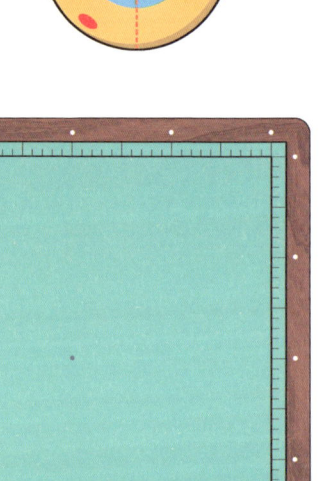
9시

<평행 시스템(parallel system)>

주로 단축쪽으로 좁게 배치되었을 때 활용하는 공략방법이다.
하지만 이 공략방법은 쉬운 것 같으면서도 까다롭다.
사용당점은 12시 방향 2팁이 적당하다.

① 먼저 득점가능한 제3쿠션지점을 찾아 ⓐ의 점을 찍고,
   제1목적구의 분리각 시작점에 ⓑ의 점을 찍는다.
② 이제 점 ⓐ와 ⓑ를 잇는 선분을 긋고 그 선분의 정중에
   점 <가>를 찍는다. 다음으로 점 <가>와 코너를 잇는
   선분 A를 긋는다.
③ 마지막으로 점 ⓐ에서 선분 A와 완벽한 평행이 되는
   선분 B를 위쪽 장축으로 그어준 후 그 꼭짓점에
   점 S를 찍는다.

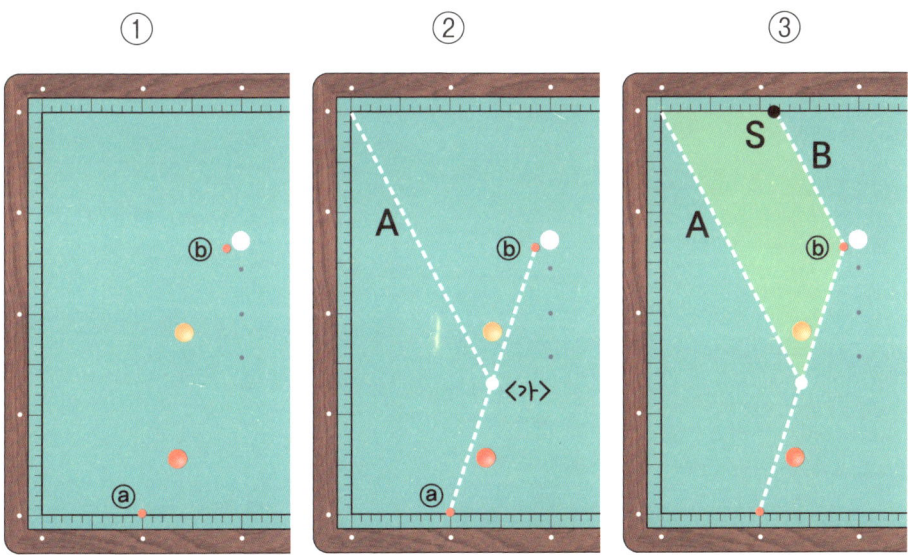

앞 페이지에서 얻어진 점 S는 평행 시스템에서 공략해야 할 제1쿠션날값이다. 쿠션날값으로 약 11이다.
이제 12시 방향 2팁의 당점으로 쿠션날값 11로 보내주면 아래의 득점앵글라인이 만들어질 것이다.
여기까지는 이론적 부분이라 크게 어렵지 않다.
문제는 실전이다.
막상 허허벌판과 같은 테이블위에서 가상의 선들을 하나씩 그어간다는 게 여간 까다롭지 않다는 것이다.
자칫 가상의 선이 틀어지기라도 한다면 점 S는 아무도 모르는 시베리아벌판 외딴 어느 곳에 찍히고 만다.
이것이 평행 시스템 활용을 까다롭게 만드는 부분이다.

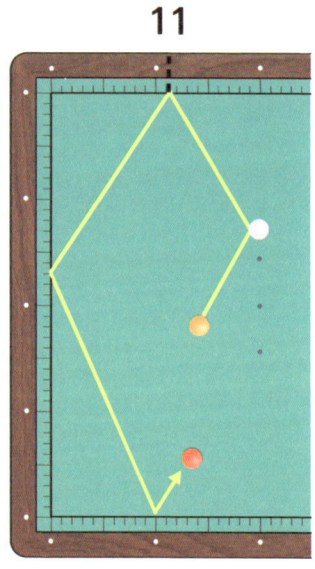

하지만 이 평행 시스템은 뜻밖으로 그 활용범위가 상당히 넓다.
일이 고된 만큼 일당도 두둑하달까.

<평행 시스템을 활용한 뱅크샷들>

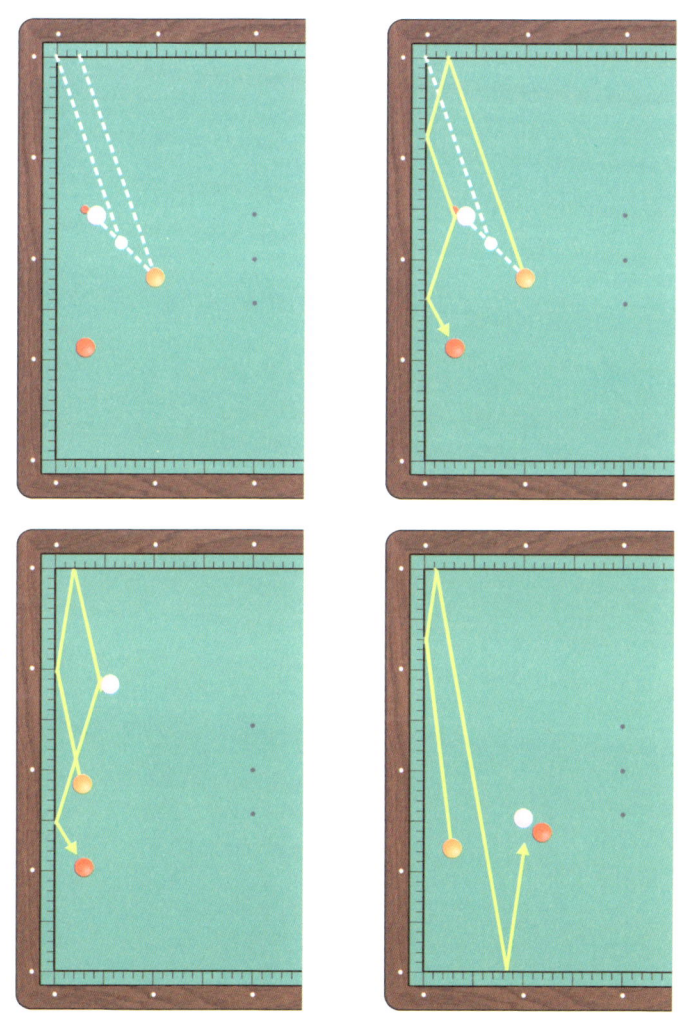

때문에 평행 시스템 공략방법 역시 반드시 연습해 두어야할
당구의 절대 스킬 중 하나이다.
다행히 당구에서는 자(큐대)를 이용해 계산하는 것을 용인한다.
폼은 안 나겠지만 지갑이 가벼워지는 것 보단 훨 낫지 않은가.

P.S
큐선을 활용하여 선분 B를 그을 때 한 가지 고려해야
할 것은 원근감으로 인한 착시현상이다. 물론 개인별
차이는 있겠지만 생각보다 오차 폭이 크다. 애써
선분 B를 긋기보다는 큐선과 제2목적구 사이의 폭을
가늠하는 것이 좀 더 정확할 수 있다.
(폴드랑의 경우는 이 방법이 가장 완벽했다.)

동일한 배치를 하나는 평행 시스템으로, 다른 하나는 볼 시스템으로 공략했다.
거의 유사한 앵글라인을 그린다는 것을 알 수 있다.

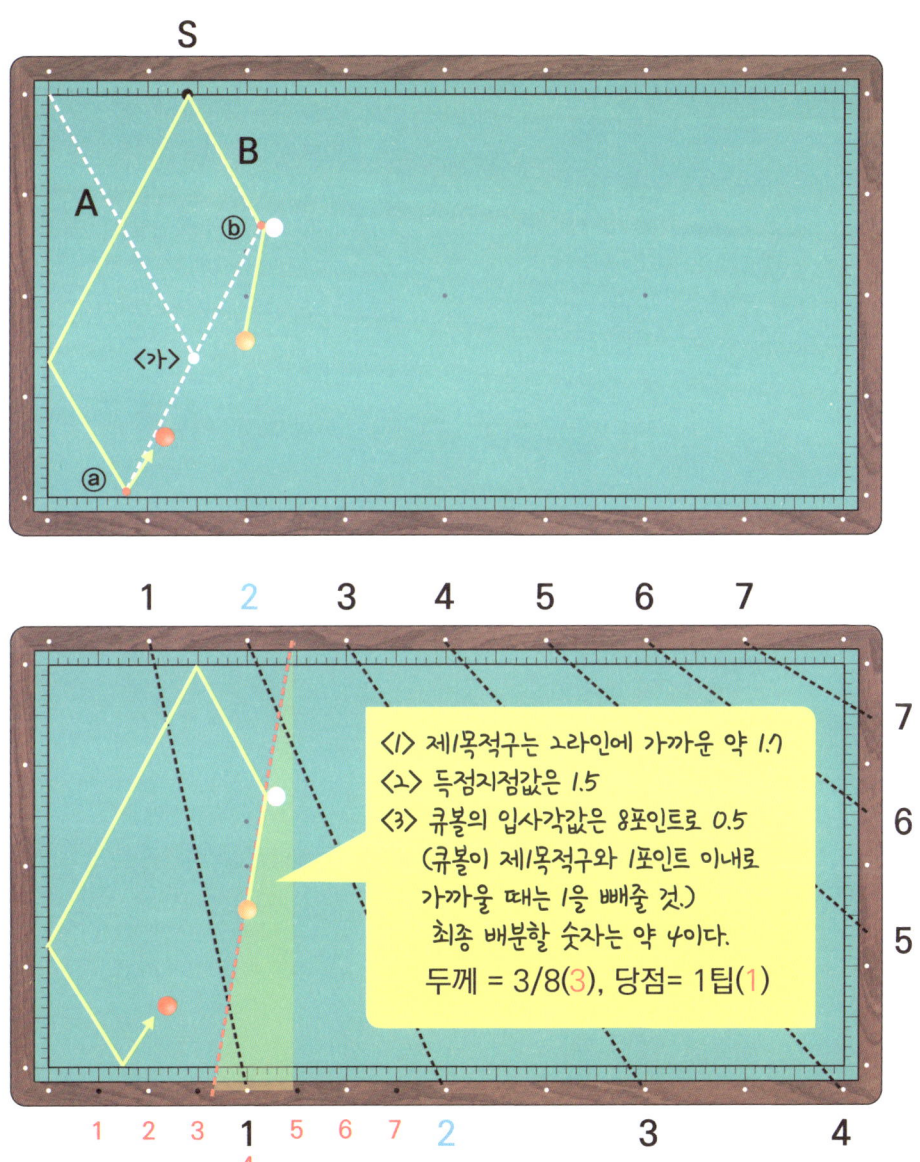

스페셜 보너스, 짧은 각 뱅크샷!!

3쿠션 게임을 즐기다 보면 종종 다음의 배치들을 만난다. 완벽한 공략방법을 알고 있다면 완전 끝내주는 배치이겠지만 아니라면 대략 난감하다.

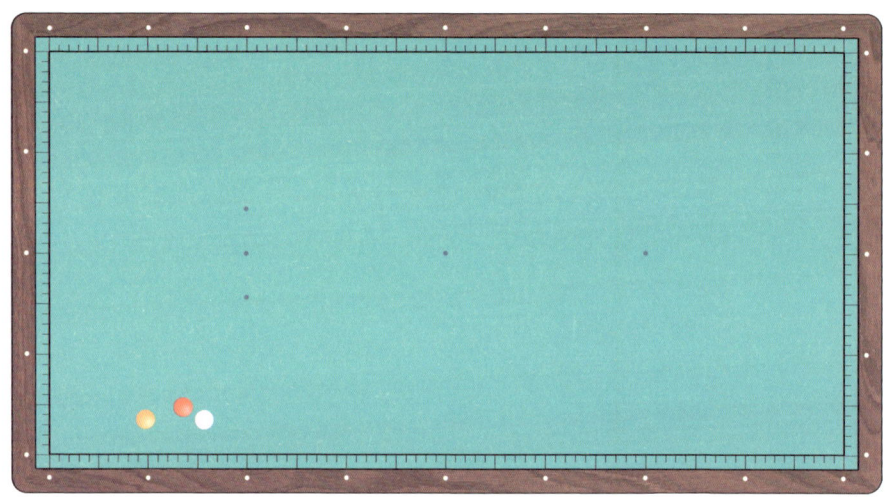

아마도 당신은 이와 같은 배치에서 어떡해든 득점해보려 그 골치 아픈 "파이브 앤 하프 시스템"을 뒤적거리기도 했을 것이다. 그리고는 짧은 각에 대한 보정값 계산서 출력에 학을 떼고는 대충 치고 말겠어!! 다짐도 했을 것이다. 그렇다!!
"파이브 앤 하프 시스템" 자타가 공인하는 무림 최고의 비급이라지만 이를 완벽히 이해하고 실전에 활용하기까지는 시지프스의 돌 굴리기보다
더 험난한 고행의 길이다. 때문에 처음부터 완벽히
이해하려 하기보다는 실전에 활용할 수 있는 부분들로
하나씩 하나씩 습득해가는 것이 좋다.
무거운 돌을 단번에 들어 옮기기보다는
여러 조각으로 쪼개서 옮기면 힘도 덜
들고 지치지도 않을 테니까 말이다.

35 & 1/2 시스템 공략방법!!

기준 앵글라인!!

35 → 0 → 35

아래쪽 장축 포인트값 35를 기준값으로 하여 위쪽 장축 0의 값으로 큐볼을 보내면 최초 출발값인 35로 되돌아온다.
샷의 세기에 따라 도착지점이 조금씩 달라지므로 이 시스템을 완벽히 활용하기 위해서는 샷의 세기를 일관되게 유지하는 것이 중요하다.
자신의 샷 컨트롤에 맞는 당점을 찾아 반드시 35로 되돌아올 수 있도록 연습하자!!

9시

(사용당점)

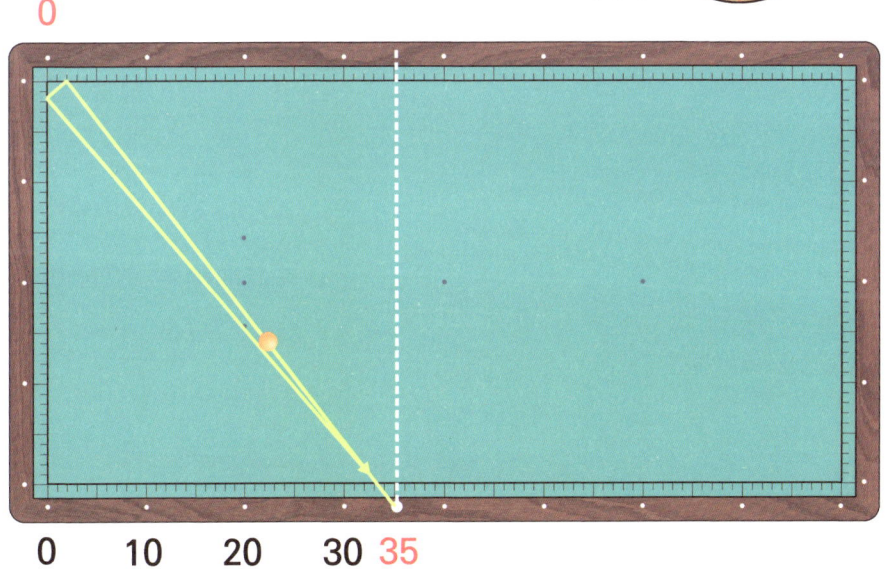

64. 스페셜 보너스, 짧은 각 뱅크 샷!!

10앵글라인

10 → 0 → 22.5

공식: (큐볼값+35)÷2=제3쿠션값
(10+35=45) → 45÷2=22.5

포인트값 10에서 0의 값으로 큐볼을 보내면 22.5로 도착한다.
부드럽게 굴려주는 샷을 사용하는 것이 좋다.
약간만 힘이 들어가도 도착지점이 넘칠 수 있으므로
주의할 것. 가장 예민한 앵글라인이다.
(팁을 하나 빼주는 것도 한 방법이다.)

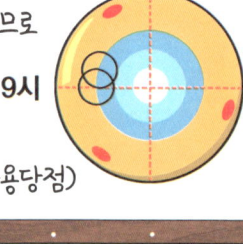
9시

(사용당점)

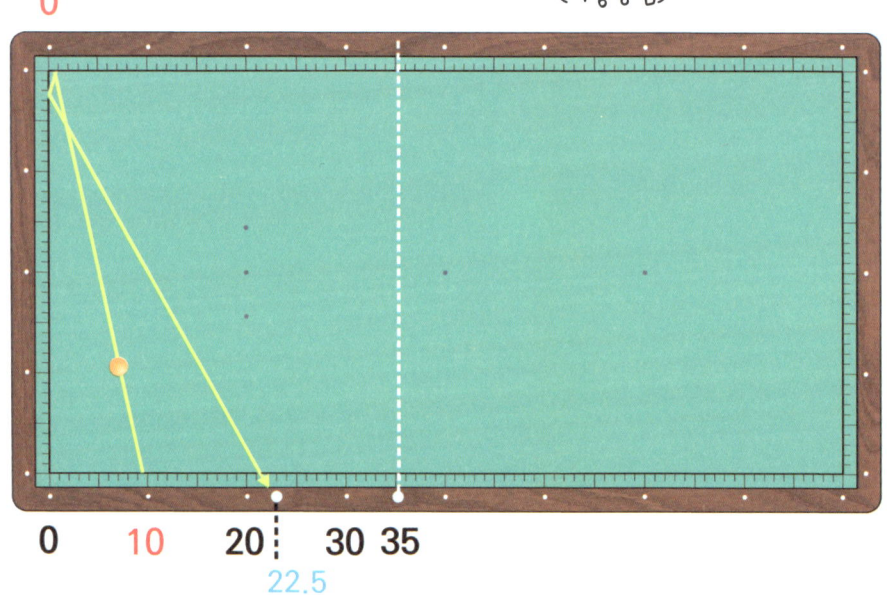

20앵글라인

20 → 0 → 27.5

공식: (큐볼값+35)÷2=제3쿠션값

(20+35=55) → 55÷2=27.5

포인트값 20에서 0의 값으로 큐볼을 보내면 27.5로 도착한다.
이 위치에서는 앵글의 변화가 심하지 않으므로
평범한 샷으로도 무난하다.

9시

(사용당점)

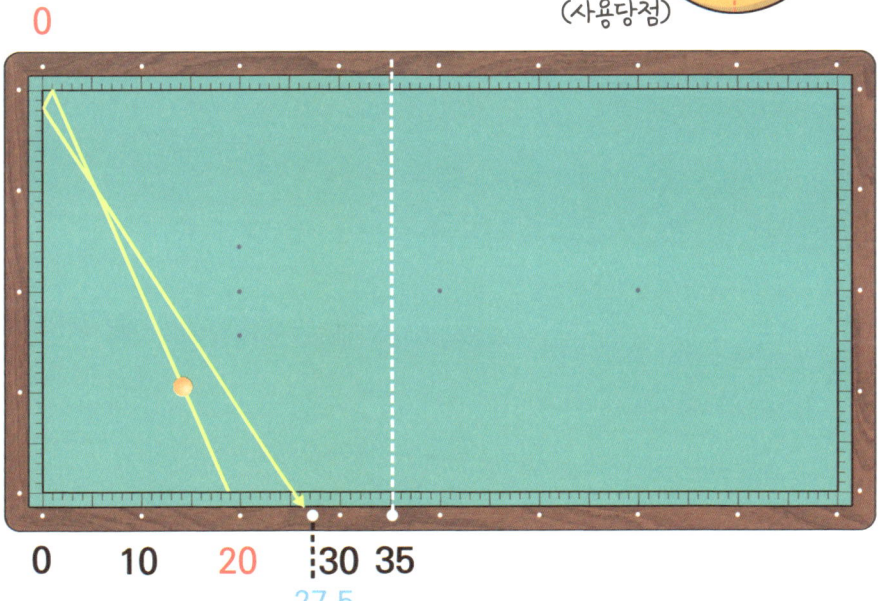

30앵글라인

30 → 0 → 32.5

공식: (큐볼값+35)÷2=제3쿠션값

(30+35=65) → 65÷2=32.5

포인트값 30에서 0의 값으로 큐볼을 보내면 32.5로 도착한다.

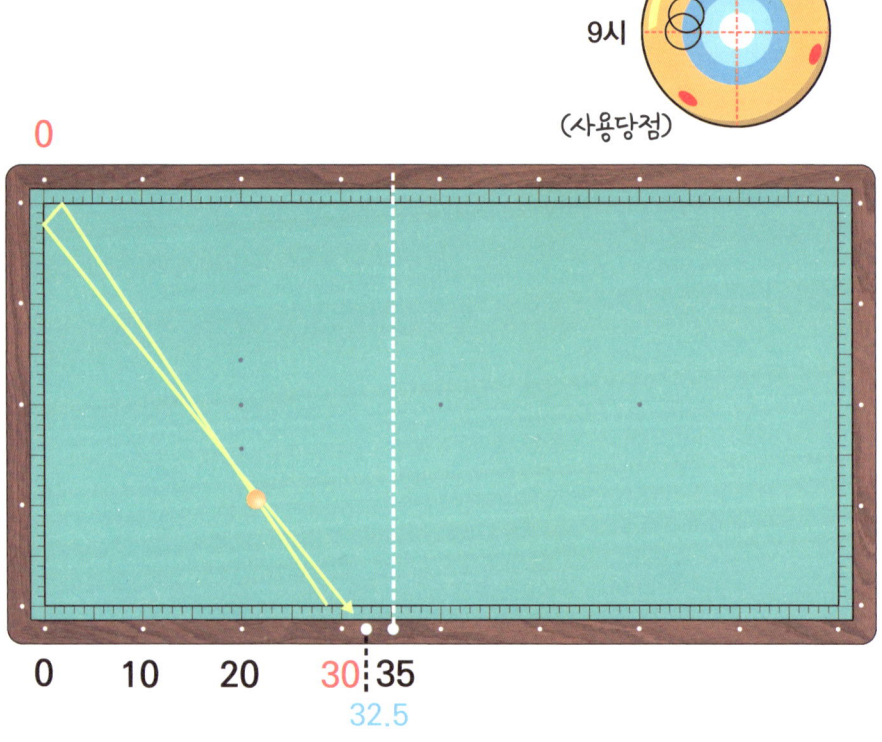

다 좋은데 계산이 너무 복잡하다??
그렇다. 실전에서 이 계산서를 출력하려면 혈압상승으로
심전도 폭발한다. 가뜩이나 수학이 안 되는 누군가는 정말
대충 치고 만다. 굳이 계산기 두드리지 않고도 쉽게 도착지점을
찾는 방법이 있다. 큐볼이 어디서 출발하든 그 도착지점은 항상
큐볼값과 시스템 기준값 35의 1/2지점이다.

"제3쿠션값=큐볼값과 시스템 기준값 35의 1/2지점"

딱~ 이것만 기억해두자!!

> 큐볼의 출발지점을 0으로 하여 35지점까지 포인트값을
>   계산한 후 1/2로 나누면 제3쿠션값이 된다.

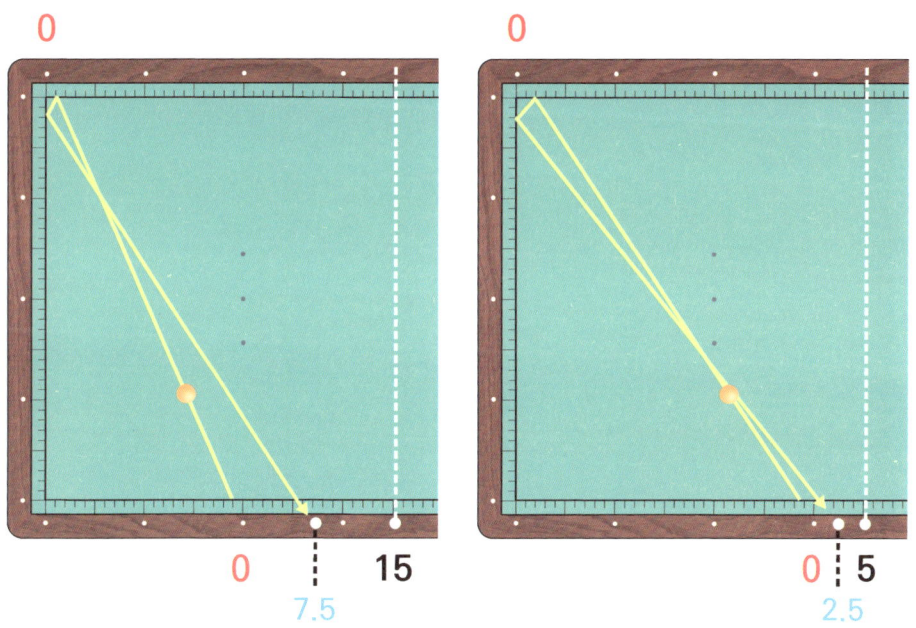

64. 스페셜 보너스, 짧은 각 뱅크 샷!!

<뱅크샷 공략하기!!>

시스템의 기본 앵글라인을 활용하여 지금부터 뱅크샷을 공략해보자!!

① 코너값 0과 큐볼을 직선으로 연결한 후 큐볼값 0을 표시한다.
　> 전개도에서 포인트값 20이 큐볼위치값 0이다.

② 큐볼값 0에서 시스템 기준 35지점까지의 포인트값을 구하여 이를 1/2로
　나누어 큐볼도착지점을 표시한다.
　> 큐볼값 0에서 35지점까지의 포인트값은 15이며 이를 1/2로 나누면
　7.5지점이다. 이 지점을 A로 표시한다.

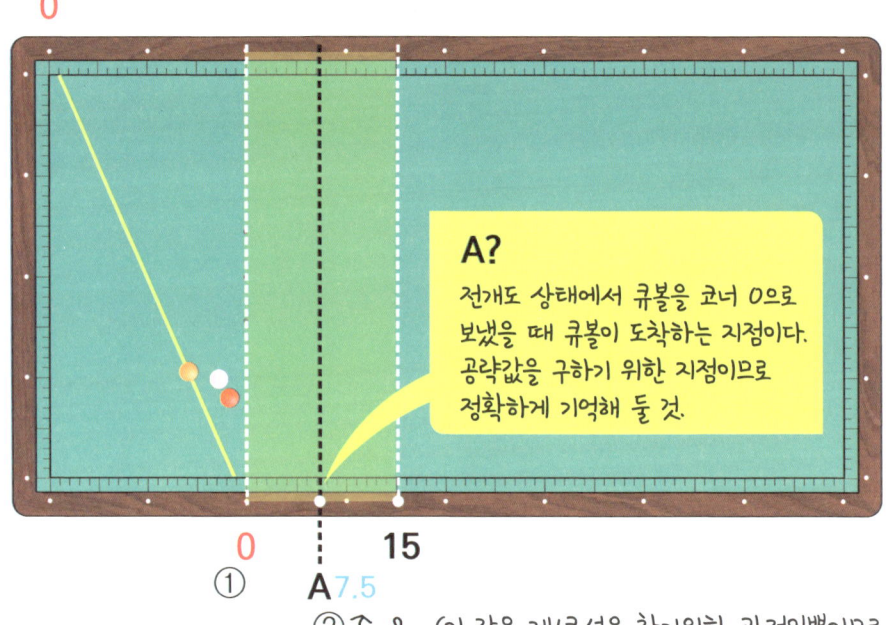

A?
전개도 상태에서 큐볼을 코너 0으로 보냈을 때 큐볼이 도착하는 지점이다. 공략값을 구하기 위한 지점이므로 정확하게 기억해 둘 것.

(이 값은 제1쿠션을 찾기위한 과정일뿐이므로 외울필요없다. 위치만 정확히 기억하자.)

③ 득점가능한 제3쿠션지점을 찾아 표시한다.
  > 포인트값으로 10이다. (제3쿠션값 역시 포인트값을 기준으로 한다.)

④ 이제 제3쿠션지점에서 점 A까지의 포인트값을 계산한다.
  > 약 17이다. 그리고 이 17의 값은 제1쿠션값이다.

공식: 제3쿠션지점에서 점A까지의 포인트값=제1쿠션값

이 시스템에서 까다로운 점은 제1쿠션값 위치이다. 약 7포인트지점이 10이다. 사실 좀 더 복잡한 계산을 한다면 그냥 테이블 포인트값을 사용할 수도 있겠지만 심플하게 계산서를 뽑기 위해 고안된 방법이다.
1쿠션값만 정확히 외워두면 당신만의 멋진 비급이 될 것이다.

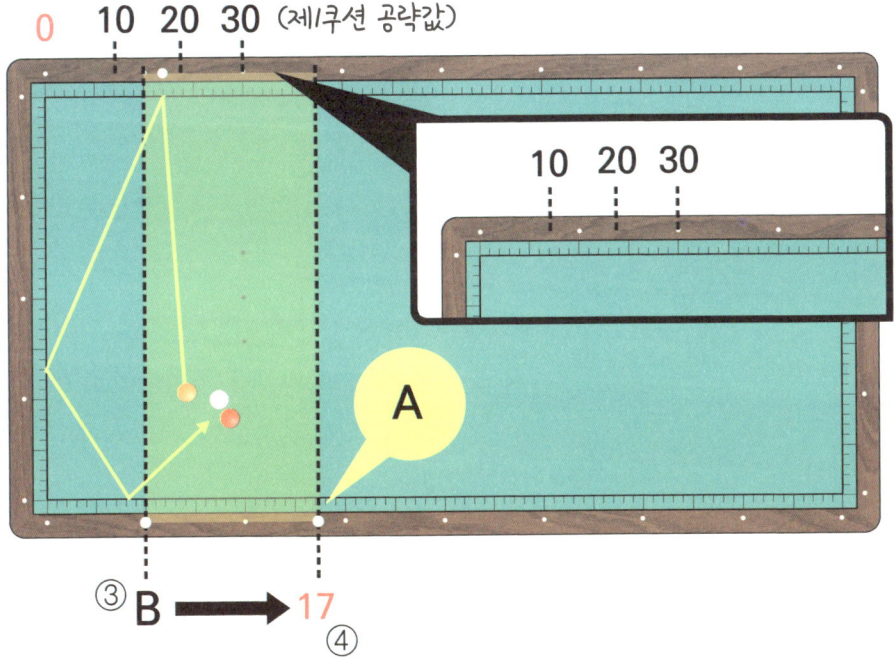

64. 스페셜 보너스, 짧은 각 뱅크 샷!!

연습해보기 ①

① 큐볼값 0에서부터 시스템 기준 35지점까지의 포인트값은 25이다.
　> 이를 1/2로 나눈 점 A는 약 12.5지점이다.

② 제3쿠션지점인 점 B로부터 A까지의 포인트값은 약 13이다.
　> 제1쿠션값은 13이다.

공식: 제3쿠션지점에서 점A까지의 포인트값=제1쿠션값

P.S 초심자의 경우 회전력이 부족하여 앵글라인이 짧아질 수 있다.
　　이때는 1이나 2의 보정값을 사용하여 12~11로 공략하면 된다.

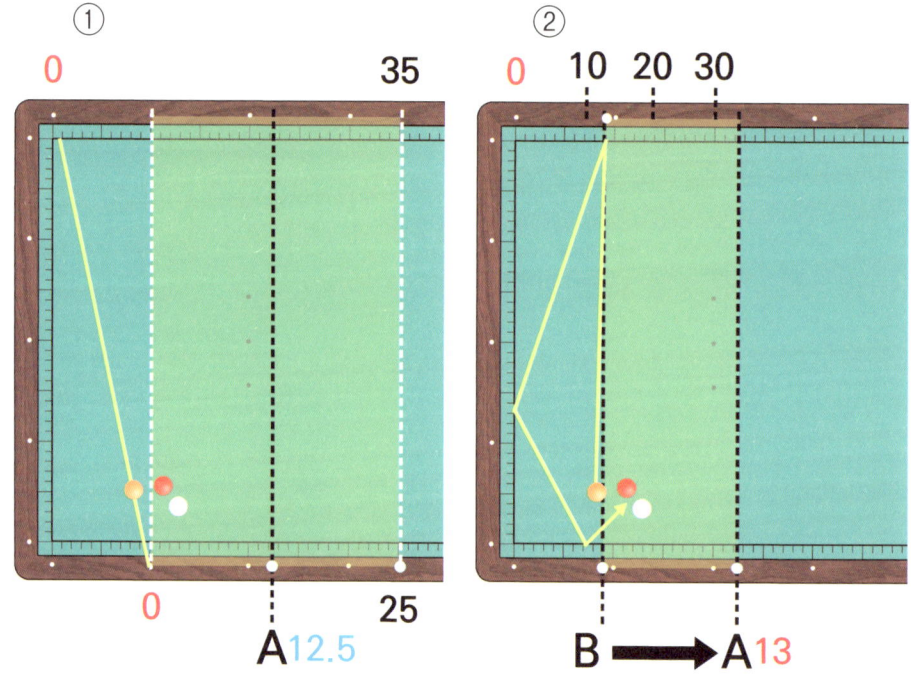

연습해보기 ②

① 큐볼값 0에서부터 시스템 기준 35지점까지의 포인트값은 4이다.
   > 이를 1/2로 나눈 점 A는 약 2지점이다.

② 제3쿠션지점인 점 B로부터 A까지의 포인트값은 11이다.
   > 제1쿠션값은 11이다.

공식: 제3쿠션지점에서 점A까지의 포인트값=제1쿠션값

P.S 점 A지점에 초크를 놓아두면 계산서 뽑기 아주 편하다.
(당근 상대 플레이어가 눈치 못 채게!! ㅎㅎ)

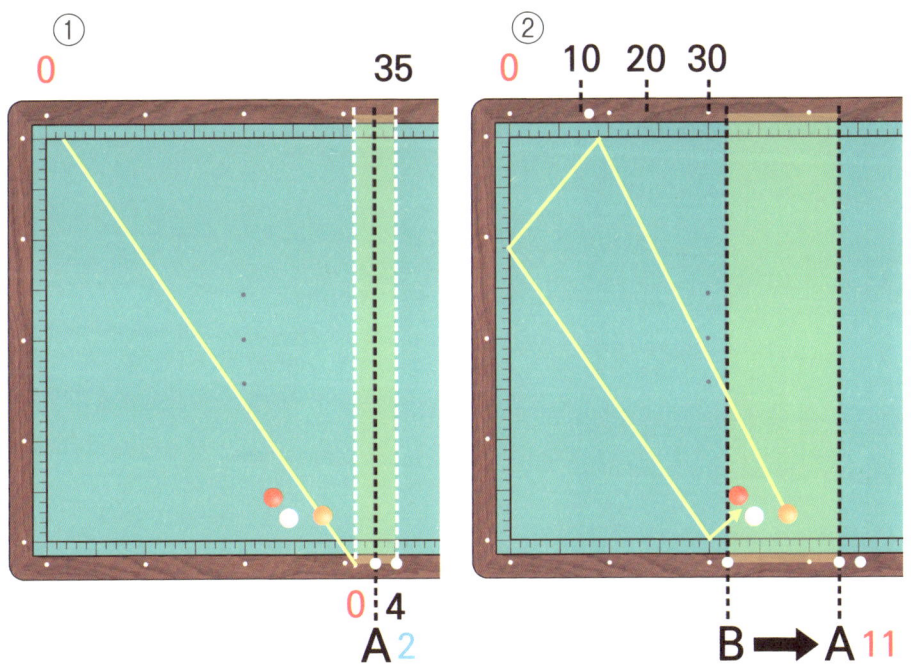

#10앵글라인 확장

10 → 0 → 22.5 → 5

공식: (큐볼값+35)÷2=제3쿠션값

(10+35=45) → 45÷2=22.5

목표지점이 제4쿠션일 때!!

포인트값 10에서 0의 값으로 큐볼을 보내면
3쿠션 22.5를 지나 제4쿠션 5지점으로 진행한다.

9시

(사용당점)

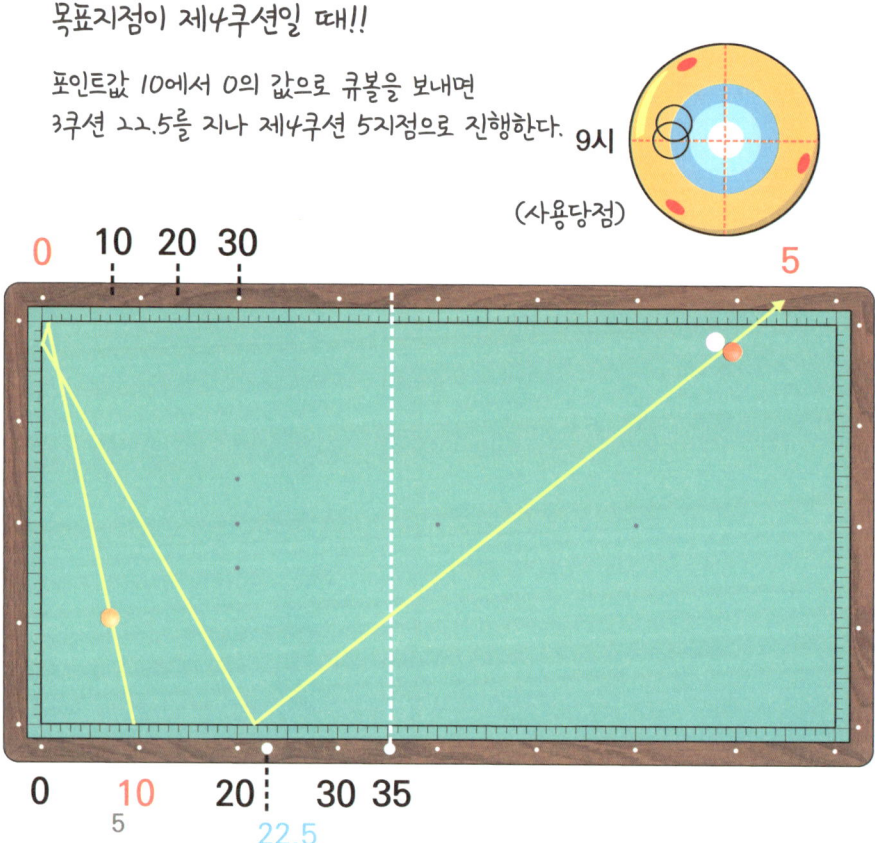

20앵글라인 확장

20 → 0 → 27.5 → 0

공식: (큐볼값+35)÷2=제3쿠션값

(20+35=55) → 55÷2=27.5

목표지점이 제4쿠션일 때!!

포인트값 20에서 0의 값으로 큐볼을 보내면
3쿠션 27.5를 지나 제4쿠션 0의 지점으로 진행한다.

9시

(사용당점)

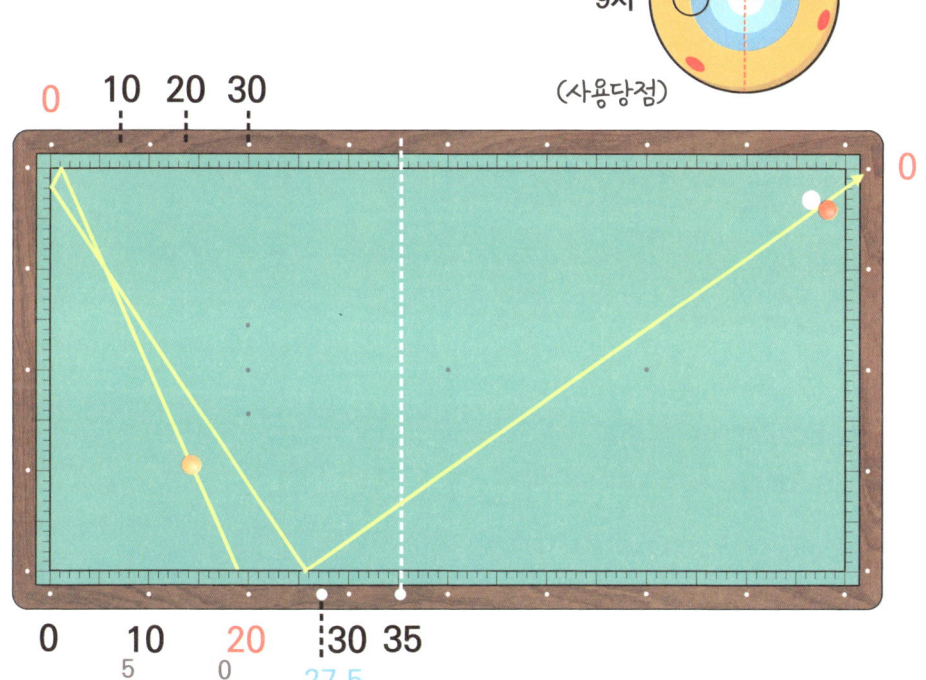

30앵글라인 확장

30 → 0 → 32.5 → 5

공식: (큐볼값+35)÷2=제3쿠션값

(30+35=65) → 65÷2=32.5

목표지점이 제4쿠션일 때!!

포인트값 30에서 0의 값으로 큐볼을 보내면 3쿠션 32.5를 지나 제4쿠션 5의 지점으로 진행한다. 가능한 제4쿠션도착지점까지 함께 외워두는 것이 좋다.

9시

(사용당점)

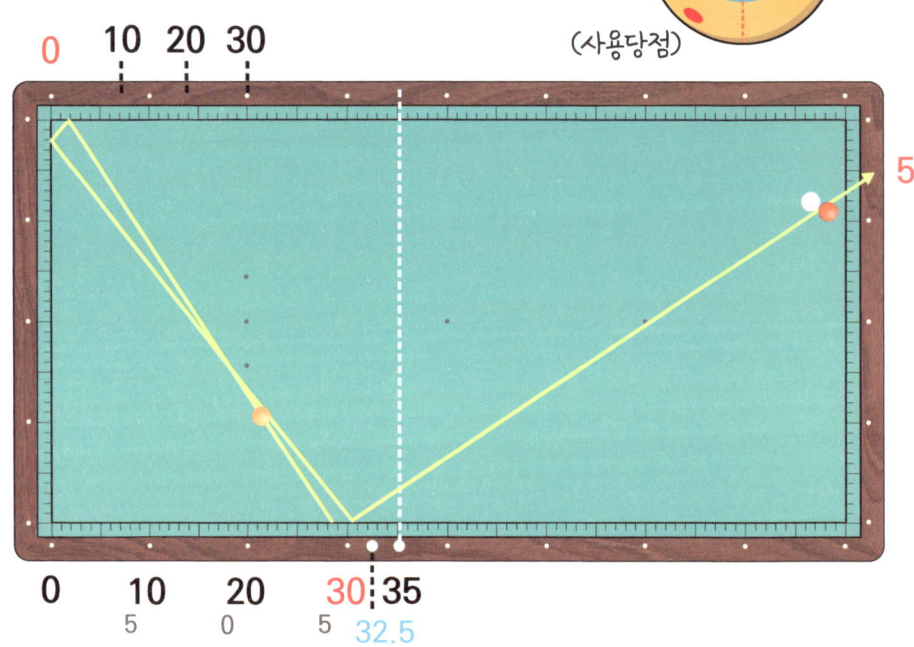

아라의 당구홀릭 "당구 노트"도
많이 애용해 주세요!!

당구 테이블 수백 개가 들어있다죠!!!
아주 유용할 거라는 소문이 있어요!!!

아라의 당구홀릭 "당구노트"로
자신만의 당구세계를
꾸며보아요!!

Copyright © 2012 by. ARA & PAUL

To Ara
Dani Sánchez
2013.9.5

TAYFUN TAŞDEMIR
TURKEY

To Ara,
Therese
Klompenhouwer
05.09.2013

NGÔ ĐÌNH NAI

TO ARA
VERY GOOD JOB!!

TO ARA
Best regards
Mauro Zanetti

FREDERIC CAUDRON

TO ARA

TO ARA
2013.09.05

Sasaki   2013.09.05

TO→あら